中国书籍学术之光文库

汉语语法及相关问题研究

王兴才 | 著

中国书籍出版社
China Book Press

图书在版编目（CIP）数据

汉语语法及相关问题研究/王兴才著.—北京：中国书籍出版社，2020.4
ISBN 978－7－5068－7831－9

Ⅰ.①汉…　Ⅱ.①王…　Ⅲ.①汉语—语法—研究　Ⅳ.①H14

中国版本图书馆 CIP 数据核字（2020）第 052894 号

汉语语法及相关问题研究

王兴才　著

责任编辑	张　幽　李田燕
责任印制	孙马飞　马　芝
封面设计	中联华文
出版发行	中国书籍出版社
地　　址	北京市丰台区三路居路 97 号（邮编：100073）
电　　话	（010）52257143（总编室）　（010）52257140（发行部）
电子邮箱	eo@ chinabp. com. cn
经　　销	全国新华书店
印　　刷	三河市华东印刷有限公司
开　　本	710 毫米×1000 毫米　1/16
字　　数	296 千字
印　　张	17
版　　次	2020 年 4 月第 1 版　2020 年 4 月第 1 次印刷
书　　号	ISBN 978－7－5068－7831－9
定　　价	95.00 元

版权所有　翻印必究

序

　　语法即语言构成之法，语法研究主要研究词、词组、句子如何构成，如何演变，此外还研究词如何分类、词在句中的地位和作用、词对句法结构的影响、句法对词的影响、语序等问题。

　　中国传统的小学，只有文字、音韵、训诂，没有语法。尽管语法一词在唐代孔颖达的疏里就已出现，但传统的学者并不太重视。虽然元人卢以纬有《语助》一书，清人王引之有《经传释词》之作，俞樾的《古经疑义举例》也有诠释文例、虚词的内容，但大多以训诂说语法，以语法通训诂，算不上真正的语法研究，直至马建忠《马氏文通》的问世，中国才有真正的语法研究。尽管后人多以其模仿西洋语法而诟病其书，但模仿未必都是坏事。我们天天讲创新，其实创新与模仿并非绝对的不相容，在一定的条件下，模仿可能引起创新，也就是说，创新的起点有时是模仿。模仿不是拷贝，任何模仿都不可能是完全的，不完全的模仿使创新成为可能，也许这不完全的模仿本身就是一种创新。马建忠的模仿是真正意义的不完全模仿，这种模仿孕育着创新，也成就了创新，看不到这一点，将是历史虚无主义。马建忠为语法学在中国的汉语学界赢得了一席之地，而且是非常重要的一席，马氏首创之功不可没。如果没有语法的研究，整个汉语的研究将是不完整的，也是残缺的。当然，残缺也是一种美，但如果残缺的是主要的、关键的部位，未必还是美的。试想女神维纳斯缺的是脑袋，我们会觉得她美吗？语法之于语言，犹如脑袋之于维纳斯，不可或缺。

　　文字解决记录问题，音韵解决读音问题，训诂解决意义问题，语法解决构造问题。设无语法，何以构成语言，何以成为语言学？前辈学者或有不太注重语法和语法研究者，究其原因，在于将语法看成既定的、人们已熟知的外生变量，在这种假设下，语法及其研究当然是多余的。过去的研究是为了通经解读文献，这种假设虽有问题，但不太大，而现代的语言研究，是为了探求语言构造、演变和使用的规律，撇开语法是不可想象的。

研究文字需要想象，研究音韵需要悟性，研究训诂需要功力，研究语法需要逻辑。当然，任何高层次的研究都离不开"想象、悟性、功力、逻辑"，但因研究对象性质的不同，可以有不同的要求、不同的侧重点，我们说"需要……"就是从各自的侧重点来说的。

研究文字，一要认出尚未认出的字，二要研究字形的结构、变化及其变化规律。认字最需要想象，在想象的基础上论证，在论证的过程中想象。字形演变就是建立古字与今字的联系，也需要想象。故我们说研究文字需要"想象"。

至于音韵研究，一要还原，二要明理。还原，就是推知古代的实际读音，这是一种无法验证的工作，我们不能起九原而问之，既不能证实，也不能证伪，合理就行，这个理指音理。要还原，先要知其类、明其别，还要论其何以类，何以别，更要拟其音，用什么拟，凭什么拟，需要推理，需要想象，更需要悟性。同样的材料，同样的理论，在不同的人手里，会得出不同的构拟结果，原因在于悟性有差别。至于明理，指的是明音韵变化之理，悟音韵变化之机，这更需要悟性。悟性离不开想象、推理，但想象、推理未必就是悟性，没有悟性，不会往某个既定方向去想象、去推理。故音韵研究讲究悟性。

训诂讲究功力。所谓功力，就是你读了多少书，有没有语感。凭语感可以推知某词在句中的大致意义，如果不能用文献来证明语感推出的词义，则没有功力。既不能信人，也无自信。故功力就是语感的强弱和文献的熟悉程度。

语法指词的组合之法，句子的构成之法。词的构成有一定之理，句子的构成有一定之规，这是人们思维和逻辑的反映。描写它，需要逻辑，解释它，更需要逻辑。逻辑的大量使用，问题的大量提出和解答，追问形式的大量使用，使语法研究进入哲学层面，所谓的语言哲学，很大程度上就是语法哲学。所以我们说语法研究需要逻辑。

语法研究难以超出描写和解释二途。描写解决是什么的问题，越精细越好，越完整越好。这需要观察入微，目光如炬，心细如发。解释解决为什么的问题，越严密越好，越合理越好。这需要分析细致、推理严谨、理论适用。描写挖掘事实，解释推论原委。无描写则解释无所依凭，无解释则描写漫无统计。过去的语法研究者重描写而不太注重解释，在语言事实尚不清楚的条件下，注重描写是应该的，事实不清，如何解释？解释有效吗？前辈学者重描写是历史使然，研究阶段使然。现代的研究者在描写的基础上更加注重解释，解释力如何，虽然有待后人评说，但这种做法是合理的。如果有了事实而不能解释，则是研究者的无能。历史将我们推向解释之途。

语法化理论用来解释语言中某些语词的演变比较有解释力。语法学界用此理论研究汉语史取得了令人瞩目的成就，并成为一时风气。在语法系统中，任何一个词都是语法词，都有一定的语法意义和语法功能，语法化似乎专指实词向虚词或语法标志的词和词素的演变。如果说语法标志词和词素只有语法意义没有词汇意义，而大多数的研究者将形容词向副词的演变也称作语法化，那么副词难道没有词汇意义？如此，则有无词汇意义并非判断语法化的绝对标准。所以，我们认为，语法化这个术语需要再斟酌。此外，语法化可以解释语言演变的一个方面，也许是非常重要的方面，但不能解释全部。没有语法化研究不行，只有语法化研究也不行。不同的理论来自不同的事实，可以解决不同的问题，适应于不同的范围，用人家的理论来研究无可厚非，正所谓"拿来主义"，但只用人家的理论，则难以挺起脊梁。系统的信息交换应是双向的，双向交换才能互相受益。故我们希望研究者能用不同的理论对汉语进行多角度的研究，并能提出我们自己的理论。

王君兴才，敦厚笃实，思维严谨，观察细致，对语法化理论颇有兴趣。所撰写的汉语语法化论文皆有创见，解决了不少前人未曾关注或虽曾关注而未曾解决的问题，为汉语史研究做出了贡献。

在我看来，敦厚者未必聪明，聪明者未必敦厚，敦厚而聪明者，几希。兴才在我处游学时日虽不多，但其敦厚见于形象，而其聪明则见诸文章，可谓敦厚而聪明者。若执此以往，坚而持之，其成就可以想见。

是为序。

蒋冀骋[①]

于湖南师范大学无知斋

2019年12月29日

[①] 蒋冀骋，博士生导师，《古汉语研究》杂志社主编，原湖南师范大学党委副书记、副校长，学校汉语言文字学博士点学科带头人，中国语言文学专业博士后流动站导师，享受政府特殊津贴专家。

目 录
CONTENTS

第一章　虚化篇……………………………………………………………… 1
　　引　论　1
　　第一节　副词后缀"为"的形成及类推范围　3
　　第二节　指示代词"然"的附缀化历程　13
　　第三节　从语法化角度看"大"的量词特征　25
　　第四节　试论副词"马上"的产生　34
　　第五节　"难道"的成词及其语法化　42
　　第六节　"于"的后缀历程及虚化梯度　55

第二章　句式篇……………………………………………………………… 63
　　引　论　63
　　第一节　介宾内容后置现象撅谈　64
　　第二节　古汉语中的关系宾语探究　69
　　第三节　唐诗"疑是……"句式新探　76
　　第四节　"（VO$_1$）+O$_2$"形成机制和产生动因　81
　　第五节　"是"字是否作宾语而前置　90
　　第六节　疑问句尾"为"的词性探究　98

第三章　用法篇……………………………………………………………… 104
　　引　论　104
　　第一节　"见"的指代意义溯源　105
　　第二节　试论指示代词"之"的程度指代作用　111
　　第三节　"所以"说略　117
　　第四节　"者"的形义及用法探究　128

1

第五节 "偶尔"的词化与语用考察 133
第六节 如何运用成语把握古汉语知识 144

第四章 训释篇 156

引 论 156
第一节 "之所以"的理解与训释问题 157
第二节 试说唐诗中几个常见的比喻词 166
第三节 试论文献中"其"有"甚"义 174
第四节 关于"相率"的词义训释 179
第五节 "逆遁"该作何解 182
第六节 假设连词"故" 185

第五章 献疑篇 188

引 论 188
第一节 "之所以"词汇化质疑 189
第二节 杜甫诗"转"字释义商兑 197
第三节 两个连言复词的释义商榷 202
第四节 "用"字注商 208
第五节 "莫之或止"注释商兑 210
第六节 词义札记三则 215

第六章 方言篇 220

引 论 220
第一节 方所介词"得"的衍生途径 221
第二节 "摆"之"言说"意义的由来 230
第三节 重庆方言词义剳记 238

参考文献 244

后 记 256

第一章

虚化篇

引 论

词汇语法化,简称"语法化",中国传统的语言学又称为"实词虚化"。所谓语法化(grammaticalization),指的是"语法范畴和语法成分产生和形成的过程或现象,典型的语法化现象是语言中意义实在的词语或结构式变成无实在意义、代表语法功能的语法成分,或者一个不太虚的语法成分变成更虚的语法成分"[①]。简言之,语法化就是指"语言中意义实在的词转化为无实在意义、表语法功能的成分这样一种过程或现象"[②]。

语法学界至今已对语法化达成了如下共识。① 语法化的主体内容是句法化、形态化,由于汉语形态不发达,句法化(尤其是实词虚化)就成了汉语语法化研究的中心内容。② 语法化大多是有理据的,有发展动因,有演变机制,语言的经济性、相似性、明晰性以及说话者的目的、语用推理等,都是影响语法化的重要因素。③ 语法化是一个逐渐变化的过程,具有渐变的特点。语法化是一个长期的历史过程,只有渐变而没有突变。因此,语法化过程中必然存在许多中间模糊状态,实际上允许说话人对语法化单位或其所在的结构作双重的分析。④ 语法化是单向性为主的,即不同的单位在语法化过程中遵循共同的方向,不存在逆向的变化。语义上,由具体实在到抽象空灵、由表示概念到表示关系;句法上,搭配范围由小到大,语序由自由到固定,单位由独立到依附;语用上,由语境制约到语境自由,由语用色彩强烈到语用色彩微弱;语音上,由强变弱,由长变短,

---

[①] 吴福祥:《近年来语法化研究的进展》,载《外语教学与研究》2004年第1期,第18页。

[②] 沈家煊:《语法化研究综观》,载《外语教学与研究》1994年第4期,第17页。

由繁变简。不过,不同单位的语法化速度、范围、程度是不完全相同的。①

词汇语法化,是人类语言发展过程中普遍存在的一种现象。汉语词汇语法化演变,使得汉语产生了一批在语言表达中不可或缺的虚词。② 换言之,汉语里的虚词,很多就是由原来的实词通过语法化途径而演变形成的。试看言语交际中人们所使用的一些实际用例:

(1) 他的态度有了较为明显的改变。

(2) 土地平旷,屋舍俨然,有良田美池桑竹之属。

(3) 一个普通教师对教师节的八大愿望。

(4) 倘是丢了东西,马上就查,查明白了是谁偷的,就惩治了谁,那不是偷东西的,自然心安了。

(5) 就是主人家吕公见我每夜进城,难道没有些疑惑?

(6) 关于这件复杂案件的结果,只好略而不记了。

以上句中,(1)"较为"即"比较"的意思,"为"作为构词语素参与双音节构词,其并没有任何具体的意义,已变成了一个副词词尾。例(2)"俨然"属于状态形容词,在句中作谓语,"然"是一个虚词语素,同样没有确切的含义。例(3)"八大"之"大"在具体的表达中不仅仅用来表示事物的性质,而且还具备了量词的一些功能和属性。例(4)"马上"已凝结成词,并虚化为现代汉语中表时间的副词。"马上"即"立刻""即时"之意,其句法功能只能放在谓动词前作状语。例(5)"难道"用作副词,纯粹表推测或反问语气,已成为一个表疑问的语法标记。例(6)"关于"在句中用作介词,"于"没有任何的概念意义,已呈现出典型的词缀化特征。

汉语动词"为"、谓词性代词"然"、形容词"大"、方所短语"马上"等,究竟是如何进行语法化历程而变为以上用例中的虚词用法的?"难道"又是怎样凝结成词的?其经历了什么样的语法化途径,以至最后被虚化为一个表疑问的语法标记?还有"关于"之"于",又是怎样由一个介词降格为双音节复合词的"词内成分",并进而演变成一个真词缀的?本章内容里,我们试分别以《副词词缀"为"的形成及类推范围》《指示代词"然"的附缀化历程》《从语法化角度看"大"的量词特征》《试论副词"马上"的产生》《"难道"的成词及其

---

① 段茂升:《古汉语"如、若、然、焉、尔"语法化过程考察》,2005 年西南师范大学硕士学位论文,第 1 页。

② 徐时仪:《"不成"的语法化考论》,载《喀什师范学院学报》1999 年第 3 期,第 79 页。

语法化》《"于"的后缀历程及虚化梯度》等为题,专门针对以上这些问题进行一番深入的讨论。

第一节 副词后缀"为"的形成及类推范围

汉语中"为"可作为构词语素参与双音节构词。它不仅可以放在动语素前构成附加式动词"为X",如"为忖""为叹""为报""为问"等,[①] 而且也可以附于单音副词后构成双音节词"X为",如"最为""颇为""极为""更为""尤为""较为"等。"为"作为构词语素虽同样参与双音构词,但"X为""为X"两种构式中的"为"字,来源与性质却明显不同。据我们考察,"X为"经常表示一种程度很深的主观性评价,具有很强的书面语色彩。本节试图探讨"X为"之"为"是如何经由动词而演变虚化为副词后缀的,并通过"为"的语法化过程描述、"X为"固化成词的原因探寻以及副词后缀"为"类推范围的考察,使人们对"X为"构词有较深入的了解,并对"为"副词后缀用法有更清楚的认识。

一、"为"词义的演变与虚化

语法化,又叫作虚化。它通常是指语言中意义实在的词转化为无实在意义、表语法功能的成分这样一种过程或现象,中国传统的语言学称为"实词虚化"。换言之,语法化就是指一个普通语词在一定句法环境中逐渐变成一个语法标记的过程。而演变发展的结果,就是产生语法标记及相应的格式。语法化是一种词汇—语法现象,同时也是一种心理认知过程。研究语法化能够揭示人的语言心理,而语法化研究也必须跟语言使用者的认知心理结合起来。认知语言学中的隐喻(metaphor)是基于概念结构的相似原则(principle of similarity),人们的概念体系中不同认知域之间的投射,是不同概念之间的相似联想。[②] 隐喻既是人类的一种思维模式,同时也是语言的一种生成演变机制。在词语演变过程中,由于受到认知心理相似性或相关性隐喻机制的影响,词义从本义的认知域向另一目标认知域的投射,出现了词义由具体到抽象的演变,进而形成了词义

---

① 王云路:《词汇训诂论稿》,北京语言文化大学出版社2002年版,第107页。
② 赵艳芳:《认知语言学概论》,上海外语教育出版社2001年版,第70页。

的扩大、缩小和转移。正因为如此,我们说隐喻是词义发展、实词虚化最为主要的驱动力,也是词汇语法化的一种重要手段。"为"的词义引申及其虚化过程中,隐喻事实上起了非常重要的作用。

(一)动词"为"

1. 用以表示具体的动作行为。我们称之为"动作动词",记作"为$_{V1}$"

(1) 为坛于南方北面,周公立焉。(《尚书·金縢》)
(2) 度其隰原,彻田为粮。(《诗经·大雅·公刘》)
(3) 止子路宿,杀鸡为黍而食之。(《论语·微子》)

例(1)"为"是"建造""筑造"的意思;例(2)"为"是"栽种""种植"的意思;例(3)"为"是"煮""做"的意思。这些"为"都属于动作动词,用以表示某一具体的动作行为,所表词义的动作性特征很强。后来,在动作动词的基础上,词义进一步泛化、虚化。

2. 用以表示虚泛、抽象的动作。我们称之为"抽象动词",记作"为$_{V2}$"

(4) 虽小道,必有可观者焉;致远恐泥,是以君子不为也。(《论语·子张》)
(5) 歌曰:"长铗归来乎!无以为家。"(《战国策·齐策四》)
(6) 其为人也,发愤忘食,乐以忘忧,不知老之将至云尔。(《论语·述而》)

"为"在例(4)中可理解为"从事";例(5)中可翻译成"养";例(6)中可意译为"做"。这些"为"虽仍表动作行为,但比起动作动词"为$_{V1}$"来,词义却慢慢变得虚泛化和抽象化了。不过,它们的动作性还是较强,离动作动词仍然较为接近。词义在此基础上又进一步虚化、引申,"为"便可用来表示抽象并带有主观性的一些动作。

3. 用以表示抽象并带有主观性的一些动作。我们称之为"主观动词",记作"为$_{V3}$"

(7) 子墨子解带为城,以牒为械。(《墨子·公输》)
(8) 嗟我妇子,曰为改岁,入此室处。(《诗经·豳风·七月》)
(9) 君生则纵其惑,死又益其侈,是弃君于恶也,何臣之为?(《左传·成公二年》)

以上几个例子,例(7)"为"有"当作"的意思;例(8)孔颖达疏:"曰为改岁者，以仲冬阳气始萌，可以为年之始。""为"可作"算是"义解释。例(9)"何臣之为"，裴学海解曰："也是说弃君于恶者，不可以算作臣，并不是说没有臣。""为"是"算作"之意。虽然"为$_{V3}$"也表动作行为意义，但词义较为抽象，主观色彩明显，带有说话人主观性评价和倾向性意识，但还是隐含着一定的动作意味在里面。在此基础上，"为"的词义再进一步演变，又可虚化为动作性较弱的连系动词，即一般所说的"系词"。

（二）系词"为"

(10) 余为伯儵，余，而祖也。（《左传·宣公三年》）

(11) 知之为知之，不知为不知，是知也。（《论语·为政》）

(12) 其在鸟则雄为阳，雌为阴。（刘向《说苑·辨物》）

可以看出，以上三例中的"为"，又是在"为$_{V3}$"意义基础上进一步向更为抽象、更为空灵的意义虚化和演变。这时候"为"前后所连接的两个部分，在事物属性、特征、性状等方面具有相同或相类的性质。这样，"为"就演变成了一个判断系词，类同于后世所产生的判断系词"是"。从动词"为$_{V1}$"经由"为$_{V2}$"和"为$_{V3}$"再到判断系词"为"，"为"的词义渐次由实变虚，由具体意义逐渐向抽象意义演变，"为"便虚化成一个判断系词。

二、"单音副词 + 为 + NP（AP/VP）"句式考察

（一）"单音副词 + 为 + NP（AP/VP）"的运用情况

万献初先生《汉语构词论》一书曾对《论语》"为"进行过穷尽性定量词义分析。通过《论语》"为"词义的描述，来说明汉语浑沦词义对构词方法的作用与影响。本节在其所作的"为"词义分析的基础上，进一步考察《论语》中"为"字的用法。经统计，《论语》"为"字共有169处。除用作其他虚词之外，其中有22处用作"为$_{V1}$"；66处用作"为$_{V2}$"；用作判断系词的"为"与"为$_{V3}$"的频次相同，皆为28见。通过进一步的分析比较，我们发现《论语》中的判断系词"为"，其被饰成分主要有三种情况，如下表所示。

标记	基本格式	举例	次数	比率
Ⅰ	系词 + NP	孰为夫子？/子为谁？	10例	38.45%
Ⅱ	系词 + AP	里仁为美/子为恭也	7例	19.24%
Ⅲ	系词 + VP	唯女子与小人为难养也	11例	42.31%

副词的最大功能就是充当谓词结构中的修饰、限定成分。汉语史上，用作系词的"为"与"是"尽管产生时代不同，但都能接受副词的修饰。下面以"最"为例来说明副词修饰系词"为"的情况。

（13）齐襄王时，而荀卿最为老师。（《史记·孟子荀卿列传》）

（14）燕迫蛮貉，内措齐、晋，崎岖强国之间，最为弱小，几灭者数矣。（《史记·燕召公世家》）

（15）却是本诸仪礼，最为适古今之宜。（《朱子语类》卷八十四）

可见，"为"作为判断系词已完全可以接受副词"最"的修饰。并且，例（13）"为"后跟了NP（简称A句式）；例（14）"为"后跟了AP（简称B句式）；例（15）"为"后面跟了VP（简称C句式）。我们利用北京大学汉语语言学研究中心的语料库，调查了"最为"在历代文献中的使用情况，如下表所示。

文献名称	"最为" + 被饰成分			
	总次数	NP	AP	VP
左　　传	0	0	0	0
论　　语	0	0	0	0
吕氏春秋	1	1	0	0
荀　　子	1	0	1	0
史　　记	12	5	7	0
战 国 策	2	1	1	0
新　　书	1	0	1	0
论　　衡	4	1	3	0
风俗通义	4	2	2	0
太 平 经	4	3	1	0
三 国 志	2	0	2	0
文心雕龙	1	0	0	1
北 齐 书	3	0	2	1
王梵志诗	3	0	3	0
敦煌变文	5	1	4	0
祖 堂 集	2	1	1	0

续表

文献名称	"最为" + 被饰成分			
	总次数	NP	AP	VP
旧五代史	7	1	6	0
太平广记	12	0	12	0
梦溪笔谈	10	4	4	2
朱子语类	24	4	16	4

该表反映了"最为"被饰成分在历时演嬗中的此消彼长情况。我们观察发现,"最为"被饰成分(NP/AP/VP),一是出现的时间有早晚不同,二是各自使用情况不尽一致,发展也不平衡。句式 A 与 B 几乎同时产生,但使用频率有明显差异:随着时间的推移,句式 B 渐次增多,使用频率最高。三是在句式 A 几乎没使用的文献里,却开始有了句式 C 的出现,但比起句式 A、B 出现的时代则要晚近得多。且越是到后来,其出现的频次越是在不断增加。

(二)几种句式呈现出差异的原因

第一,A 句式"为"前后所连接的两部分,在事物属性、特征、性状等方面具有相同或相类的性质。这时 A 句式"为"毫无疑问是判断系词。由于后来在语言中兴起了与之同功能的判断系词"是",于是 A 句式的运用情况便发生了一定的变化。我们知道,系词"是"产生于战国末年,东汉时期得以广泛运用,魏晋南北朝以后便已发展成熟。[①] 由于"为"与"是"功能相同相似,句式 A 在后来的运用中就普遍被"是"字判断句所取代。以副词"最"为例,它与系词"是""为"组合的情况是:"最是"在中古时期逐渐发展,至近代则普遍化使用,功能不断增强,并最终取代了"最为"的优势地位;[②] 又因为"为"与"是"存在着功能差异,即一方面"为"侧重于主观评价与判断,"是"倾向于客观陈述和确认,另一方面"为"的书面色彩较浓,"是"的口语性较强,所以这种功能差异就造成了"为"作系词的局部性存在,这就是唐宋以来文献中有少数 A 句式用例的原因。

第二,由于 B 句式"为"不再是判断系词,而是与其前的副词凝结为"X

[①] 唐钰明:《中古"是"字判断句述要》,载《中国语文》1992 年第 5 期,第 394 页。
[②] 向德珍、牛顺心:《"最为"与"最是"》,载《湛江师范学院学报》2006 年第 5 期,第 57 页。

为"(后文详述),因此,B句式不再判断"为"前后两部分是否具有相同或相类的性质,而是主观地强调主语在属性、特征或性状等方面所达到的程度。AP一经程度副词修饰,语义上不再表性质状态,而是表示事物性质在某种程度上的变化过程,具有了VP的性质。例如,"秦朝的'传国玺'最为珍贵,被历朝视为'至宝'。"该句传达的信息是:既有说话人程度很深的主观性评价——秦朝的"传国玺"是最为珍贵的;也隐含着事物性质的发展变化,即秦朝的"传国玺"变得"珍贵"而成为了"至宝"。这与用来表达判断关系的句式A有明显不同。句式B这种既可强调事物性状程度又可描述事物性质变化的用法,是其他程度副词所无法比拟的,这样就给该句式带来了广阔的应用环境和使用空间。加上在词语双音化背景下,"为"与单音副词"X"凝结为"X为",一方面可丰富日常表达,另一方面又因表达的新颖别致而被人们乐于使用。所以自其产生以来,一直沿用至今而历久不衰。

第三,句式C之所以晚于句式A、B出现,关键在于"X为"的固化成词。"X为"的固化成词明显受到双音化规律的制约。复音词的产生是从春秋战国开始的。魏晋南北朝时期,双音化发展的进程又得到了明显加快。从产生时代看,"X为"始于两汉而兴盛于魏晋,这与汉语双音化进程完全合拍。"X"与"为"本是两个邻近的单音成分,受双音化的影响,二者就容易凝结固化。众所周知,VP都能接受副词修饰,但并非程度副词就一定能够修饰所有的VP。而中近古以来程度副词之所以能比较自由地修饰VP,是人们的认知心理在起作用。因为在人们看来,动作行为也可以有程度等级的区别与不同[①]。所以,当"为"作为构词语素参与"X为"构词时,"X为"修饰VP就是很自然的事情。如《汉书·礼乐》:"魏文侯最为好古,而谓子夏……"句中"最为"修饰限定动词"好",表示"好古"的程度极深,这说明"X为"能修饰VP。因此,当有了句式A、B以后(特别在"X为"成词以后),句式C便从中古开始出现,这也就不难理解了。

(三) A、B、C句式的句法要求

首先,"音步必双"是汉语韵律系统的基本要求。在句法结构中,单音节词选择一个单音节词被饰成分,二者可以构成一个临时的标准音步;而双音节词如果选择一个单音节词被饰成分,就可能构成"2+1"不和谐的韵律结构。所以,"单音副词+为"后面总是倾向于选择双音节或多音节成分,不大可能是光

[①] 杨荣祥:《近代汉语副词研究》,商务印书馆2005年版,第206页。

杆的单音节成分。比如只能说"最为浓厚",而不能说"最为厚";还比如只能说"最为不满",而不大说"最为不满意"。这都是韵律在起作用。同时,韵律节奏也是影响"单音副词+为"固化成词的重要因素之一。王云路认为,许多词语的产生都与韵律作用、音节的重新切分有密切关系。如《晋书·段灼传》"宜远鉴往代兴废,深为严防"中的"深为严防",就可被重新切分为"深为/严防"。这样,"深为"因音节的重新切分就演变成一个词了。[①] 可见,韵律节奏对"X为"的固化成词以及其被饰成分的音节选择,都有着重要的影响和作用。

其次,B句式"单音副词+为"的被饰成分,可以有肯定或否定形式。如:可以说"最为友善(雅观/知名/轻易/确当/适宜/幸运……)",也可以说"最为不善(不雅/无名/不易/不当/不适/不幸……)"。而A、C两种句式,"单音副词+为"被饰成分则不能这样使用。若被饰成分是NP,可以说"最为核心""最为经典",但不大能说"最为不核心""最为不经典";若被饰成分是VP,可以说"最为挑剔""最为投入",但不大能说"最为不挑剔""最为不投入"。这里除了被饰成分的音节因素外,也说明"单音副词+为"被饰成分的NP或VP,似乎不能有否定形式存在。

最后,三种句式中的"为"性质有所不同。句式A"单音副词+为"是两个单音节词连用,毫无疑问"为"是一个判断系词;而句式B、C中"单音副词+为",却已固化为双音词,"为"是一个构词语素。在日常表达中,比如我们不能说"花是红",而要说"花很红"(使用B句式);如果说"花是红"则不成话,要说成"花是红色的"(使用A句式)。其原因就在于A、B两个句式有不同的句法要求。这一方面说明,句式A与B之间可以转换,但必须是以NP<=>AP作为转换条件;而另一方面则说明,AP决定着句式B"单音副词+为"的性质,即B句式"单音副词+为"是副词,"为"不再是用于表判断的系词了。

三、"为"的附缀化及其类推范围

据前面分析得知,句式A"为"是判断系词,它与单音副词组合而形成状动结构,其属于句法层面的自由组合,尚未凝结成双音副词"X为"。而句式B

---

① 王云路:《试谈韵律与某些双音节词的形成》,载《中国语文》2007年第3期,第263页。

一经在语言中产生和使用，就为"为"的进一步演变虚化提供了必要的前提条件和合适的句法环境。

从认知的角度看，类推是概念的"隐喻"，相似则是隐喻所遵循的一个重要原则。类推的作用表现在：一是诱发一个重新分析的过程；二是使得通过重新分析而产生的新语法格式扩展到整个语言中去。① 由于类推的原因，"为"被饰成分的语法性质便发生了变化。即在"为"之后不但可以跟 NP，也可以带 AP，而且还可少量跟 VP。原因是：在吉冯（Givón，1979）所建立的"名词—形容词—动词"连续系统中，形容词处在名词和动词中间，无论是语义还是句法特征它都表现出左邻右舍的相关性，进而在词类范畴上表现出一方面极易受到其他词类侵入（感染），另一方面又向其他词类扩张的现象。侵入或扩张的结果就是范畴发生漂移，表现为去范畴化。② 具体地说，词义具有概念意义和性质意义之分。而各种名词所代表的事物，总是具有一定的属性（即所谓的性质意义）。当名词的性质意义得以凸显和强调时，该名词便走上了形容词化的道路。原本只跟 NP 的"为"，在这个 NP 经形容词化后，其自然也就可带 AP 了。众所周知，程度性是 AP 的典型语义特征，而情感类动词或表心理活动的动词，又存在着认知上的程度空间。这样一来，"为"也就可以少量跟 VP 了。在句式 B 大量运用的条件下，"为"即开始紧附于单音副词"X"之后并逐渐与之凝结固化。前已述及，例（13）"最为"后 NP 是系词"为"的宾语，且这个 NP 不可能直接受"最"的限定和修饰，因此"最"后的"为"必是判断系词无疑。例（14）所在句子，由于前作焦点标记起强调作用的"为"，在人们的理解上本来是可有可无的，再加上 AP 又能直接受"最"的修饰，所以，这种语言环境就为"为"的进一步虚化提供了契机和条件，也使"为"演变作构词语素成为一种可能。

双音词的衍生是一个从句法层面单位到词汇层面单位的转变过程，这种转变不是孤立发生的，而是在语句环境中实现的。句法单位变为复合词的过程，实际上可以看成是一个由心理"组块（chunking）"造成的重新分析过程。③ 当构成一个句法单位或虽不构成一个句法单位但在线性顺序上邻接的两个词，由于某种原因经常在一起出现时，语言使用者就有可能把它们看成一体来加以整体处理，而不再对其结构做分析。这样就使得二者之间原有的语法结构距离缩

---

① 石毓智、李讷：《汉语语法化历程》，北京大学出版社 2001 年版，第 397 页。
② 张国宪：《现代汉语形容词功能与认知研究》，商务印书馆 2006 年版，第 50~51 页。
③ 董秀芳：《词汇化：汉语双音词的衍生和发展》，四川民族出版社 2002 年版，第 45 页。

短或消失，最终导致双音词从旧有的语法构造中"脱胎"出来。句式 B 是"X 为"赖以词汇化的前提和基础，这个句式中的 AP 本是"为"的宾语，由于它在语义上既可接受"为"的支配，又可接受"为"之前单音副词的修饰，因而句法结构赋予 AP 既可接受支配又可接受修饰的双重性特征，这样就容易带来人们对该结构的重新分析。人们重新分析的过程，实际上就是"X 为"衍生成词的过程。以"最为"的成词为例。当"为"经常与"最"共现，且使用频率相当高时，"最+为"之间的内部分界便开始消失，词义也就逐渐融合。"最为"刚凝结之初，"最"与"为"是状语和系动词的关系，"最"修饰限定"为"组合成状动式偏正结构，此时的"为"不能省略。后来因凸显与 AP 的搭配，而促使"最为"的语义重心逐渐转移至"最"之上，以至于 AP 不能与作系词的"为"再进行语义的直接组合。所以这样一来，就使得"为"的词义变得越来越空灵。"为"词义的空灵又带来与"最"的边界逐渐消失，最后因心理组块作用，二者便固化为词。这时"最为"的词义，实际上就相当于"最"。我们认为，造成"为"和"最"的凝结与固化，促使"为"得以进一步向副词后缀虚化演变，是由句式 B 这个特定的句法环境决定的。也就是说，"最"后不再直接带名词而带形容词和个别动词时，这种词性要求促使语义重心偏向"最"，"为"的词义和功能弱化，这就为"为"的附缀化创造了条件。

句法环境是语法化中的一个重要问题，随着句法环境的变化，词语逐渐走完语法化历程。典型的发生了语法化的成分，往往有一个分布扩大的过程，它可以突破其出现的原始环境，逐步扩展到同类的语境中去，其运用也会逐渐具有规则、周遍、系统的特征，这个成分从而最终可以出现在所有符合特定条件的语境中。[①] 在句式 B 这个特定句法环境里，"为"已由系词语法化为一个没有实在意义的副词后缀。"为"作为虚语素参与构词是否具有能产性？它是否可以构成一批具有普遍性特征的"X 为"词语？事实上，并非所有副词都能与"为"凝结固化成"X 为"。能参与"X 为"构词的副词，必须是汉语中的程度副词。程度副词的语义特征是表性质状态的程度或动作行为的程度。而不同的程度副词，除了语义上表示的程度有差别外，语法功能也不完全一样。一个程度副词若要与"为"组合凝结为双音词，首先是所表程度具有等级差别；其次还须是单音节词，如"最、极、较、甚、更、颇、尤、至"等。由于它们在汉语史上产生的时间不尽一致，因而其分别与"为"凝结成双音副词也就有时代先后的

---

① 董秀芳：《"X 说"的词汇化》，载《语言科学》2003 年第 2 期，第 54~55 页。

不同。"最"在秦汉时即与"为"凝结成词，与此同时"甚"与"为"组合在一起构成双音副词"甚为"：

(16) 天杀无罪，烧残民家，掘其丘冢，甚为暴虐。(《史记·张释之冯唐列传》)

在此之后，"颇为""深为""极为""更为""至为"等在汉魏时也开始相继成词。

(17) 阳气尚盛，未尝无雷雨也，顾其拔木偃禾，颇为状（壮）耳。(《论衡·感类篇》)

(18) 莫若处中，忻位秩太高，深为忧虑。(《北齐书》卷二十)

(19) 王阳虽儒生……然好车马衣服，极为鲜好，而无金银文绣之物。(《风俗通义》)

(20) 见是能复更自新，力自正思过，更为精善，无恶意者。(《太平经》卷九十六)

(21) 山高谷深，至为艰险，又粮运将匮，频于危殆。(《三国志·王毋丘诸葛邓钟传》)

而"较为""尤为"的凝结成词则稍晚一些，宋代才始见其例：

(22) 九国志作取路以归蜀，文义较为明晰。(《旧五代史》)

(23) 观之东廊第一院，尤为幽寂。(《太平广记》卷三十六)

双音词的衍生过程，既涉及词汇化也涉及语法化。"X为"的成词过程，实际上也伴随着"为"的进一步虚化过程。志村良治论及中古汉语副词时说，从整体上看中古时期汉语词汇的词尾化现象极为明显。① 其所揭示的"～为"词尾化现象，正与本文所探讨的"为"字语法化结果相同。从"为"的演变轨迹来看，其先通过动作动词进行着由具体到抽象、由客观到主观的变化，演变成判断系词，然后再由判断系词虚化为参与构词的虚语素，最终演变成副词后缀。概言之，"为"是沿着"实词→语法词→附着成分→形态标记"的虚化量标而完成其附缀化历程的。这时候的"为"，具有以下特征：第一，和前面的词根语素紧密地结合在一起，构成一个合成副词，与词根语素只有位置上（后附）的关系，没有意义上的关系；第二，不再具有实在的词汇意义，主要作用是使前

---

① ［日］志村良治：《中国中世语法史研究》，中华书局1995年版，第78页。

面的单音词根语素复音节化；第三，能附加于不同的词根语素构成副词。① 《汉语大词典》也认为："'为'可以附于某些表示程度的单音副词后，加强语气。"但将《汉书·王吉传》"较为"作为"X 为"的较早用例，我们认为有失允当。其实，双音副词"X 为"在《史记》里就已经产生了。

综上所述，由"为"充当构词语素所形成的双音副词"X 为"，一般习用于双音形容词 AP 或双音动词 VP 之前，较少地在名词性成分 NP 前使用，这是由"X 为"生成的句法环境所决定的。"X 为"为附加式副词，词义主要集中在副词"X"上。其中"为"的意义脱落并消失，已不复有确切实在的意义，其词缀化特征较为明显。词语的语法化往往引起语言结构层次的变化。副词后缀"为"的虚化形成，在引起结构层次变化方面也表现得较为突出。它原本与其前的单音副词成分不在一个结构层次上（即非直接成分），由于虚化，它改变了在句法结构中的直接成分关系，即由原来的"X + 为 + ……"变成了"（X + 为）+ ……"。我们可以将这一过程表述为：由于"为"的虚化，引起了重新分析（结构层次改变），而重新分析最终确定了"为"的副词后缀身份。因此，我们也可以这样说，"为"的语法化过程伴随着结构层次的重新分析。而结构层次的重新分析，又是"为"由实词转向构词语素从而进一步演变虚化为副词后缀的诱因。

第二节 指示代词"然"的附缀化历程

关于古汉语"然"的词尾化问题，王力先生曾说过："当'然'字放在形容词后面的时候，它的指示性就减轻了，变成了词尾的性质。"② 尔后他又进一步指出："从诗经时代起，直到五四时代止，'然'字始终在书面语言中用为副词的词尾。"③ 可见，"然"既可用作形容词词尾，又可用作副词词尾。对于"然"这两种词尾现象，王力先生是这样看待的："就一般情况说，形容词加词尾'然'字变为副词。"④ 按照他的意思，一方面形容词加词尾"然"可变为副词；另一方面在形容词加词尾"然"变为副词之后，这个原本是形容词词尾的"然"似

---

① 杨荣祥：《近代汉语副词研究》，商务印书馆 2005 年版，第 122 页。
② 王力：《古代汉语》，中华书局 1962 年版，第 469 页。
③ 王力：《汉语史稿》，中华书局 1980 年版，第 314 页。
④ 王力：《汉语史稿》，中华书局 1980 年版，第 315 页。

乎也就成为了副词词尾。杨荣祥先生认为:"副词词尾'～然'来自上古汉语形容词词尾'～然'。"① 本文关注的问题是，古汉语词尾"然"究竟是怎样演变形成的？促使"然"向词尾演变虚化有哪些动因？是否如王力先生所言，形容词加词尾"然"就一定变成副词？副词词尾"然"又是否来自上古汉语的形容词词尾"然"？弄清这些问题，对于正确把握"然"的词尾化现象有着积极的理论意义和实践价值。

"然"由具体实在的实词意义演变虚化为一个语法标记的词尾，显然由其使用的句法环境所决定，但更有人们的认知心理、语言的韵律节奏以及代词可及性等因素的作用与影响。我们认为，副词词尾"然"和形容词词尾"然"虽都是用作词尾，而且也同样源自"然"的指代用法，但二者演变虚化的轨迹和路径却是完全不相同的。

一、"然"的形容词词尾化

"然"本义是燃烧，假借作指示代词后，意义相当于"如此""这样"。与其他指示代词有所不同的是，其不作句子的主语、宾语和定语，主要放在判断句中充当谓词性成分，所以人们一般称其为"谓词性代词"。

  （1）生于高山之上，而临百仞之渊。木茎非能长也，所立者然也。(《荀子·劝学》)

  （2）故事半古之人，功必倍之。惟此时为然。(《孟子·公孙丑上》)

例（1）"所立者"是主语，"然"充当判断句谓语。例（2）"此时"与"然"之间使用了判断系词"为"。在具体运用中，"然"还有其他的一些实词意义和用法，此不烦述。人们普遍认为，"然"用作形容词词尾正是由指示代词的用法虚化而来。王力先生曾说："'然'字在没有成为词尾之前，应该是一个实词。……它本来是一个指示性的形容词，略等于现代汉语的'这样'。"② 特拉格特（Traugott, 1997）认为每一个语法化过程都是肇端于一个非常具体的句法环境。③"然"究竟是怎样由一个指示代词演变成为一个形容词词尾的呢？引发"然"虚化的具体句法环境又是什么呢？

（一）句法环境及"然"的虚化过程

我们知道，"然"借作指示代词后经常用来充任判断句谓语。而一个词经常

---

① 杨荣祥:《近代汉语副词研究》，商务印书馆2005年版，第125页。
② 王力:《汉语史稿》，中华书局1980年版，第314页。
③ 转引自石毓智、李讷:《汉语语法化的历程》，北京大学出版社2001年版，第351页。

用在某种句子环境中，便可携带上这种句子的特有特征，这就是语法化理论所说的"感染"。① 由于"然"经常处在判断句谓语位置，加上判断句的功能主要是表示判断，所以受判断句句法结构的影响，"然"就由原来的指示代词"这样"逐渐获得和拥有了"是这样"的语境意义。在人们认知的作用和影响下，"然"的这种语境意义又可以演化出"如这样""像这样"的意义。《玉篇·火部》："然，如是也。"随后，"然"便可以与"如""若"等像义动词组成"如/若……然"的句法结构，并广泛运用于人们的言语交际之中。"有时或用名字，或用静字，甚或用读，以状一相似之情者，则先以若、如等字，而后复殿以然为常。"② 杨树达《词诠》卷五："然，表拟象。多与'如''若'连用。""然"用在"如/若……然"句式中，首先是置于名词或名词性短语 NP 之后。

(3) 天下之乱若禽兽然。(《墨子·尚同上》)

(4) 夫兵不可偃也，譬之若水火然，善用之则为福。(《吕氏春秋·荡兵》)

"然"放在 NP 之后，仍属于指示代词性质。虽然"如/若 + NP + 然"的意义可理解为"像 NP 那样"，但"……那样"的指代意义在这种句式中已有所减弱，因为它指代的人或事物就是紧邻"然"之前所出现的 NP。NP 与"然"的共现，削弱和削减了"然"的指代功能。我们知道，类推和重新分析是诱发语法化的两个机制。所谓类推，简单地说就是一个句法规则的扩展。③ 由于类推的作用，"然"便可以放在动词性短语 VP 或形容词短语 AP 之后。

(5) 人之视己，如见其肝肺然。(《礼记·大学》)

(6) 善养生者若牧羊然，视其后者而鞭之。(《庄子·达生》)

与例 (3) (4) "然"一样，例 (5) (6) 的"然"仍为指示代词，指代的是 VP 所表示的动作或行为，表示"……那样"。不过，"然"对 VP 已有一定的描摹色彩。而真正促使"然"演变虚化为形容词词尾，则源于经常使用"如/若 + AP + 然"的句法形式。

(7) 今言王若易然，则文王不足法与？(《孟子·公孙丑上》)

(8) 不见诸侯，宜若小然。(《孟子·滕文公下》)

---

① 马清华：《词汇语法化的动因》，载《汉语学习》2003 年第 2 期，第 18 页。
② 马建忠：《马氏文通》，商务印书馆 1983 年版，第 232 页。
③ 石毓智、李讷：《汉语语法化的历程》，北京大学出版社 2001 年版，第 397 页。

这里"然"主要用以描述事物的情貌或状态。也就是说,"然"一旦用在AP之后,便由原来用在"如/若+NP/VP+然"结构中功能有所弱化的"……那样"的指代意义转变为一种具有描绘状貌功能的表示"……样子"的拟象意义,"然"不再有指代的作用和性质,事物的情貌或状态通过"然"的拟象描摹得以呈现和展露出来。如果要使所表达的事物既富有形象性又具有可比照性,那么性状特征以及相比照的事物也可在同一句式中出现。于是,由"如/若+AP+然"的格式便可改易为"……AP+然+如/若……"的表达形式。

(9) 无不爱也,无不敬也,无与人争也,恢然如天下之苞万物。(《荀子·非十二子》)

(10) 永怀圣教用思弘阐,而词林载之。昭昭然若悬日月于太清,令万物之咸睹也。　(姚秦三藏法师鸠摩罗什译《佛遗教经论疏节要》T40P0844c①)

相对于"如/若+AP+然"的表达来说,"……AP+然+如/若……"不但有对事物情貌或状态的相关描述,而且更有了比拟的事物出现。这样的表达更加形象、具体。

(二)"AP 然"的句法功用

实词的虚化,实际上就是语言中普遍存在的一种"抽象化"演变。一方面抽象化使得某一语言成分的应用范围越来越广;另一方面该语言成分也越来越显得缺乏具体的意义,即意义越来越泛化、虚灵。如前所述,"如/若……然"表达式若中间嵌入的是 NP 或 VP,其表示"像……那样"的意思,但"……那样"的指示性已大大减弱。其间若一旦插入 AP,"然"就变成了拟象功能意义"……样子"。如果说这时"然"的虚化意义与"然"的源义间还有那么一丝联系的话,那么,当引出"如/若+AP+然"中"AP"这一属性的比照对象而变为以"……AP+然如(若、似)……"的格式进行表达时,"然"就由一个实词彻底演变为一个没有任何具体意义的虚词。刘丹青先生指出:"语法化现象常常表现为一个连续的链而不是到达某个终点站。即使成为一种专用的虚词后,这个虚词仍可能进一步虚化。不过虚词的虚化不一定仍以独立虚词的身份继续。有的虚词会进一步黏着化并经过类推而成为形态成分,例如汉语中来自指代性

---

① 译经取自日本1934年《大正新修大藏经》,引用出处依照册数、页数、栏数的顺序而记录,下同。

谓词的后缀'然'。"① 随着"AP然"应用范围的扩大，当其独立运用于句中充当谓语成分或状语成分时，这时"然"的词义便完成了由"……那样"→"……样子"→没有实在意义的"语法标记"这一过程的根本转变。

(11) 而容崖然，而目冲然，而颡颒然，而口阚然，而状义然。(《庄子·天道》)

(12) 土地平旷，屋舍俨然，有良田美池桑竹之属。(陶渊明《桃花源记》)

"AP然"在例(11)(12)中都是用作谓语。AP附上词尾"然"就成为了具有拟象、状貌作用的状态形容词。这些"AP然"主要是就主语的情貌、状态进行具体的描述，具有"呈现"情貌、状态的性质。与此不同的是，以下引例中"AP然"却用作了描述性状语，其不再具有呈现性，而是对动作的情貌与状态进行强化。

(13) 天油然作云，沛然下雨，则苗槁然兴之矣。(《孟子·梁惠王上》)

(14) 昔目连与弟子俱从耆阇崛山下，到王舍城乞食。目连于道中仰视虚空，怅然而叹。(鸠摩罗什《众经撰杂譬喻》T04P0536b)

"AP然"能直接充当上面引例中的谓语或状语，这就说明"然"已走完了由指示代词向形容词词尾虚化的整个进程。郭锡良指出："在先秦时期相当多的状态形容词是由音变构词所产生的重言词和双声叠韵联绵词，以及带'然、如'等词缀的复音词和所占份额有限的AABB式的状态形容词。"② 我们知道，状态形容词是为了满足绘景拟声的需要而诞生的形容词次范畴中很重要的成员，它的典型语用功能是对事物或动作的性状进行描述。而绘景拟声无疑具有谓述性，因此状态形容词作谓语是其语义表述在句法上的要求。由于"比起谓语，状语是一个更适宜于表述描述的句法位置"③，因而状态形容词更容易实现为状语。朱德熙曾说过："由形容词构成的状语表示的是动作的方式或状态；就性质来说，这种状语是描写性的，不是限制性的。"④ 正因为如此，"AP然"作谓语或者作

---

① 刘丹青：《话题标记走向何处？——兼谈广义历时语法化的三个领域》，载沈家煊等主编：《语法化与语法研究（三）》，商务印书馆2007年版，第106页。
② 转引自张国宪：《现代汉语形容词功能与认知研究》，商务印书馆2006年版，第82页。
③ 转引自张国宪：《现代汉语形容词功能与认知研究》，商务印书馆2006年版，第90页。
④ 转引自张国宪：《现代汉语形容词功能与认知研究》，商务印书馆2006年版，第14页。

状语实际上就是状态形容词两个最基本的句法功能。不管"AP然"是作句子的谓语也好，抑或是作句子的状语也罢，"然"的形容词词尾性质不会因"AP然"句法位置的不同而有所改变。换言之，"AP然"处于句子状语的位置是其句法功能的具体体现，即使它用在了句子的状语位置上，"AP然"仍为状态形容词，其并非由状态形容词变为了副词，"然"仍属于形容词词尾性质。因此，王力关于形容词加词尾"然"字变为副词的观点，颇值得商榷。

二、"然"的副词词尾化过程

一个实词朝着一个方向变为一种语法成分之后，还可以朝着另一个方向变为另一种语法成分，其结果就是不同的语法成分可以从同一个实词中岐变而来，这就是语法化的岐变原则。①"然"一方面由指示代词向形容词词尾演变，另一方面也以指示代词为基础朝着另外的方向进行虚化，这样就有可能带来"然"最终语法化为一个副词词尾。

（一）线性组合与"然"的可及性

沈家煊先生曾这样说过："演化出语法范畴的不是一个个孤立的实词本身，而是实词所在的结构式，一个实词之所以演化出功能不同的虚词是因为它处在不同的结构式中。"② 前已述及，"然"是谓词性代词，在句中主要充当谓词性成分。而副词在句法结构中总是能充当谓词性词语的修饰成分或限定成分的，因此，副词完全可以出现在"然"的前面作状语。我们观察到，一些总括副词或类同副词经常放在谓词性代词"然"之前。

（15）禹、稷、颜回同道。禹思天下有溺者，由己溺之也；稷思天下有饥者，由己饥之也；是以如是其急也。禹、稷、颜子易地则<u>皆然</u>。（《孟子·离娄下》）

（16）河内凶，则移其民于河东，移其粟于河内；河东凶<u>亦然</u>。（《孟子·梁惠王上》）

不仅如此，"然"之前还可以置入一些否定副词如"不""未"等，用以表示否定；或介入不同的语气副词对"然"进行相关语气的限定；或添加一定的时间副词表示主语与谓语在时间观念上的某种关联。引例如后：

---

① 沈家煊：《语法化研究综观》，载《外语教学与研究》1994年第4期，第19页。
② 沈家煊：《实词虚化的机制——〈演变而来的语法〉评介》，载《当代语言学》1998年第3期，第45页。

(17) 其鄎爱太子亦必可知也，王师若在，其救之亦必然矣。(《国语·郑语》)

(18) 使秦渐得自大，遂以并之，此既然矣。(《三国志·吴书·诸葛滕二孙濮阳传》)

以上这些句子"然"与单音副词"X"本是两个分立的句法单位，属于句法结构中的"状动式"偏正关系。词汇化是一种句法单位成词的凝固化。当单音副词"X"与指示代词"然"在线性顺序上邻接而又经常在一起出现时，在汉语词汇双音化大背景下，语言的使用者就有可能把它们看成一体来加以整体处理，而不再对其结构做具体分析。从认知角度看，这样的过程实际上就是一个由心理"组块"所造成的重新分析过程。通过人们的重新分析，这样的结构就容易走上由句法层面单位向词汇层面单位转变的历程，进而使"X"与"然"组合固化最终演变成一个双音节词。

线性顺序上的邻近，使单音副词"X"与指示代词"然"的凝结有了相应的基础和条件。心理组块因素所造成的重新分析，也只是"X然"固化成词的一个诱因。而导致"X然"的最终演变成词，主要还是"然"指代功能的降低与弱化。我们知道，指示代词"然"具有语义表达上的回指功能。用"然"来回指上文出现过的内容，其目的在于避免相同内容在语句中出现，这样就使得语言简洁明快而不至于重复。语言回指关系中有一个重要概念——代词的可及性（accessibility）。它指的是人们在语篇产生和理解过程中，从大脑记忆系统中提取某个语言或记忆单位的便捷或难易程度，是由回指语表达的关于指称对象可及程度的信息（许余龙，2002）。① 汉语里的"然"是一个高可及性代词。在具体语境中，高可及性代词所指称的人或事物可以很容易被人脑提取，在大脑中存在一个明晰的指称对象。由于具有明晰的指称对象，因此高可及性代词不容易发生意义上的弱化。但是，代词的可及性高低并非一成不变，诸多因素影响，也会导致代词可及性的降低和弱化。从前面所引例子可以看出，"然"回指的先行语本身在形式上比较长，这样就导致了回指形式与先行语之间的距离加大。例（16）"然"指代"河内凶，则移其民于河东，移其粟河内"；例（17）"然"指代"岂其嗣世九年而弃命废职，其若先君何"。随着先行语与回指语之间距离的增大，实体的可及性也就逐渐降低。这样一来，人们在理解单音副词

---

① 转引自王慧兰：《"于是"的词汇化——兼谈连词词汇化过程中的代词并入现象》，载沈家煊等主编：《语法化与语法研究（三）》，商务印书馆2007年版，第240页。

"X"和指示代词"然"这个句法结构的时候,很可能不再把"然"与前文较为复杂的先行语联系在一起,而仅仅把"X 然"处理为一个整体单位。可见,"然"的可及性降低与指代功能的弱化,是"X 然"固化成词的关键所在。

(二)"X 然"的固化与"代词并入"

随着"然"的可及性降低与指代功能的弱化,"X 然"又逐渐并经常用在因承前而省略了分句主语的动词或动词性短语 VP 之前。"X 然,VP"这样的句法结构,又较容易引起人们的重新分析。"X 然"与后面的 VP 之间尽管时有标点将二者断开,但由于"然"指代功能的弱化,人们便可能将副词"X"的语义重心,顺向转指到紧附其后的动词 VP 身上,这样一来就促成"然"的语义进一步悬空,并致使其句法功能逐渐缺失而成为一个羡余成分。就是这种特定的语境,才导致"然"向语法标记的方向转变,而最终使"X 然"固化成一个附加式双音节副词。我们看如下的引例:

(19)乃召其堂下而谯之,果然,乃诛之。(《韩非子·内储说下》)

(20)我所以不令贾复别将者,为其轻敌也。果然,失吾名将。(《后汉书·贾复传》)

(21)以所任贤,谓之主尊国安;所任非其人,谓之主卑国危,万世必然,无所疑也。(《春秋繁露·精华》)

(22)吾尝学此矣,忠信之事则可,不然,必败。(《左传·昭公十二年》)

(23)暴强有乡,仁义有时。万物尽然,不可胜治。(《史记·龟策列传》)

(24)将士徒然,负特壮心,乖为(违)本愿。(《敦煌变文集·李陵变文》)

"X 然"与其后的动词性成分 VP 本不在同一个句法层次上,二者属于一种跨层的句法结构。由于认知因素以及语言节奏等方面的原因,人们极有可能将本被标点阻隔开的"X 然",与后面的动词 VP 连读在一起,并进行重新组合和分析。如:将例(19)组并成"果然乃诛之";例(20)组并为"果然失吾名将";将例(21)重组成"万世必然无所疑也";例(22)组并为"不然必败";等等。这样一来,"果然"由当初的"果真如此,的确如此"之义,在重新分析以后便演变为适应于新语境的表示"实际情形跟预料的完全相符"的语义。于是例(19)就由"果然有这样的人,(文公)就杀了他"的意思,通过重新分析变为"（文公）果然就杀了这样的人"；例（20）由"果真如此（他轻敌），我们失掉了名将"而变成"我们果真失掉了名将"的句意。而"必然"由"肯定是这样"也可发展为表示"事理上的确定不移"的语义，于是例（21）便由"万世肯定这样，无所疑"之意，转变为表示对"无所疑"的一种确信，即"万世必定无所疑"。余几例不赘。这样的重新分析过程，完全是在语言使用者不加审察的环境中进行的。"直到变化的最后阶段，当新的功能扩展了的形式出现在原有的所不能出现的环境中时，变化了的功能与旧有的形式之间的矛盾才显露出来，变化才变得表面化了。后代的人们对比变化后和变化前的同一形式，才会意识到某一语言形式在历史上发生了质变。"① 所以正是这样，当"X然"与动词VP之间不需要任何语气上的停顿，而将"X然"直接置于动词谓语前，且其语义又发生新的变化时，那么，"X然"便被理解为是一个已经凝结固化的双音节副词了。

（25）大王到庵果然怪迟。（《敦煌变文集·妙法莲华经讲经文》）

（26）售盐以利之，通粮以济之，彼虽远夷，必然向北。（《宋史·李至传》）

（27）年十三，见杀生者，尽然不忍食，乃求出家。（《五灯会元》卷三）

（28）何况不见得这源头道理，便紧密也徒然不济事。（《朱子语类》卷一百一十四）

（29）袁彦伯为谢安南司马，都下诸人送至濑乡。将别，既自凄惘，叹曰："江山辽落，居然有万里之势！"（《世说新语·言语》）

（30）若苗秽害田，随风烈火，芝艾俱焚，安能白别乎？且又此事固然易见，不及鉴古成败，书传所载也。（《三国志·魏志·公孙度传》）

如果将前引（19）~（24）之例与这里所引（25）~（30）之例进行比较，那么就可以进一步发现，"X然"由句法结构演变为一个词汇单位，完全就是在这种特定的语境中，经过不为人所辨察的重新分析之后而逐渐完成的。我们认为，"X然"的组合固化到最终演变成词，实质上就是一种"代词并入"过程。所谓代词并入，是指原本独立的代词在语义、句法、韵律、语用等因素共同作用下

---

① 董秀芳：《词汇化：汉语双音词的衍生和发展》，四川民族出版社2002年版，第42页。

逐渐发展为词内成分的过程。① 而词内成分就是一个词的内部构成部分。这个词的内部构成部分，既可以是具有某种概念意义或语法功能的词内语素，也可以是不具有任何概念意义或语法功能的非语素成分（音段成分）。先行语与回指形式距离的增大，便带来"然"可及性的弱化和语义的虚灵。"然"的可及性弱化和语义的虚灵以及其在具体运用中句法功能的消失，又促成了"X"与"然"的边界进一步弱化。在心理组块因素的作用下，就导致本来词义就十分虚灵的"然"降格成为一个词内成分，最终使"X然"固化成为一个双音节副词。

（三）"然"词尾化的相关问题

双音词的衍生过程既涉及词汇化也涉及语法化。"X然"的成词过程实际上也伴随着"然"的进一步虚化过程。实义的虚化并非一蹴而就。同样，"然"向词尾演变也是一个渐进的过程。在整个虚化过程的不同阶段，虚化的程度不尽一样。刚开始虚化时，虚化义和源义的关系很容易看出来，但随着虚化进程的继续，虚化义和源义的关系就会越来越疏远，以致很难对其做出准确的训释。语法化是一个连续的过程。当一个成分由 A 虚化为 B 的过程中，就必定有一个 A 和 B 共存的阶段。在这一阶段有的成分可以按 A 理解，也可以按 B 理解。

（31）若<u>不然</u>，叔父有地而隧焉，余安能知之？（《国语·周语》）

（32）惧宗室外家，故廷辩之。<u>不然</u>，此一狱吏所决耳。（《史记·魏其武安侯列传》）

所引（31）（32）两例中的"不然"，我们将"然"理解作指示代词固然不错，但若将"不然"当作已经凝结固化的假设连词事实上也未尝不可。一旦"X然"用在表假设、让步等关系的复句之中，且其后出现了一定的指示词语用以指代相关内容［如下引例（33）（34）等］，或者当"X然"用在句子中充当状语并修饰和限定后面的谓词性词语时（如下引例（37）（38）等），这时候的"X然"已经完全词汇化，"然"也就成为了一个无实在意义的语法标记。由句法结构词汇化而来的"X然"，由于运用语境和所处句法位置不同，体现在词性上也并非完全一样。词汇化的"X然"主要有两种词性：一是连词，一是副词。首先看虚化作连词的情况。句法位置提供了"X然"虚化作连词的一些条件。当"X然"出现在表假设、让步等关系的复句之中，特别是当其处于复句里前一分句的句端时，"X然"就担负起了连词的一些功能。由于长期在这种语

---

① 王慧兰：《"于是"的词汇化——兼谈连词词汇化过程中的代词并入现象》，载沈家煊等主编：《语法化与语法研究（三）》，商务印书馆2007年版，第240页。

境中使用，因而使得一部分"X然"最后虚化为了连词。

(33) 虽然贫苦孤微，然为儿童便好俎豆之事。（葛洪《抱朴子·祛惑》）

(34) 既然如此，为甚摩举一念想，得见普贤？（《祖堂集·报慈》）

(35) 项王曰："此沛公左司马曹无伤言之。不然，籍何以至此？"（《史记·项羽本纪》）

(36) 父子至亲，歧路各别，纵然相逢，无肯代受。（《地藏菩萨本愿经》第十七卷）

这些"X然"虽然最后演变成了连词，但我们认为，"然"仍属于副词词尾性质。接下来再来看虚化作副词的情况。大多数"X然"在词汇化以后，用在句子中充当状语，修饰和限定谓词性成分。杨荣祥先生指出，由"X然"所形成的双音节副词"大量的还是产生于近代汉语，并且很多一直到现代汉语中还在继续使用"。并列举了几个例子：《敦煌变文集》有"必然、果然、忽然、蓦然、自然"；《朱子语类》有"卒然、断然、公然、固然、决然、适然、依然"；《金瓶梅词话》有"定然、刚然、猛然、尚然"；等等。[①] 以下我们列举一些在中、近古汉语里相继出现的"X然"双音节副词，通过这些引例便可看出，"X然"的词汇化过程，实际上就是"然"向副词词尾虚化而最终演变成为一个语法标记的过程。

(37) 行乏憩予驾，依然见汝坟。（孟浩然《行至汝坟寄卢徵君》）

(38) 对天颜咫尺，定然魁甲登高第。（柳永《长寿乐》）

(39) 世之信鬼神者……其不信者，断然以为无鬼。（《朱子语类》卷三）

(40) 若是知得那贴底时，自是决然不肯恁地了。（《朱子语类》卷十六）

(41) 学者当然须是自理会出来，便好。（《朱子语类》卷九十九）

(42) 贾石概然许了。（《话本选集·沈小霞相会出师表》）

(43) 到了次日，建文帝览表，竟然见四川岳池教谕程济一本。（徐渭《续英烈传》）

(44) 谢三郎走进新房，不见新娘子在内，疑他床上睡了，揭帐一看，

[①] 杨荣祥：《近代汉语副词研究》，商务印书馆2005年版，第126页。

仍然是张空床。(《二刻拍案惊奇》)

(45) 今温已拥百万之众,挟天子以令诸侯,诚然不可与争锋。(《两晋秘史》第二百二十五回)

"X然"的固化成词,虽然有着时代先后的不同,但可以肯定的是在这些引例之中"X然"已经完全词汇化,"然"变成一个纯粹的副词词尾。这里需要说明的是,只要我们对"X然"做一番考察就会发现,"然"更容易跟单音节时间副词或语气副词融合成词,而不大容易与单音节的其他副词凝结固化。何以至此呢?这大概与这些单音节副词的语义、语用有关。董秀芳说过:"语义上与中心语联系越紧密,越与中心语的稳定的性质或状态有关的修饰语,在句法结构的线性顺序上越靠近中心语,也越容易与中心语发生黏合,表现为成词的时间较早,数量越多。"① 由于总括或类同副词的语义特征是表示事物的总括与类同,其语义主要指向谓语中心词的关联项而不是谓语中心词本身,② 因而这就造成谓词"然"与单音副词的句法关系变得十分明显,二者的分立性较大。"然"也就难以与总括或类同副词凝结并固化成词;而单音节中的时间副词或语气副词,由于在句中是表示与谓语相关联的"时间观念"或某种语气,并且与中心语语义联系紧密,因此当"时间观念"或某种语气得以凸显、在"然"与先行语距离增大而带来其可及性弱化时,原来分立的两个成分就容易黏着在一起而被作为一个语义整体来加以理解。这就是例(37)~(45)中单音副词更能与"然"融合成词的原因。董秀芳曾经指出:"状中式成词的一个很大的推动力来自韵律模式,几乎所有的状中式复合词都是双音节的,正好是一个标准音步的长度,因而构成一个标准的韵律词。"③ 可见,状中式"X然"的凝结成词,双音化起了重要的促动作用。

我们把"然"的形容词词尾用法简记作"然₁",把"然"的副词词尾用法简记作"然₂"。从上面的分析得知,"然₁"明显形成于先秦时期,"然₂"却是在中近古时期才得以产生和出现。杨荣祥先生认为,"然₂"来自于"然₁"。而我们认为,虽然都是用作词尾,但"然₂"有其自己的来源和较为清晰的词尾化途径,其与"然₁"之间根本不存在源与流的问题。由"然₂"充当词内成分而凝固形成的"X然",虽然在形式上与由"然₁"参与构词的"AP然"相同,但

---

① 董秀芳:《词汇化:汉语双音词的衍生和发展》,四川民族出版社2002年版,第165页。
② 杨荣祥:《近代汉语副词研究》,商务印书馆2005年版,第50~51页。
③ 董秀芳:《词汇化:汉语双音词的衍生和发展》,四川民族出版社2002年版,第154页。

二者的词性与功能却有很大差异。即使是"X然"与"AP然"同样可以充当状语，但前者是对动作或相关行为在范围、时间或语气等方面进行强调和限定，而后者却是描摹事物或动作的情貌与状态。何况"X然"只限作句子的状语而不能像"AP然"那样还可作谓语。更为重要的是，"然$_1$"作为虚语素还可以参与汉语复音节构词，且构词具有很强的类推性。汉语中大量"AP然"形式的状态形容词便由此衍生；"然$_2$"则是单音副词"X"与指示代词"然"固化成词以后从"X然"中虚化而来，其不再以虚语素身份参与构词，也更不具备构词的类推性。它只是在已经固化的双音副词"X然"中起着一种语法标记的作用，也更无"然$_1$"那种描摹事物性质或状态的功能。可见，两种词尾明显有着本质的差异和不同。

综上所述，"然"虽同样用作词尾，但"然$_1$"与"然$_2$"缘于"然"使用的句法环境不同以及其经历了不同的语法化过程。"然"用在"如/若+AP+然"语境之中，"然"的词义虚化和脱落，使"然"变成一个形容词词尾。在判断句中单音副词"X"与谓词性代词"然"线性地排列组合到一起，由于认知的原因，人们很自然地将这个句法结构当作一个整体看待。随着"然"与先行语距离的加大，其可及性的弱化导致"然"降格为词内成分。"X然"的凝结也带来"然"的进一步虚化，最终使其演化为了一个意义空灵的副词词尾。"然$_1$"与"然$_2$"有较大差异，二者间不存在词尾化过程的相互关联。

第三节　从语法化角度看"大"的量词特征

21世纪以来，"数词+大+NP"表达式越来越为人们所青睐，并经常运用于人们的言语交际。因其具有表达上的凝练、概括等特点，而被广泛用于新闻报道之中，尤其作为新闻报道标题更频频亮相于报纸、杂志、电视等各种新闻传媒。随着其用法的日益增多和扩大，人们便自然地对"数词+大+NP"表达式给予及时的观照和审视。近些年来，不少学者对该表达式中"大"的词性问题都进行了许多极有价值的探讨，使我们从中获得了许多教益和启迪。由于研究者使用的方法不同，个人认识上存在着一定差异，因而得出的结论也往往不尽一致。迄今为止，学界对"大"字的词性仍是看法不一，各持己端：有偏重于表达式中"大"所表示的形容词意义,而认为其词性仍归属于形容词者①;也有论者认为,该表达式中的"大"带有量词的一些基本特征,它有向量词发展的趋势②;还有人认为,这种结构中的"大"已经活用为了量词。③ 笔者学识浅陋,在此无意对各家观点妄加评说,只是拟就表达式中"大"的词性问题,从语法化的角度谈一谈自己的看法和认识。

一、"大"向量词演化的机制

"数词+大+NP"表达式,其产生的历史较为悠久。根据考证,"数词+大+NP"在汉代即开始出现。许光灿先生指出:"两汉之交,伴随着佛教文化的输入,形成了汉语史上一次大规模的外来词引进高潮,为传播佛教思想,译者们在对译中尽量使梵文汉化,使之成为符合汉语习惯,'数+大+名'格式正是这次梵汉对译中产生的一种意译外来词的重要格式。"我们认为,这种表达式产生之初,数词后面本身就省略了相应的量词,而其中"大"确属形容词无疑。正如许光灿先生所分析的那样,"数+大+名"是"数+形+名"而不是"数+量+名"。但需要指出的是,语法是发展变化的,某种词类里的词在语法功能上可以发生变化。郭锐认为,词语在词汇层面的语法性质是词语固有的词性;而词语在句法层面的语法性质是词语在具体使用中产生的,由句法规则控制。如果一个词在句法层面上产生了词汇层面未规定的语法性质,这种语法现象称为"语法的动态性"。④ "数词+大+NP"自产生之始到现在的大量运用,其间历经了不同的时代。经过不同时期人们的反复运用和不断实践,这种格式中"大"的功能与属性也并非恒久未变。在认知、语用等诸要素作用下,其悄然进行着语法的动态性变化,也经历着由形容词向量词演变的语法化过程。

各种语法成分的形成往往需要经历一个较长的语法化过程,而语法化过程又离不开语法化的主要机制。语法化的机制有两种,一种是重新分析(reanalysis),一种是类推(analogy)。从认知的角度看,重新分析是概念的"转喻",类

---

① 许光灿:《"十大金曲"之"大"不应看成量词——与李胜梅先生商榷》,载《修辞学习》2005年第1期,第64页。
② 李胜梅:《"十大金曲"结构中的"大"字之用》,载《修辞学习》2003年第5期,第14页。
③ 刘巧云、李向龙:《"大"字新用作量词》,载《语文学刊》2004年第3期,第83页。
④ 郭锐:《现代汉语词类研究》,商务印书馆2002年版,第89页。

推是概念的"隐喻"。① 二者遵循的原则有所不同：邻近（contiguity）是转喻遵循的一个重要原则，而相似（similarity）则是隐喻遵循的一个重要原则。② 我们认为，"数词+大+NP"表达式中"大"所进行的语法化，其背后有人们认知动因在不断地起作用。在"大"由形容词向量词演化的过程中，人们的重新分析最为关键。所谓重新分析，是指一种改变结构关系的分析。这种分析本身并不对表层结构做直接或本质上的修正。从根本上说，重新分析完全是听者（或读者）在接受语言编码后解码时所进行的一种心理认知活动，听者（或读者）不是顺着语言单位之间本来的句法关系来理解，而是通常在一定的诱因作用下，按照自己的主观看法做另外一种理解。这样一来，原有的结构关系在听者（或读者）的认知世界里就变成了另一种结构关系。拿"ABC"这样的语言组合来说，假如它本来的结构关系是A（BC），那么重新分析后，它的结构关系可能就是（AB）C。③ 以"八大伤心事"为例，内在关系本该是"八（大伤心事）"，即八件大的伤心事情，这时的格式表述为"数词+（大+NP）"。由于"大"长期与数词组合而在形式上处于量词的位置，人们便在认知世界里解码为"（八大）伤心事"，即表达式变成了"（数词+大）+NP"。我们对"大"与数词组合的情况进行了考察，发现"大"更多地与数字十以内（包括数字"十"）的单音数词组合。而十以内的数词在省略了其本身的量词后，与前移而占据原有量词空位的"大"构成了一个双音节的音步。受双音化的影响，两个经常邻近出现的单音词成分，就很容易地融合成一个复合体。这样一来，"大"与前面数词组合，时间一长便在人们心理认知上获得了一种"完型"的概念。此时的"数词+大+NP"结构，人们很难将"大"看成是后面NP的修饰成分，而更容易把"大"看成是被前面数词所修饰的词语。同时因原有量词的省略，人们在理解上又有一个量词意义的增补过程。于是在线性序列的表达中，"大"就"顺理成章"地被理解成充当了量词的语法功能和语义角色。重新分析是"大"赖以演变为量词的前提基础和必由之路，但并不意味着它就已经成为了完全意义上的量词。重新分析以后，"大"处于一个临界点上：前与数词结合构成一个复合体，而后又能与NP进行语义上的搭配。这种特殊的句法环境，为"大"进

---

① 沈家煊：《认知语言学与汉语研究》，载刘丹青主编：《语言学前沿与汉语研究》，上海教育出版社2005版，第18页。
② 王灿龙：《词汇化二例——兼谈词汇化和语法化的关系》，载《语言文字学》2006年第1期，第6页。
③ 王灿龙：《词汇化二例——兼谈词汇化和语法化的关系》，载《语言文字学》2006年第1期，第6页。

一步向量词演化提供了条件。

"数词+量词+NP"是汉语偏正结构的基本语义类型之一,其早已成为人们所习用的表达形式。受"数词+量词+NP"长期使用的影响,人们便以此为基础对"数词+量词+NP"结构进一步类推和隐喻,于是与"数词+量词+NP"同形的"数词+大+NP"的结构中,"大"就更容易被语法化为量词。类推和隐喻必须有比较具体的"意象——图式",而这"意象——图式"的获取来自已有的句法结构。如果没有汉语中"数词+量词+NP"结构的映射(mapping),"数词+大"结构的"大"便不会进行量词的语法化。

二、"大"所呈现的量词语义属性

两个词语能够组合成一个句法结构,更关键的是看二者是否具有某方面共同的语义特征。语义特征决定了句法组合的可能性,某个或某些共同的语义特征是彼此间相互选择匹配的前提条件和必要条件,也就是说任何结构的组合必须遵循"语义一致性"这一基本原则。"大"与数词的组合实际上也遵循了"语义一致性"这一基本原则。形容词通常分为性质形容词和状态形容词两大类别。性质形容词表示事物某种抽象的属性,具有可变的量,其所具有的〔+属性〕这一语义特征,实际也隐含着事物〔+属性〕的大小、多少、范围、数量等的变化和不同。《现代汉语词典》释"大"的义项云:"在体积、面积、数量、力量、强度等方面超过一般或超过所比较的对象。"由此可见,"大"所表示的意义明显地侧重于事物〔+属性〕在量或度上的考虑,量或度超过所比较的对象就"大",反之则"小"。而"数"是一种语法范畴,它表示名词或代词所指事物的数量。虽然"数"不直接具有性质形容词所表示的事物〔+属性〕这一语义特征,但却能反映事物〔+属性〕大小、多少、范围、数量等的变化和不同。因此在笔者看来,"大"与数词组合在一起有其一定的语义基础。而一个词与另一个词经常性地组合,往往会唤醒词语新的一些属性和特征。邵敬敏、吴立红《"副+名"组合与语义指向的新品种》一文曾对"副+名"的组合进行了分析。认为副词在唤醒名词的属性特征时,其语义指向主要采用了语义斜指法、语义内指法、语义偏指法、语义深指法和语义外指法等途径和方法。[①] 其中的语义斜指法主要是针对"形语素+名语素"所构成的偏正结构而言。这种

---

① 邵敬敏、吴立红:《"副+名"组合与语义指向的新品种》,载《语言教学与研究》2005年第6期,第13页。

偏正结构名词的语义核心，本来应该是中心语素，所以修饰语的语义原则上应该指向这个中心语素。例如，"小红花"，"小"的语义应该指向"花"，而不是指向"红"。当程度副词跟名词组合时，却可以指向名词的非中心语素（即修饰语素），如"很柔情"，"很"的语义指向不再是"情"而是"柔"。我们认为，这种语义斜指法也可以移植到对"数词+大+NP"表达式的分析上。如"八大伤心事"，数词"八"以及后面的形容词"大""伤心"本当都将其语义指向后面的中心词"事"，但由于数词"八"与"大"的长期组合和共现，二者在人们心理认知上获得了"完型"概念，于是在这种情况下，"八"的语义指向就发生了一些细微的变化，其意义由指向中心词"事"而转为主要"斜指"在其后的"大"之上。这样一来，数词在语义上的斜指就有可能使得"大"获得量词的一些属性和基本特征。以此观之，一个词语是否发生语法化，很显然与该词语所处的句法环境有着密切的关系。①

英国的语义学家利奇（1987）曾把语义分为七种，把撇开"主题意义"剩下的六种语义分成了两大类：理性意义和联想意义。所谓理性意义是语言交际的核心意义，它是静态的，是其他语义的基础。如"大"的形容词意义亦即利奇所指的理性的意义。而联想意义包括内涵意义、社会意义、情感意义、反映意义和搭配意义等多种意义。某个词的联想意义是动态的、不确定的、可变的，是外围的意义，受到时代、社会、文化、交际场合、交际对象等多种因素的影响，它只能在与不同词语匹配构成的句法结构的组合中才能显示。随着"数词+大+NP"运用的日益增多，也随着"大"与数词长时间的组合和共现，受人们认知心理及交际中诸多因素影响，在"大"的理性意义之外便会自然地产生一些联想意义。"数词+大+NP"中的数词，便会唤醒因句法省略而占据了量词空位上"大"的一些量词特征，并使其逐渐吸收量词的一些词义。因而语法化以后的"大"，既有作为语义基础表形容词的理性意义，又有作为量词用法的联想意义。它既有"个、位、首、座"等专职量词的意思，又有"排名在前的""主要的"等形容词的意义。这时候的"大"由于经过了一定程度的语法化，我们不能再将其看成是形容词，而应视为量词为妥。我们认为"大"作为量词，其意义是量词意义为基本意义和形容词作附加意义的结合。比如"两个杀手"与"两大杀手"相比较，"大"除了量词功能外，还因为其具有"排名

---

① 史金生：《"要不"的语法化——语用机制及相关的形式变化》，《语言文字学》2006年第3期，第56页。

在前的""主要的"的含义而对其后的成分"杀手"进行凸显和强调,而且在句法上对"杀手"还进行限制,形成偏正结构即"主要的杀手"。而像"个""位""首""座"等来自名词的量词却没有这样的功能。"大"作为量词还具有很大的概括性,它几乎囊括了所有量词的一些属性和特点,避免了因称量对象的不同而对量词所进行的选择。如"四大佛教名山",若不进行缩略表达应是"四座大的佛教名山";"2000年十大金曲",若不进行缩略表达当为"2000年十首大的金曲";"十大年度词汇"应是"十个大的年度词汇";等等。像这种完全式表达往往需要依照不同的指称对象——"名山""金曲"和"词汇"而分别选用专职量词"座""首"和"个"。而让"数词+大+NP"中"大"充当量词以后,就省却了选择专职量词这一过程的繁复。而且"大"作量词具有其他量词所不能比拟的优势,会使"数词+大+NP"表达式信息量大,表达更为精练。这样既不影响人们对句意的理解,也更符合人们普遍遵从的经济达意原则。

三、语法化程度及语法功能考察

我们知道,仅仅凭借意义来判断一个词的语法属性是靠不住的,必须着重从词的语法功能角度来证明其语法属性的转化程度。在确定一个词的语法属性或语法化程度时,应当把它放在特定的语言系统中去,多角度全方位地考察它在语法、语义等各个方面的使用情况,并辅以必要的数据统计,跟相关词语的比较,才有可能准确地把握它,得出符合客观实际的结论。① 前面我们简单分析了"大"进行语法化的句法环境、语法功能以及作为量词所表示的意义。这里我们再来考察一下,"大"作为量词与其他量词相比较其所具有的共同性和差异性。一个词不管它原来的词性如何,一旦它进入量词队伍,都要或多或少地失去或改变原有意义而发展出概括性更强的语法意义。一方面,用为量词所表示的意义与原义之间存在着明显的差异,而另一方面也仍然同原义有着或显或隐的一些联系。量词队伍更多的是由名词演变而来。大多数量词由于源于名词,本身仍然带有同本义有关的一些语义信息,如:"一张纸"的"张",含有延展的、平面的意思;"一条路"的"条",有长形的意思。"一位学生"的"位",也还有保存在"位置"里作为名词性语素的含义。而源于形容词的量词同样也

---

① 赵大明:《〈左传〉中率领义"以"的语法化程度》,《中国语文》2005年第3期,第231页。

保留了原来词义的一些信息或一些语义成分，而且这些形容词在充当量词以后，其所保留的原有语义信息，要比名词用作量词以后所附带的原有信息凸显得多。如："一弯月亮"的"弯"除称量记数以外，还保留有"弯曲、亏缺"的意思；"一碧秋水"的"碧"还含有"青绿"之意；"一丛图书"的"丛"还有"聚集"的含义；"五曲音乐"的"曲"还有"婉转"的意思；"两团毛线"的"团"还有"会合在一起"的意思。"三方腊肉"的"方"还有"方形"的意义。这些量词因本身由形容词转化而来，其原来描写事物性状的功能在充当量词以后仍然在起作用，它们对"数词+量词"结构后面所跟的 NP 成分在语义上进行修饰和限定。如"弯弯的月亮""碧绿的秋水""聚集的图书""婉转的音乐""会合在一起的毛线""方形的腊肉"等。这表明由形容词转变而来的量词，不像由名词演化而来的量词那样在量词属性和特征方面显得更加纯粹。但我们不能因此就否认"弯""丛""碧""曲""团""方"等词具有量词属性而将其归入其他词类。语法变化是一种意义类型的转换，意义失去的同时也伴随着意义的获得。"数词+大+NP"中"大"的量词语法化，在使"大"获得量词意义后虽然没有让"大"原有的理性意义消失殆尽，但毕竟削减了"大"的形容词含义。一旦在"大"与"NP"之间插入一定的形容语，而这个被插入的形容语阻断和减弱了 NP 成分对"大"语义上的依赖，这时的 NP 就直接受制于被插入的这个形容语，于是结构中的"大"便偏重于与前面的数词结合而表示数量关系。如在"两大竞选阵营""四大风筝产地""七大报业集团""八大新兴行业""十大杰出青年""原创中国 2004 年十大新人""十大最佳摄影作品"等用例中，因为"大"与"NP"之间有了形容语的介入，数词之后的"大"，其量词的属性和特征就显得更加突出，而结构中"大"的形容词语义特征却明显呈弱化趋势。

　　表示数量是各类量词最重要的功能，而记数称量是所有量词的天职。语法化后的量词"大"同样如此。作为语法范畴，量词有自己的分布特征。从现代汉语的平面看，其分布式应有如下几种情况：Ⅰ.数词/代词+□+名词（一/这个孩子）Ⅱ.名词+数词+□（孩子三个）Ⅲ.数词/代词+□（几个/这个）。① 多数来自名词的量词，能进入上面三种表达形式，而源于形容词的量词却只能进入部分的格式，这也是形容词不能像更多的名词那样很容易地语法化为量词的原因。因此在量词群体中，量词由形容词转化而来的情形较为少见。

---

① 王绍新：《试论"人"的量词属性》，《中国语文》2005 年第 1 期，第 39 页。

就以上这些量词格式来讲,源于形容词的"弯""丛""碧""曲""团""大""方"等量词都能进入Ⅰ式,但这些量词能否进入Ⅱ式和Ⅲ式却情况有别:"丛""曲""团""方"能进入Ⅱ式和Ⅲ式,而"弯""碧""大"却不能进入Ⅱ式和Ⅲ式。这说明同样是因形容词转化而来的量词,其量词的个性特征有所不同,这表明它们在量词的语法化进程中,各自的语法化程度也就不一样。在特定的语言环境里,一个词汇项或结构式要获得某种语法功能,其所进行的语法化是渐变的。"一个语法演变从发生、扩展和扩散到最终完成往往是一个较长的历史过程。有些语法演变从开始的语法创新到演变完成甚至长达几个世纪。"① 我们认为,像"弯""碧""大"这些量词,之所以不像其他源于形容词的"丛""曲""团""方"等量词那样能自由地进入Ⅱ式和Ⅲ式,说明它们作为量词的属性还处在不断的语法化过程当中,或者说到目前为止其语法化的程度还具有不彻底性。因此,我们不能因为"弯""碧""大"等量词不能进入其中的某些表达形式,或者因为它们语法化程度还不够彻底,就否认其作量词的事实。

四、语用因素的影响

句法环境、语法功能及出现的频率这三者是一个不可分割的整体,是衡量语法化程度最主要的标准。在句法环境和语法功能发生变化的同时,出现频率的改变也是衡量"大"用作量词的主要依据,同时也是把握其语法化程度的重要参考。汉语里的"数词+大+NP"和"数词+量+NP"是两种并行使用的格式,二者之间不存在"流"与"源"的关系。但在并行使用中,两种格式的使用情况与现状,却天壤有别。"数词+量词+NP"早已成为人们所习用的表达形式;而"数词+大+NP"却在佛经文献里"昙花一现"以后,又被尘封于漫长的历史长河。在"数词+大+NP"这一格式"问世"并"沉寂"几近两千年后的今天,能唤起人们对其重新的启用并大量地实践于现代言语交际,不能不说又是受到了人们长期使用"数词+量词+NP"格式的影响。由于"数词+大+NP"有其自身语言精练、信息量大的特点和优势,所以21世纪以来报刊传媒更乐于使用"数词+大+NP"的表达形式。作为信息化时代的今天,这一格式的运用可谓司空见惯、习以为常。我们搜寻了近些年一些新闻报道标题,发现这样的用例尤为普遍。兹录部分其例:

---

① 吴福祥:《语法化理论、历史句法学与汉语历史语法研究》,载刘丹青主编:《语言学前沿与汉语研究》,上海教育出版社2005年第1版,第239页。

（1）中国男女篮十大相同病状　马家军克隆尤家军"悲剧"（新浪网 2006/9/19）

（2）推动房价上涨的九大因素（三峡都市报 2006/9/18）

（3）中国汽车出口面临七大挑战　须采取措施保证发展（中国新闻网 2006/9/17）

（4）四大花旦　唱响服饰新宠（商告网 2006/9/17）

（5）主导破解两大密码算法　科学家王小云获百万大奖（中国新闻网 2006/9/17）

（6）"焦点访谈"一大败笔（人民网 2006/9/16）

（7）中国规划沿海建5大区域港口群　形成8大运输系统（人民网 2006/9/15）

（8）2007年全国硕士招生简章出炉　细数六大变化（人民网 2006/9/15）

（9）一个普通教师对教师节的八大愿望（人民网 2006/9/8）

（10）该有的十大学风，高校具备吗？（人民网 2006/9/1）

这些用例中的"大"，在我们看来已经具备了量词的属性和特征。从其出现频率和使用情况可以窥见，"大"的量词语法化程度正在不断地加深、加强。众所周知，造成语法化的因素有多个方面，其中一是语言习得，二是语用，三是社会语言学。而语用因素尤为重要。一种新的变体形式最初只是出现在个别人的口中或笔下，但它何以迅速地传播并能够扩散开来？其中的原因如王灿龙《词汇化二例——兼谈词汇化和语法化的关系》一文所云，主要还在于人们普遍遵从"人云亦云"的原则。这是因为语言活动并不是一个纯粹的个人或少数人的活动，当人们进行语言表达时，不仅要使自己的话被他人听懂，而且还希望他人从社会身份上予以认同和接受。为了达到这个目的，说话人除了遵守他所处的那个社会的一些语言规约之外，还必须随时关注新出现的一些形式。当一个新表达式出现的时候，特别是当这个新形式来自某些权威机构或强势言语社团时，人们会及时调整自己的语言表达，尽可能与新形式保持一致。[1] 从这个意义上讲，"数词 + 大 + NP"表达式日益为人们所乐用，以及表达式中"大"被逐渐语法化为量词，其语用因素也十分重要。我们认为，在"大"所进行的语法化过程中，如果没有人们的重新分析和演绎类推，没有"大"进行语法化

---

[1] 王灿龙：《词汇化二例——兼谈词汇化和语法化的关系》，载《语言文字学》2006年第1期，第11页。

所处的句法环境，同时如果在语法化句法条件之下又没有"大"的语法功能改变，在语言规约之外也没有人们对这一表达形式的尝试和创新，即便有了尝试或创新，但人们没有遵从"人云亦云"的语言使用原则，那么也就不会有"数词+大+NP"表达式因数词语义的斜指而使"大"产生相应的联想意义了，也不会赋予表达式中"大"的量词属性与特征，同时也不可能有"大"作为量词使用的情况出现。

综上所述，我们认为，"数词+大+NP"表达式中的"大"，从语法化角度看已明显具备了量词的基本属性和特征。

第四节　试论副词"马上"的产生

我们知道，"马上"是现代汉语比较常用的时间副词，主要放在句中作状语，并对谓词性词语进行时间上的限定，用以表示动作状态即将发生，或者表示动作状态紧接着某件事情发生。也有一些学者根据它的功能特征，将其称作表时间的限制性副词。从现实情况看，"马上"所表"即时、立刻"的词义，业已从实词意义中衍生虚化出来，它的句法功能也已完全定型。对于副词"马上"的产生及形成过程，据笔者所知，学界迄今为止尚未有较深入的探讨与分析。即便是少数著述中有所涉及，也多是片言只语，或语焉不详。《汉语大词典》"马上"词条下也只列有三个义项：①马背上，多指征战武功；②比喻在职做官；③即时、立刻。笔者一直在思忖着这样的问题：副词"马上"表"即时、立刻"的意义到底因何而来？它究竟是怎样产生的，其形成有哪些条件？又是什么因素促成"马上"由实词意义向副词意义演变虚化的？它的语法化过程，是否遵循着汉语副词演变虚化的主要机制和一般规律？有鉴于此，我们这里拟就副词"马上"的衍生途径，试做一番粗浅的探究。

一、副词"马上"的意义来源分析

一个副词的产生与形成绝不是偶然的，而是各种不同因素影响和促成所致。杨荣祥先生曾指出："决定和促成副词的形成，主要有三个方面的条件，即语义基础、句法位置、语用因素。其中，语义基础是副词形成的基本条件，句法位置是副词形成的决定条件,语用因素是副词形成的外部条件。"① 我们认为,一个由实词虚化而来的副词,无论其词汇意义多么"虚",总是能够找到它与其所自来的实词在意义上的联系。因为一个实词虚化为副词,一定要有语义基础作为它基本的条件。就"马上"来讲,它原本是由普通名词"马"与方所词"上"所构成的一个方所短语,常与介词"于"组成介宾结构作句子的补语。由于语言使用的经济原则及汉语韵律节奏等因素的作用,动词后的"于"从汉代开始便有了大量的省略现象,且介词短语在省却"于"字之后又有移位于动词之前的新趋势,因而我们在文献里所见到的方所短语"马上",尤以置于动词之前作状语较为常见。方所短语"马上"常表示动作行为的处所或方位,我们把这种用法记作"马上$_1$";但有时候也可用来表示动作行为的方式或凭借,我们把这种用法记作"马上$_2$"。表动作行为处所或方位,意思是"马背上",多指征战武功。如《史记·陆贾列传》:"高帝骂之曰:'乃公马上而得之,安事《诗》《书》!'陆生曰:'居,马上得之,宁可以马上治之乎?'"当"马上"用作表行为方式或凭借时,意思却是指"使用马这种工具"。如:

(1) 银器胡瓶<u>马上</u>驮,瑞锦轻罗满车送。(唐·顾况《李供奉弹箜篌歌》)

(2) 旋割其耳,<u>马上</u>驼行。(《敦煌变文集新书·李陵变文》)

为了称述的方便,我们把用作副词的"马上"记作"马上$_3$"。在我们看来,"马上$_1$"与"马上$_3$"之间毫无意义上的任何关联,副词"马上$_3$"不可能由表静止状态的处所意义"马上$_1$"引申虚化而来,因为其缺乏虚化演变的机制和条件。因此,我们这里不以"马上$_1$"作为主要讨论对象。语言运用中,"马上$_2$"也可用来表行为的方式或者凭借。这种表达功能的出现,或许就为"马上$_2$"演变为"马上$_3$"提供了一种虚化的可能性。我们知道,马是六畜之一,是古代畜牧社会人们所役养的重要对象。相对于六畜的牛、羊、猪等来说,由于马"四肢强健""性温驯而敏捷",因而人们常将其用来作交通或战争的重要凭借工具。《诗经·唐风·山有枢》:"子有车马,弗驰弗驱。"孔颖达疏:"走马谓之驰,策马谓之驱。"当马被作为一种凭借工具来使用时,人们便因马的功能属性而赋予这种凭借工具以敏捷、快速、急遽的特点,词义由一个认知域向另一个认知域投射,这显然是由于受到认知心理相似性或相关性隐喻机制的影响。例(1)"银器胡瓶马上驮"的诗意即是说,以马这种工具将银器胡瓶等物快速送达目

---

① 杨荣祥:《近代汉语副词研究》,商务印书馆2005年版,第192页。

地。例（2）"旋割其耳，马上驼行"谓：于是就割掉他们的耳朵，用马将其快速地驼走。在此必须指出的是，一方面，我们将句中的"马上"附以"疾速""急遽"的意义，似有增意释文、强加作解之嫌，另一方面，以"马上"表行为方式或凭借的用法，在文献中又较为少见，因而不能足以说明"马上$_2$"就一定能够虚化为"马上$_3$"。更进一步说，古时候有车有马，车马皆可作为人们重要的凭借工具，且车马常常并举连陈，乘马亦即乘车。如果说"马上$_2$"可以演变为表时间的副词"马上$_3$"，那么与"马上"结构相同的方所短语"车上"为什么就没能虚化为后来表"即时、立刻"意义的时间副词呢？对此我们无法做出合乎情理的解释和回答。因此，"马上$_2$"没有进一步虚化的语义基础和条件，显然也不可能直接语法化为一个表"即时、立刻"意义的时间副词。

二、副词"马上"的衍生途径

我们认为，副词"马上$_3$"意义的获得，来自人们对方所短语"马上"的重新分析。重新分析是语法化的主要机制之一，也是方所短语"马上"之所以演变为时间副词的主要动因。所谓重新分析，是指一种改变结构关系的分析。这种分析本身并不对表层结构做直接或本质上的修正。从根本上说，重新分析完全是听者（或读者）在接受语言编码后解码时所进行的一种心理认知活动，听者（或读者）不是顺着语言单位之间本来的句法关系来理解，而是通常在一定的诱因作用下，按照自己的主观看法做另外一种理解。这样一来，原有的结构关系在听者（或读者）的认知世界里就变成了另一种结构关系。以"马上"这个短语来说，其原本是由名词"马"和方所词"上"组成的方所短语，经过人们的重新分析，它就可能变成一个由名词"马"与动词"上"所组成的状动结构。我们把由此而形成的状中偏正式短语记作"马上$_4$"。我们认为，副词"马上$_3$"不直接源自"马上$_1$"，也并非从"马上$_2$"演变而来，而是由"马上$_4$"凝结固化为词，其词义再经不断泛化和进一步虚化所致。

据我们考察，以"马"为形符的许多形声字，其意义不仅与"马"有关，也与马的"疾速"意义相涉。驰，《说文·马部》："驰，大驱也。"本义谓车马疾行。驱，《说文·马部》："驱，马驰也。"骋，《说文·马部》："骋，直驰也。"驶，慧琳《一切经音义》卷六十六引《仓颉篇》："驶，马行疾也。"骏，《尔雅·释诂上》："骏，速也。"骁，《玉篇·马部》："骁，勇急捷也。"骠，《集韵·笑韵》："骠，马行疾也。"骧，《唐韵·阳韵》："骧，速也。"骘，《说文·马部》："骘，上马也。"段注："骘，上马必捷，故引申为猝乍之称。"骛，《玉篇·马部》:"骛,疾也。"骤,《说文》:"骤,马疾步也。"驶,《集韵·夬韵》:"驶,马行疾。"驭,《方言》卷十三:"驭,马驰也。"驰,《玉篇·马部》:"驰,竞驰也。"骁,《字汇·马部》:"骁,马众多疾行之貌。"骒,《龙龛手镜·马部》:"骒,马去急也。"骎,慧琳《一切经音义》卷三十四:"骎,忽也。"可见,以"马"为形符的这些形声字,不但隶属于"马"的意义范畴,而且也都隐含"疾速"之意。人们以此为基础进一步推衍,便引申出"马"也负载有"疾速"的词义。事实上,人们在语言运用中也往往使一些驱使类动词跟"马"这个名词搭配,组成一些习惯表达形式来表动作的"快速""急遽"意义。如"骤马",王维《剧嘲史寰》:"清风细雨湿梅花,骤马先过碧玉家。""驱马",《诗经·国风·载驰》:"驱马悠悠,言至于漕。""策马",《史记·天官书第五》:"王良策马,车骑满野。""走马",《诗经·大雅·绵》:"古公亶父,来朝走马,率西水浒,至于岐下。"王先谦集疏曰"《玉篇·走部》:'趣,遽也。《诗》曰:'来朝趣马。'言早且疾也。知韩'走'作'趣'"。成语"走马看花",犹言马上看花,《石点头·玉箫女再世玉杯缘》:"分明马上看花,但过眼即忘,何尝在意。"现在多用来比喻匆忙和粗浅地了解事物;成语"走马上任"犹言马上赴任,指新委任的官员疾速到任。汉语中这些习惯的表达形式,皆可使人联想到马的奔驰快捷,于是"马"由词义泛化到虚化,便具有"快捷、时间极短"的隐含义。

前已述及,方所短语"马上"经过重新分析以后就变成了一种新的结构关系。这种结构中,"上"不再是方所词,将其分析为动词后,用以表行动性意义;"马"为普通名词,放在动词之前作状语。名词作状语,是古汉语中一种重要的语法现象。名词作状语可以用来表示比喻,以有关的对象来比拟动作的状态特征,有"像……一样"的意思。如《左传·庄公八年》:"豕人立而啼。"《战国策·秦策一》:"嫂蛇行匍伏,四拜自跪而谢。"《汉书·严助传》:"今以兵入其地,此必震恐,以有司为欲屠灭之也,必雉兔逃入山林险阻。"例中的"人立""蛇行""雉兔逃入"都是用来比拟动作行为的状态,即"像人一样站着""像蛇那样爬行""像雉兔那样逃窜"。同理,具有同样结构的"马上",也是用奔驰快捷的马来比拟动作的状态特征,整个状动结构表示"像马那样疾速而上"的意思。与"骤马上前""策马上前""驱马上前""飞马上前""拍马上前""催马上前""走马上前"等短语所表示的意义大致相同。随着"马上"组成成分之间依附性的增强,其形式开始得以凝结固化,内部关系也渐趋模糊。董秀芳论及双音词的产生时曾说："双音词的衍生过程既涉及词汇化，也涉及语法化。"① 事实上，"马上"的凝结固化过程，同时也伴随着"马上"词义由实而虚的语法化过程。由于实词中部分具体义素的脱离，以及词义适用范围的日益扩大，这样就带来了"马上"词义的进一步泛化（generalization），由"像马那样疾速而上"的意思，进一步泛化为表动作的"疾速"进行。在动作"疾速"意义得以凸显的情况下，由表"疾速"的意义进一步引申虚化，最后就语法化为副词"立即、赶快"的意思。这一语法化过程，实际上也是一个隐喻抽象化过程。"马上"从短语义到词语义的演变以及由描写性语义向抽象性语义的转换，也符合本源词义与副词之间的隐喻关联模式。

需要特别强调的是，汉语里用作副词意义的"马上"，其原本就是一个来自方言的口语词汇，随着人们使用的日益普遍和扩大，最后才进入通语乃至书面语言之中。有鉴于此，"马上"由实词语义所进行的抽象化、一般化和扩大化过程，也完全可以用汉语不同方言词汇中表"立刻"意义的副词来加以验证和说明。下面是引自《汉语方言大词典》中以"马"为构词语素所形成的表"即时、立刻"意义的一些方言副词。②（转引时，省却了其具体的拟音）通过对这些方言副词的内部结构分析，也有助于我们理解和认识副词"马上"的由来及其语法化过程。

（3）马下：〈副〉马上；立刻。晋语。山西朔县：他马下就来咪。山西柳林、河南林县：我一叫他，他马下就来了。

（4）马及：〈副〉马上。江淮官话。江苏南京：马及来。

（5）马让：〈副〉马上；立刻。吴语。江苏宜兴。

（6）马时：〈副〉马上；立刻。中原官话。山东枣庄：叫他马时回来。江苏徐州、赣榆。

（7）马即：〈副〉马上；立刻。江淮官话。江苏南京。

（8）马斩：〈副〉马上；立刻。中原官话。山东济宁：水马斩就开了。

（9）马刻：〈副〉马上；立刻。晋语。山西长子、太谷：咱们马刻就走。

（10）马流：〈副〉马上；立刻。东北官话。黑龙江齐齐哈尔。

---

① 董秀芳：《词汇化：汉语双音词的衍生和发展》，四川民族出版社2002年版，第36页。
② 许宝华、[日]宫田一郎主编：《汉语方言大词典》，中华书局1999年版，第475～491页。

（11）马展：〈副〉马上；立刻。中原官话。江苏徐州：他马展就到。

（12）马上马：〈副〉马上；立刻。①冀鲁官话。山东济南、博山。②中原官话。江苏徐州、山东郯城：我马上马就去上班。③吴语。浙江温州。

（13）马及：〈副〉马上；立刻。江淮官话。江苏南京。

以上所举方言副词"马下"，在离笔者访学之地不远的湖南娄底一带亦使用，其意义与晋语相同。如娄底话："他马下就来哩，你宽坐一下稍坐一会儿哒"；"吃介饭马下动身。"① 依个人观点看，副词"马下"绝不会由表"马之下"的方所意义直接演变而来，而当是由状动结构表"像马那样疾速而下"的"马下"虚化而成。"马及""马让""马即""马斩""马刻""马流""马展"等亦皆为偏正式结构。即或是方言语词"马上马"和"马上及"这样的三音节副词，原本就是一种偏正结构关系，即"马上"限定其后的"马"形成定中式——"马上马"，或修饰动词"及"而形成状中式——"马上及"。张谊生《论与汉语副词相关的虚化机制——兼论现代汉语副词的性质、范围与分类》一文，曾探讨过诱发汉语实词副词化的句法结构。他认为，诱发汉语实词副词化的句法结构主要有动宾、连动和联合三种。他说："结构形式的变化是实词虚化的基础，由于结构关系和句法位置的改变，实词由表核心功能转变为表辅助性功能，词义也随之变得抽象空灵，从而导致了副词的产生。"② 我们则认为，汉语中的偏正结构也是诱发汉语实词副词化的主要句法结构之一。如现代汉语的"非常""十分""不过""预先""曾经""向来""未必""不妨""大抵""眼看"等一些副词，无不属于由偏正结构演变虚化而来。特别是现代汉语副词"眼看"，更是与副词"马上"有许多相似之处。吕叔湘《现代汉语八百词》对之释曰："很快，马上。可以放在主语前或后。"意义及用法跟"马上"相差无几的"眼看"，原本也就是一个状中结构，表示"用眼看"，最后才虚化为副词的。因而笔者以为，用为副词的"马上"，亦当是经重新分析后所形成的状动结构之"马上"虚化所致，而不是由方所短语"马上"直接演变而成。聂小丽认为，副词"马上"是由表处所方位的"马上"经词义泛化、虚化而成。③ 沈敏在

---

① 现代汉语方言大词典编写组：《现代汉语方言大词典》，江苏教育出版社2002年版，第3021页。

② 张谊生：《论与汉语副词相关的虚化机制——兼论现代汉语副词的性质、范围与分类》，载《中国语文》2000年第1期，第5页。

③ 聂小丽：《试说副词"马上"的由来》，载《高等函授学报》2001年第1期，第60~61页。

谈及"马上"与"眼看"的差别时,也做出副词"马上"直接源于方位短语"马上"的判断。① 由于他们未曾对副词"马上"的演变过程、虚化动因等问题做出深入的探讨和分析,因而其所得出的结论在一定程度上难以令人置信。

三、副词"马上"的语用考察

我们可以这样说,一个实词虚化为副词,必须有语义作为前提基础。但是,光具备语义基础,并不能导致一个实词必然演变为副词。因为促成一个实词虚化为副词,更重要的还有句法位置。一个词或一个词组或者某种语言成分,如果经常处于句法结构中谓语的前面,它极有可能发展成为一个副词,而且必须是能够且经常处于谓语的前面这种句法位置,才有演变为副词的可能性。② 前已分析说明,方所短语"马上"本就以置于动词之前作状语较为常见。即或是经重新分析所形成的状动结构"马上",其所处位置也与副词的句法功能特征具有相同和一致的地方。相同的句法位置,不足以构成向副词虚化的条件。那么,又是什么因素促使状语位置上的"马上"进一步虚化形成副词呢?我们认为,语用因素起了不可小视的助推作用。所谓语用因素是指该成分之外对该成分演变为副词产生影响的有关因素,包括该成分所在句子各成分之间的语义关系、该成分所在句子与上下文的关系以及句子本身所表示的各种意义。而语用因素中诱发"马上"的词义虚化主要有以下两种情况:一是与之共现的并用成分;二是与之相呼应的对举成分。我们发现,"马上"作状语成分时,其后往往紧跟着一些用以强调时间极短,即将发生的诸如"即""旋"等副词。处于状语位置上的"马上"一旦与这些副词并用,便使得"马上"的副词意义得以凸显和加强。

(14) 唐薛收在秦府,檄书露布,多出于收,占辞敏速,皆同宿构,<u>马上即成</u>,曾无点窜。(唐·胡璩《谭宾录》)

(15) 此朝士又策马而归,以书简质消梨,<u>马上旋龀</u>。(五代·孙光宪《北梦琐言》卷十)

例(14)(15)中的"马上"在我们看来,既可作实词意义理解,又似可当作副词看待。这种"两可"理解的现象,说明"马上"的语法化过程尚未终结。当时间副词"即""旋"一旦被"就""便"等词语替换,且又被挪移至

---

① 沈敏:《"眼看"与"马上"辨析》,载《语文学刊》2006年第7期,第154~156页。
② 杨荣祥:《近代汉语副词研究》,商务印书馆2005年版,第193~194页。

"马上"之前而形成同义连用时,那么以下这些用例中的"马上",便无疑就是一个纯粹的时间副词了。

(16)（张千云）爷,有的说就马上说了罢。(《全元曲·杂剧三》)

(17)张宝就马上披发仗剑,作起妖法,只见风雷大作,一股黑气从天而降。(罗贯中《三国演义》第二回)

(18)命下之后,即便马上差人赉文星驰付山西保定二巡抚处。(唐顺之《请游兵疏》)

(19)他得了这个,便马上收拾趁船,到苏州冒了莫可文名字去禀到。(吴趼人《二十年目睹之怪现状》)

有时候,"就""便"等副词,仍然可以放在"马上"之后,与副词"马上"形成同义连用。

(20)常何谢恩出朝,分付马上就引到卖槌店中,要请王媪相见。(冯梦龙《古今小说·穷马周遭际卖槌媪》)

(21)倘是丢了东西,马上就查,查明白了是谁偷的,就惩治了谁,那不是偷东西的,自然心安了。(吴趼人《二十年目睹之怪现状》)

接下来我们再来说一说诱发"马上"虚化的对举成分。所谓对举成分是指在一个并列句中,前后分句的同一句法位置上的对应成分,如果对举成分一方是已虚化的副词,那么另一方也就会相应地虚化为副词。如李商隐《俳谐》:"柳讶眉伤浅,桃猜粉太轻。"齐己《野鸭》:"生长缘甚瘦,近死为伤肥。"两例中的"伤"显然是副词,因为它是同"太""甚"分别进行对举的。"太""甚"是典型的程度副词,"伤"也理所当然应该分析为程度副词。同样,以下所引例(22)(23)中的两个"马上",因分别与表时间的副词"遂""值"前后对举使用,所以我们认为"马上"也就虚化成了一个副词。

(22)周张衡,令史出身,位至四品,加一阶,合入三品,已团甲。因退朝,路旁见蒸饼新熟,遂市其一,马上食之,被御史弹奏。则天降敕:"流外出身,不许入三品。"遂落甲。(张鷟《朝野佥载》卷四)

(23)其婢因寒食果出,值郊立于柳阴,马上连泣,誓若山河。(范摅《云溪友议》)

例(22)是说,张衡退朝时,在路旁看见有卖蒸饼的,就买了一张刚蒸熟的饼立即就吃了,后来此事被御史检举揭发。例(23)是说,女子在寒食节那

41

天果然出了门，正值崔郊在柳树下等她，两人相见，立刻饮泣不已，发誓终生相爱。在我们看来，用例中的"马上"，已完全虚化为一个副词了。《汉语大词典》以元代无名氏的《陈州粜米》第三折"爷，有的就马上说了罢"为副词"马上"的最早用例，我们认为其引例时代偏晚了一些。

综上所述，我们认为，近代副词"马上₃"并非直接从方所短语"马上₁""马上₂"演变虚化而来。因为从表静态方所意义的"马背上"，到描写动作的"迅速""快捷"，再到表抽象时间概念的"立刻"，其间缺乏虚化演变的必要机制和条件。由于以"马"为形符的许多形声字，意义不仅与"马"有关，而且也表示马的"疾速"，人们由此推衍，便赋予"马"以"快捷、时间极短"的隐含义。在这种情况下，人们对方所短语进行重新分析，使其变为状动结构"马上₄"。"马上₄"与方所短语最大的不同是，方所短语只表静止的方所，而"马上₄"可以用来描述动态、变化的行为动作，以马的疾速快捷来比拟动作的状态特征。在"马上"的演变过程中，由于实词中部分具体义素的脱离，以及词义适用范围的日益扩大，词义随之也进一步泛化，"马上₄"最终就虚化为一个副词。要之，副词"马上₃"的词义，是重新分析所形成的状动结构——"马上₄"因词义泛化、虚化所造成。在"马上"虚化为副词的过程中，语用因素起着较为重要的作用。与"马上"共现的并用成分以及与之相呼应的对举成分，都是一些用以强调时间极短、即将发生的副词。这也诱发和促成了"马上"向副词的虚化和演变。

第五节　"难道"的成词及其语法化

"难道"在现代汉语中是一个比较常用的复音虚词，一些语文工具书说它是"副词，加强反问语气"①。太田辰夫（1958）认为，"难道"是表示"怎么会有这样的事"之类意义的反诘副词。佐藤晴彦（1993）《"难道"小考》一文，曾针对《水浒传》《金瓶梅》《红楼梦》等著述中"难道"的使用情况进行过穷尽性描述与定量统计分析，以此来观测明清时期"难道"一词的用法及其演变。国内不少学者也曾撰文主张，在现代言语交际中，"难道"并非只限于反问句中使用，其也可用来表说话人对未然事件的一种测度或估量。业界关于"难道"

---

① 参见《现代汉语词典》《汉语大词典》等工具书"难道"条的解释。

的这些研究，多侧重于"难道"在语法特征、性质功用等方面的描写和阐释，至于"难道"的成词与虚化等问题，却并未引起足够的关注和重视。"难道"究竟是怎样形成一个复合词的？促使其进行融合固化的背景、原因以及词化的具体途径是什么？固化成词后其词义又是如何经历由实而虚的变化，最后才使"难道"演变作一个语法标记而成为了近、现代汉语中用来表测度或反诘的语气副词？我们拟就这些问题做一番尝试性探讨。

一、"难道"的固化及其语义的转变

蒋绍愚先生指出："现代汉语是由近代汉语发展而来的。不研究近代汉语，现代汉语中的一些问题就说不清楚，或者只能知其然，而不知所以然。……现代汉语的副词'难道'、连词'除非'，人人都会用，但这两个词是怎样形成的？这些问题都必须联系近代汉语才能解决。"[①] 汉语的每一个词语都有其独特的发展与演变历史。现代副词"难道"由产生、形成到成熟和发展，其间经历了较为漫长的演进过程。这个过程具体表现为，由"难"与"道"两个分立的语言单位进行不断的融合，以及凝结固化后由实而虚的词义演变与虚化。

"难道"在未凝结成复合词之前，本是由两个分立的语言单位组成的状动式偏正短语，"难道"即表示"难以言说"，犹今之"难说"或"不容易说"。那么，"难道"这个状动式偏正短语，究竟是怎样凝结成一个复合词的呢？王力曾经指出，"仂语凝固化"是汉语构词法最主要的方式。现代汉语的许多复合词，其成词之前原本就是一个短语或句法结构。而由短语或句法结构逐渐变得凝固或变得十分紧凑而形成复合词的过程，就是通常所说的词汇化。简单地说，词汇化就是一种句法单位成词的凝固化。当单音动词"道"与用作状语的"难"在线性顺序上邻接而又经常在一起出现时，在汉语词汇双音化大背景下，语言的使用者就有可能把它们看成一个整体来加以处理，而不再对其结构做具体的分析。从认知角度看，这样的过程实际上就是一个由心理"组块"所造成的重新分析过程。经过人们的重新分析，这样的结构就容易走上由句法层面单位向词汇层面单位转变的历程，进而使"难"与"道"组合固化，最终演变成一个双音节复合词。董秀芳指出，"词汇化的变化轨迹比语法化更难追寻，要深入考察句法和语义等多个方面才有可能搞清其演变的规则"。[②]"难道"的凝结成词，

---

① 蒋绍愚：《近代汉语研究纲要》，北京大学出版社2005年版，第10页。
② 董秀芳：《词汇化：汉语双音词的衍生和发展》，四川民族出版社2002年版，第37页。

理所当然也离不开句法与语义等多方面的影响和作用。在"难"与"道"因线性组合而形成的状动式偏正短语中,"道"是一个词义较为实在的言说类动词,其言说的内容可以放在动词谓语之前,作句子的话题成分。例如:

(1) 嗟我久离别,羡君看弟兄。归心更<u>难道</u>,回首一伤情。(高适《别张少府》)

(2) 其中事即易道,<u>不落其中事始终难道</u>。(《五灯会元》卷七)

以上例子中的"道"是一个言说动词,表示具体实在的"言说"意义。而言说的内容往往被作为一个话题成分,而放到了句首的位置。例(1)"归心更难道"是说归心更难以用言语来表达;例(2)"不落其中事始终难道"意即不了解和理解的事情,将永远说不清楚。当然有关言说的内容,也可以放在动词"道"之后充当句子的宾语。我们看下面的例子:

(3) 非干厚情易歇。奈燕台句老,<u>难道离别</u>。小径吹衣,曾记故里风物。多少惊心旧事,第一是、侵阶罗袜。(史达祖《万年欢·春思》)

(4) 挣破庄周梦,两翅架东风。三百座名园一采一个空。<u>难道风流种</u>,唬杀寻芳的蜜蜂。轻轻的飞动,把卖花人扇过桥东。(王和卿《醉中天·咏大蝴蝶》)

"离别"在例(3)中已经名物化了,充当动词"道"的宾语。"难道离别"意即难以道一声"离别"。例(4)"风流种"是"难以言说"的内容和对象。很显然,这些例子中"道"表示具体的言说意义,而言谈的内容则由名词或名词性短语 NP 来充任。我们知道,语言交际中人们最常运用的一种方法就是语用上的类推。所谓类推,简单地说就是一个句法规则的扩展。在类推的作用下,"道"动词后不仅可以跟形容词或形容词短语 AP,还可以跟动词或动词性短语 VP。试看如下引例:

(5) 着意听新声,尽是司空自教成。今夜酒肠<u>难道窄</u>,多情,莫放纱笼蜡炬明。(辛弃疾《南乡子》)

(6) 袅袅复盈盈,都是宜描上翠屏。语若流莺声似燕,丹青,燕语莺声怎画成?<u>难道不关情</u>,欲语还羞便似曾。(关汉卿《杜蕊娘智赏金线池》)

例中的"难道",其后分别跟了 AP 或 VP 成分。"难道"之后所跟成分的性质,由此便发生并实现了 NP→AP→VP 的转化。这样一来,AP 或 VP 成分便不可能再分析成"难道"的宾语,而且 AP 或 VP 成分亦非言谈的内容,因为

"道"的"言说"意义在句中已明显弱化。从"今夜酒肠难道窄"和"难道不关情"这两个句子来看，AP 或 VP 成分分别充当了整个述语的中心。而"难道 + AP/VP"的句法结构，又容易引起并带来人们的重新分析。当"难道"后跟AP 或 VP 成分时，"道"已不再是句中的唯一动词，而是与 AP 或 VP 一起组成连谓式结构，共同说明主语。由于"难道"所引出的内容是人们关注的重心和句子的信息焦点，因而使得"难道"在整个述语中也就相应处于从属或次要的地位。因此在人们看来，"难道"就容易被看成是 AP 或 VP 等谓动词的修饰与限定成分。随着"难道"更多地被放置在谓词性词语之前，其语法位置也就逐渐固定了下来。与此同时，"难"与"道"之间的搭配关系，也越来越固定并变得日趋紧凑。在心理"组块"因素的影响及汉语韵律节奏的制约下，人们常常将其当作一个整体单位加以看待。随着"难道"使用频率的增加，二者之间的语法分界到后来就变得更加模糊，以至于逐渐被淡化和取消。

前已述及，"难道"后面所跟的名词或名词性成分 NP，是动词"言说"的具体内容。如果说这时的"难道"还是因句法位置的邻近而线性组合在一起的话，那么随着"难道"组合的使用频率越来越高，当"难道"后面引出的是 AP 或 VP 成分，而"道"又不再表具体的言说意义时，"难道"就有了词汇化的倾向，并在一定程度上进行了词化。如例（5）"今夜酒肠难道窄"既可理解为"难以说清楚今夜的酒肠是窄的"，也可理解成说话人对"今夜酒肠"的主观评价，意谓"今夜酒肠不会这么窄吧"；例（6）"难道不关情"既可理解为"难以说清楚不关情"，也可以理解成由"难道"引出的一个主观判断，意思是"该不会不关情吧"。可见，将句中的"难道"不管是作短语意义理解，还是将其作为有所词化的词语义来理解，似乎皆可通。而且以上对句意的这两种理解，句子都隐含着说话人对相关事件或命题的某种主观判断，或具有某种推测的语气在里面。这说明"难道 + AP/VP"的句法结构，既是促成"难道"的句法位置日益固定于谓动词之前的基础，又是"难道"作为一个整体单位而赖以词化并带来意义可能发生转变的前提。沈家煊先生曾经指出，衍推义是"一种纯逻辑推导义，它是句子固有的、稳定不变的意义成分"[①]。由于"难道"在句中经常作为修饰成分而附于动词 VP 之前，加上人们又常将其当作整体单位来加以处理，所以通过对句子的语义衍推（entailment），也就可能导致其作为短语意义的"难以言说"逐渐向"说不定""说不准"的词汇意义进行过渡或演变。当"难

[①] 沈家煊：《不对称和标记论》，江西教育出版社 1999 年版，第 65 页。

道"具有"说不定""说不准"这样的认知意义时,"难道"就不再是一种位置紧邻的线性组合,而是已经凝结为双音节复合词了。这时候由"难道"所引出的命题,不仅表示说话人主观的判断和评价,而且还因为"难道"表"说不定"的认知意义,使其与所引出的整个命题一起,共同表示说话人对未然事件的某种测度与估量,因此"难道"也就有了表推测语气的功能和作用。

(7) 你丈夫想是真个不在他家了,必然还有个去处,<u>难道</u>不对小娘子说的。(《话本选集·沈小霞相会出师表》)

(8) 就是主人家吕公见我每夜进城,<u>难道</u>没有些疑惑。(《话本选集·蒋兴哥重会珍珠衫》)

以上例子中的"难道",是用"说不定"的意义来表示说话人主观的估量和推测,并非表示"说话人对相关事件的评价,难以用言语具体地表达出来"的意思。可见,当"难道"因衍推而获得了"说不定""说不准"等意义以后,"难道"便通过逐渐取消语法边界而正式成为双音节复合词。具体地说,复合词"难道"就是来自"状语+动词"短语结构的"难道":由例(1)的"归心更难道"→例(3)的"难道离别"→例(5)"今夜酒肠难道窄"→例(8)的"难道没有些疑惑"。经过句法位置及整个意义的改变,"难道"到最后便已凝固成词。从"难道"的"难以言说"到演变为认知义的过程,是一个词汇化过程,也是"难道"不断主观化的过程:表示具体动作→表示心理推测。伴随着"难道"的凝固成词,其也经历着一定程度的语法化:"道"由开始的言说意义发展到后来的主观认知义,"难道"也由"难以言说"这一具体实在的意义,虚化过渡到表估量与推测的"说不定"意义。可见"难道"的成词过程,既包括了句法结构的词汇化,同时也发生了词义由实而虚、由客观到主观的语法化转变。

二、"难道"与同类词语的词汇化差异

为了更好地说明"难道"的成词与虚化问题,我们把"难道"与同类的词语放到一起加以讨论。汉语中以"难X"式构词的可谓不少,比如"难为""难当""难免""难怪""难耐""难看""难受""难保""难挨""难舍""难过""难得""难堪""难听""难产""难缠"等,① 这些都是偏正短语因长期

---

① 《汉语大词典》列有它们的词条和释义,显然是将这些"难X"处理为已经凝固的双音节复合词的。

组合固化而形成的双音节复合词。我们这里只考察由"难"与言说类单音动词组合构词的情况。汉语双音词的历史源头大多是理据性非常直观的短语或句法结构，在发展过程中词与词之间逐渐变得模糊，理据性也就相应地弱化甚至消失了。这种理据的消失和弱化，会导致一个形式的句法范畴发生改变，从而使非词形式变为一个复合词。由"难"修饰"言""说""道""讲"而形成的"难言""难说""难道""难讲"等短语形式，虽然线性组合的时间有先后的不同，但可以肯定的是，在最初它们都是表"难以言说"的意思。只要仔细体味一下"难X"在以下各引例中的意义，就会发现其各自在句中的功能与用法并没有什么两样，甚至它们可以相互替换且并不影响句子的表达。

(9) 四方涯面心是花楼宝殿，任地高低，堂舍比栉，经像宝物绝妙难言。(《入唐求法巡礼行记》)

(10) 马上离愁三万里，望昭阳、宫殿孤鸿没，弦解语，恨难说。(辛弃疾《贺新郎》)

(11) 师云："问着宗门中事，有什摩难道？恰问着。老僧鼻孔头上漫漫，脚下底漫漫。教家唤作什摩？"(《祖堂集》卷十九)

(12) 我说这事难讲么，你只不信哩。(《醒世姻缘传》)

据研究表明，汉语历史上一些表示言说意义的动词，经常发生从具体的言说义到抽象的认知义的语义变化。王锳（1986）、江蓝生（1988）、蔡镜浩（1990）、朱庆之（1990）、王云路、方一新（1992）等都曾提到中古、近代汉语里所反映出来的一种语言现象，也即诸如"谓、呼、言、云、道"之类的言说动词，可以发展出"认为、以为"的意义。① 又据李明的研究，汉语历史上反复出现过由言说动词向认知动词的引申，这一引申遵循着"言说义＞认为义＞以为义"的路线，被认为是一种语义主观化的变化。② 前面已谈及，当言说类单音动词"X"与"难"线性组合到一起，在具体的语境中不再表"难以言说"意义，而是表词义有所虚化的"说不定""说不准"这样的主观认知义时，"难X"也就具有词汇方面的一些性质，尽管后来各自的词汇化程度并不完全一样。我们看以下的例子：

(13) 一个健全的法律制度，应该尽量减少人为因素实现的概率，否则

---

① 转引自董秀芳：《"X说"的词汇化》，载《语言科学》2003年第2期，第55页。
② 李明：《试谈言说动词向认知动词的引申》，载吴福祥等主编：《语法化与语法研究（一）》，商务印书馆2003年版，第365页。

难言公正。(《报刊精选》1994/09)

(14) 外贸公司积累无几,有的甚至因政策性亏损而长期挂账和罚息,更难言自身的发展。(《报刊精选》1994/12)

(15) 羽毛球世界两强中国和韩国均保留了主力,年轻选手之间的较量难说金牌归谁。(《人民日报》1993)

(16) 很难说那姑娘是否从远处望见了他,是否看清了他穿上新衣的漂亮风度。(翻译作品《悲惨世界》)

(17) 她想很难讲他们种的花能上到花市去,说不定七长八短,颜色驳杂,肥瘦不一,到花市上摆了一天,也没一枝出手,军官们个个气急败坏。(赵琪《告别花都》)

(18) 很快这孤独的野兽就要死了,很难讲是老死的,还是因为应激反应折磨死的。(《读者》200期珍藏版)

以卜"难言""难说""难讲"与前面所引的例(7)(8)中的"难道"一样,主要用来表示说话者对某一事件、命题的主观评价和态度。其"言""说""讲"的意义,并不是表示用言语具体地说出来。它们已不是严格意义的"言说"动词,而是一个表主观心理的认知动词了。在"难X"演变为认知动词而表示"说不定"的意义之后,"难X"往往引进的是一个具体而有疑问的命题,主要用来表主观的推测和估计。例(13)"难言公正"表示公正难以实现,是说话人对未然事件所做的一种推断;例(15)"难说金牌归谁"意思是说,金牌到底归谁没有定准和把握;例(17)是说话人对"他们种的花能否上到花市去"做出的一种推测。余几例不赘。我们认为,言说类动词由具体的陈说意义虚化为反映说话人的主观态度,包括了一个隐喻(metaphor)抽象化过程。由陈说义向认知义的转变,符合人类由具体到抽象、由个别到一般的认知规律。言语与人的思维活动是紧密相连的,言说是具体的,而人的主观态度是一种心理活动,意义是抽象的。从"言说"域(源域)投射到"推测"域(目标域),实现了"以身(口)到心(推测)"的隐喻。"难X"从状动短语到认知动词的演变,其实就是"难X"不断主观化的过程。沈家煊先生指出,"主观化是指语言为表现这种主观性而采用相应的结构形式或经历相应的演变过程"。"难X"作为状动式偏正短语,具有明显的具体动作,而且一般有施事主语,这个施事主语就是实施动作"说"的句中那个说话人;演变成认知动词后,"难X"则表示一种心理活动,一般表达通过语境中的信息而得出推论,这种推论是说话人做出的一种主观判断。"难X"由短语到凝结成复合词,符合客观动词到心理主观的演变模式。就语感来看,"难X"词化程度的等级似乎并不完全一样:"难道"已凝结成词;"难说""难言"既像一个词,又像一个短语;而"难讲"则更像一个临时组合的短语,这说明它们的词汇化程度或者说词汇化的等级并不是完全相同的。①"难X"的词汇化程度呈降序排列的趋势:"难道">"难说">"难言">"难讲"(>读作"高于")。这也正好印证了董秀芳在其著述里所做出的论断:"汉语大部分双音词都是从短语演变而来的。在一些双音词的身上可能还带着或深或浅的短语烙印,它们还处在由短语向词的转变过程中,尚未完全固化,因而难以与短语截然分开。"更进一步看,"难X"中的"言""说""讲"本身就是意义具体的言说动词;而"道"的本义是"道路",其虽表"言说"意义,但已由本义远引申而来,其意义有所虚化。正因为如此,"道"更容易与其他语言单位组合而凝结固化,如汉语中有"说道""报道""味道"等,当然"难道"也比"难说""难言""难讲"的词化程度要高。而且由于"状中式偏正短语中的状语部分在句法结构中处于附加语(adjunct)位置,其后动词如果是及物动词的话,那么宾语与动词的关系是最密切的,而动词与状语的关系是较为疏远的,这一点增加了状中式短语黏合为词的困难"②,所以也就造成"难X"词汇化程度的差异以及部分的"难X"不容易彻底地被词汇化。

我们的问题是,同样都表示"难以言说"的"难言""难说""难讲"和"难道",它们后来都演变为"说不定""说不准"的意义而表示推测,那么为什么"难道"就可以再进一步虚化为副词而表推测、反诘,"难言""难说""难讲"则只是用以表推测而没有虚化为表反诘的语气副词呢?我们认为,这既跟"难X"词化程度的高低、等级有联系,也跟语法化的"频率原则"有关。实词的使用频率越高,就越容易虚化,虚化的结果又提高了使用频率。从分布上来讲,虚化的程度越高,分布的范围也就越广。③ 前文已说过,"难言""难说""难讲"在表示推测时,虽已有词汇化的倾向,不过它们词汇化程度并不高,而在具体的运用中它们更多还是用作实词的意义。也就是说,"难言""难说""难讲"虽有表推测的用法,但仍然保持原来实词的特点,这就是语法化的

---

① 董秀芳《"X说"的词汇化》一文主张,"难说"不仅已凝结成词,而且在具体语境中还有其副词的用法。认为用作表示情态和表示传信的用法是其主观化的进一步发展,而且词性上也从动词变为副词。《汉语大词典》分别立有"难道""难言""难说"词条,而不列"难讲",说明其不是词语。"难言"词条下谓"不容易说、说不清楚"。"难说"词条下说其用法:"1. 谓不易解说;2. 说不定;3. 难道,表反诘。"
② 董秀芳:《词汇化:汉语双音词的衍生和发展》,四川民族出版社2002年版,第154页。
③ 沈家煊:《语法化研究综观》,载《外语教学与研究》1994年第4期,第20页。

"保持原则"。而"难道"自组合凝结开始，便沿着虚化的道路前行。即使由"难以言说"演变为表示认知动词表"说不定"的意义时，它也比"难言""难说"演变得更为纯粹，既很少再用为实词意义，词汇化程度又相对较高。由于虚化的程度较高，分布的范围也就越广，因而它接着又以表推测的"说不定"意义进一步用到无疑而问的反诘句中，最终演变成为一个表反诘的语法标记。

三、"难道"的进一步虚化及语法标记的形成

汉语中的虚词一般是由实词转变而来的，复音虚词的形成也与实词的虚化有着密切的联系。词化后用作认知动词具有"说不定"意义的"难道"，又是如何虚化为一个用在疑问句中表测度或反诘的语气副词呢？我们知道，词汇语法化可以是一个词组结构演变成一个词，也可以是一个实词演变成一个虚词；可以是一个具有实实在在词汇意义的语言成分演变成一个较虚的语言成分，也可以是一个较虚的语言成分演变成一个更虚的语言成分（孙朝奋，1994）。①"难道"由偏正词组演变成复合词，是由一个词组结构演变成一个词。由复合词演变为副词则是由一个具体实实在在词汇意义的语言成分演变成一个较虚的语言成分。语法化现象常常表现为一个连续的链而不是到达某个终点站。即使成为一种专用的虚词后，这个虚词仍可能进一步虚化。② 经过短语的词汇化以及其意义的一定演变以后，"难道"又在"说不定"的意义上进一步虚化，最终被虚化为一个表反问的语法标记。

实词的虚化以意义为依据，以句法地位的固定为途径。一个词、一个词组或者某种语言成分，如果经常处于句法结构中谓语的前面，它极有可能发展成为一个副词，而且必须是能够且经常处于谓语的前面这种句法位置，才有演变为副词的可能性。如果说，例（7）（8）的"难道"可以当作是一个认知动词而表推测或估量语气的话，那么当"难道"放到 VP 之前，并且 VP 前还有其他副词时，"难道"不仅固化为词，而且更成为一个表推测或反问的语气副词。"难道"除了表推测语气以外，较多的还是用来表示反诘语气。比如：

（19）难道真个诵了经，便不饥寒？只是诵了经成了仙道，便不饥寒了也。（范康《陈季卿误上竹叶舟·第一折》）

---

① 转引自徐时仪：《"不成"的语法化考论》，载《喀什师范学院学报》1999 年第 3 期，第 80 页。
② 刘丹青：《话题标记走向何处？——兼谈广义历时语法化的三个领域》，载沈家煊等主编：《语法化与语法研究（三）》，商务印书馆 2007 年版，第 106 页。

（20）相公，这个不妨事，你只跟着长老去，若是他不淹死，<u>难道</u>独独淹死了你？（李好古《沙门岛张生煮海》）

许多学者对现代汉语疑问句的疑问程度进行过研究，如吕叔湘（1956）、黄国营（1986）、邵敬敏（1996）等，吕先生把疑问语气分为询问、测度、反诘三类。从疑问程度看，这三类可以构成一个序列：询问全疑、测度半疑、反诘无疑。如果换一个角度，从否定程度方面来看这三类，那么反诘、测度、询问也同样构成一个否定/肯定序列：①

例　句	疑问程度	否定程度
A_1 反诘：难道张三知道这事儿？	无疑	完全否定
B_1 测度：难说（即说不定）张三不知道这事儿。	半疑	不完全否定
C_1 询问：张三不知道这事儿吗？张三知道这事儿吗？	全疑	肯定否定间
D_1 测度：难说（即说不定）张三知道这事儿。	半疑	不完全肯定
E_1 反诘：难道张三不知道这事儿？	无疑	完全肯定

可见，询问、测度、反诘等几种句式都是用来表主观判断和评价的。其各自在表示事物或命题的否定、肯定方面，具有相通相似的地方。只不过就是各自对事物或命题的否定、肯定，程度有所差别和不同而已。"难道"原指对某事难以相信，就是说，"难道"从最早出现时起，就有对所述之事表示否定的意思。前已说明，"难道"由对事物的否定很容易演变为认知意义来表示测度，由测度→反诘也只是由语气不完全否定（或肯定）到语气完全否定（或肯定）的转变。测度句与反诘句的主要差别在于，测度句是踌躇难定，属于有疑发问；反诘句是无疑而问，纯属于假问。测度句只是一种估计，表示肯定与否定两种可能，反诘句的语义是句子形式的反面。《汉语语法修辞词典》（1988）说反诘句"是一种无疑而问的问句。是用'问'的形式表示有所肯定或有所否定。字面上是肯定的，意思是否定，字面上是否定的，意思是肯定"。郭继懋先生（1997）曾概括出使用反诘句的三个语义、语用条件：

条件一：发生一个行为——X，说话人认为 X 不对或不合理。

条件二：存在一个预设——Y，它是说话人认为明显为真的一个命题。

条件三：说话人认为 X 与 Y 具有如下的逻辑关系：

---

① 杨永龙：《近代汉语反诘副词"不成"的来源及虚化过程》，载《语言研究》2000年第1期，第116页。

a. 如果 Y 真，那么 X 不合乎情理；

b. X 只在 Y 的否定命题为真时才合乎情理。①

前已论及，"难道"固化成词后，已经变成了一个认知动词而表"说不定""说不准"的词义。其主要作用在于，表说话人主观的推测或态度的模棱两可。既是表揣测，当然介于肯定与否定两可之间，其答案应包括肯定与否定这两种可能性。我们回头看例（7）和例（8）两个句子：

（7′）你丈夫想是真个不在他家了，必然还有个去处，<u>难道</u>不对小娘子说的？

（8′）就是主人家吕公见我每夜进城，<u>难道</u>没有些疑惑？

"难道"由"难以言说"虚化为"说不定"以后，例（7）"难道不对小娘子说"所表示的意思是，对于"你丈夫真个不在他家了，必然还有个去处"这件事情，既可能对小娘子说了，也可能没对小娘子说，在说话者看来是有疑而问。假如说话人知道这件事情已经"对小娘子说了"，那么"难道不对小娘子说"就是加强反问语气。例（8）"难道没有些疑惑"所表示的意思是，"主人家吕公见我每夜进城"，也许对我疑惑过，也许对我没疑惑过，在"我"看来这两种可能性都有。假如"我"已经知道主人家吕公疑惑过我，那么"难道没有些疑惑"就是强调反诘语气。可见，测度问要变成反诘问，明显存在着一个说话人认为明显为真的预设。我们试将例（7）（8）变为反诘问，其反诘的三个条件试解如下。

例（7）中，条件一：（X）你丈夫不在他家，说话人认为不合情理。条件二：（Y）他去了别处，要对小娘子说。条件三：a. 如果对小娘子说过他要去别处，那么你丈夫还在他家就不合情理；b. 只有在没对你说去别处的情况下，你丈夫一定还在他家。例（8）中，条件一：（X）主人家吕公让我每夜进城，说话人认为不合乎情理。条件二：（Y）主人家吕公对我有疑惑。条件三：（a）如果对我有疑惑，那么主人家吕公不会让我每夜进城；（b）只有对我没疑惑，主人家吕公才会让我每夜进城。根据以上的分析，在说话人认为预设 Y 明显为真的条件下，"难道"句所引出的命题是预设 Y 的否定命题。这时的"难道"句就是一个反诘问句，"难道"就不再是表测度，而是一个反诘副词，用来加强反问语气。

---

① 转引自苏英霞：《"难道"句都是反问句吗？》，载《语文研究》2000 年第 1 期，第 56 页。

"难道"一词最早见于宋金文献,① 而真正作为一个表推测或反诘语气的副词来使用,当是在宋金之后的元代。例不赘举。研究表明,汉语史上表反诘的语法标记,曾经历了由"岂"→"不成、莫不成、终不成、总不成、莫不……"→"难道"的历时替换过程。冯春田先生曾说:"词汇替代(包括语法词的替换),应该有其词性、意义或语法作用方面的共同性或相似性,否则就没有替换的基础。以此为前提,语言的时代也是因素之一,即甲词替换为乙词,则乙词相对甲词而言,一般来说是在当时语言的系统中是新的或较为新的语言成分,发展了的语言系统往往是以当时较新的语言成分替代旧的语言系统中的语言成分。"② 我们知道,"不成"在宋代已经是一个较为常用的反诘副词。"难道"凝结成词后,元明时期便出现了"难道""不成"共存的局面。不仅表现为它们都可以用作反诘副词,而且也表现为它们可以同时运用于"难道……不成"这一句法格式之中。比如:

(21) 是适间尊神丰姿态度,语笑雍容,宛然是生人一般,难道见了氏儿这般容貌,全不动情?(《醒世恒言》卷十三)

(22) 难道他家陪的东西也留下他的不成?(《金瓶梅词话》第七回)

(23) 你说你会过目成诵,难道我就不能一目十行?(《红楼梦》第二十三回)

(24) 据计老叔说将起来,难道晁老叔为人果然如此?(《醒世姻缘传》)

在"难道……不成"句法格式中,虽然"不成"仍可表反诘语气,但"不成"已不再是反诘副词而是放在句末的语气助词了。当言语表达中人们更多地使用"难道……""难道……么""难道……吗"这样的句法格式时,"不成"的语法功能和地位便在清代彻底被"难道"取代。经过语言自身的调整和选择,"难道"就进入近现代汉语的虚词系统,以至于发展到今天,已完全成为人们用其来表反诘语气的一个语法标记。

接下来我们再顺带说一下"难道"的语用情况。通过考察我们发现,"难道"在运用中呈现出以下几个特点。第一,用"难道"表示反诘语气,也可不用句末语气词"么"或"吗",而只是句末使用"?"标记,如上引例(21)

---

① [日]佐藤晴彦《"难道"小考》:"自宋代'难道'一词出现直到元代的情况,以及'难道……不成'一词出现的时间等,都有待进一步探讨。"

② 冯春田:《近代汉语语法研究》,山东教育出版社2000年版,第449页。

(24)。第二，在主谓结构中，副词"难道"既可以用在主语后边，也可以用到主语前边："你难道还不知道？"与"难道你还不知道？"的语义近乎相同；上引例（24）"难道晁老叔为人果然如此"，也可以说成是"晁老叔为人难道果然如此"。不过我们认为，位序不同，辖域也有所不同。"难道"出现在主语前，其辖域较广；出现在主语后，其辖域较窄。第三，在表达中也可用"难道说"来表示反诘语气，其"说"不复有"言说"的意义，已经虚化成为一个羡余成分，这也更进一步说明，"难道"已彻底成为纯粹的反诘标记。

（25）难道说娘的肠筋和自己的肠筋，是连着的？（毕淑敏《墙上不可挂刀》）

（26）他走进宿舍看到自己卧室里黑乌乌的，有点奇怪了，难道说戚宝珍出去了吗？（周而复《上海的早晨》）

综上所述，我们认为，"难道"从状动短语到认知动词再到推测副词最后到反诘副词的演变，其实就是"难道"不断主观化的过程。主观化的过程，实质就是"难道"语法化过程的加深。副词"难道"的形成，正是"以身喻心"词义隐喻引申和主观化的结果。我们可以把"难道"由短语凝结固化成复合词到最后演变成语法标记的轨迹，图示如下：

状动式偏正短语"难道" → 词汇化（主观化）→ 认知动词"难道" → 语法化（主观化）→ 推测副词"难道" → 反诘副词"难道" → 语法标记

沈家煊指出："弄清语法标记形成的历史过程还不是最终目的，最终目的是要弄清楚词义虚化的机制，也就是虚化是如何在日常语言使用的过程中引发实现的，也就是要弄清楚实际使用的环境和使用者的认知心理如何影响词义的变化。"① 正因为如此，我们不仅要了解"难道"如何由短语凝结形成复合词的词汇化过程，也要懂得"难道"怎样由认知动词向语气副词演进虚化的语法化轨迹，而且更应该弄清"难道"固化成词的句法句义因素以及词义虚化的动因和机制。只有这样才能真正做到对副词"难道"既知其然又知其所以然。这也是我们将"难道"的成词及其语法化作为考察和研究对象的原因所在。

---

① 沈家煊：《实词虚化的机制——〈演化而来的语法〉评介》，载《当代语言学》1998年第3期，第41页。

第六节 "于"的后缀历程及虚化梯度

上古汉语"于"是一个介引功能很强的介词。中古汉语以后，随着"在""从""向""给"等介词的兴起和出现，一方面，"于"在运用中还继续保持着其介引的功能，但原来的高频率特征已不复存在，另一方面，随着其介引功能的日渐衰退，"于"便由介词逐渐向构词语素过渡和演变。以至于今天，在很多情况下"于"已演变成复合词的"词内成分"。这样一来，汉语词汇系统里也就新增添了一批"X于"成员。我们的问题是，"于"是怎样失去其介引功能而成为复合词的"词内成分"的？促使其虚化的动因和机制是什么？在"X于"的凝结固化中，是不是所有的"于"字都已演变成黏附性强而意义完全空灵的词缀？它们有没有语法化程度的差异和不同？笔者不揣浅陋，拟对这些问题做一番探究。

一、"于"的语法分布及其"动·介"组合

为弄清楚"于"是怎样走上后缀化历程的，我们先来看一看汉语历史上"于"的主要功能及其语法分布等情况。《马氏文通》说："凡虚字用以连实字相关之义者，曰介字。"[1] 先秦汉语中，"于"主要用作介词。其功能是，"可以介地点，介时间，也可以介人"[2]。杨树达先生认为，"于"可以"介动作之对象、介动作之所从、介动作所在之地、介动作之归趋、介所为、介所据、介所在之地位、介动作之时间"[3]。可见，"于"的介引功能特别强大，其介引范围也非常广泛。一般来说，由介词"于"与其介引的名词或名词性短语所组成的介宾短语 PP，往往在句中充当动词的状语或补语。如果我们用 V 来表示句中的动词，用 N 表示动作涉及的对象，用 NP 表示"于"所介引的那个名词或名词性短语，那么介词"于"不外乎就存在于以下的几种句法组合之中。

1. V + 于 + NP

（1）送子涉淇，至于顿丘。匪我愆期，子无良媒。（《诗经·卫风·

---

[1] 马建忠：《马氏文通》，商务印书馆1983年版，第414页。
[2] 程湘清：《先秦汉语研究》，山东教育出版社1994年版，第34页。
[3] 杨树达：《高等国文法》，商务印书馆1957年版，第397页。

(2) 罔不在初，立爱惟亲，立敬惟长，始<u>于</u>家邦，终于四海。(《商书·伊训》)

2. V + N + 于 + NP

(3) 齐侯与蔡姬乘舟<u>于</u>囿，荡公。公惧，变色。禁之，不可。(《左传·僖公三年》)

(4) 故古者尧举舜<u>于</u>服泽之阳。授之政，天下平。(《墨子·尚贤上》)

3. 于 + NP + V

(5) 夫子言之，<u>於</u>我心有戚戚焉。此心之所以合于王者，何也？(《孟子·梁惠王上》)

(6) 子食于有丧者之侧，未尝饱也。子<u>于</u>是日哭，则不歌。(《论语·述而》)

汉语表达中有许多不同的介词类型。我们把能够独立在名词短语前与之构成一个短语的介词称为前置词，把能够独立于 NP 后并与之构成一个短语的介词称作后置词。根据"于"的句法组合情况可知，其当属于前置词的范畴。又因其与 NP 所组成的介宾短语 PP，既可放在动词前（如"子于是日哭"），也可放在动词后（如"始于家邦"），所以"于"就是人们通常所说的"双位前置词"①。汉代以后，汉语发生了介词短语 PP 由动词后向动词前的历史性转移。而移位的结果，就形成了今天现代汉语中占主导地位的 PPV 语序。按照语序类型学的观点，以 PPV 为主的新词序，与属于 SVO 语言的汉语是不和谐的。但我们认为，这种不和谐的背后仍然有着种种因素在进行补救和调适。经过我们观察发现，在汉代以后虽然大量 PP 位移至动词之前，但少数前置词所带的 PP 仍可放到动词之后。比如表示方向终点的前置词所带的 PP、与事标记"给"和古汉语"于"等前置词所带的 PP。正因为如此，所以由"于"与 NP 所组成的介宾短语 PP，仍以置于动词谓语之后较为常见。也就是说，上面的"V + 于 + NP"和"V + N + 于 + NP"两种句法组合，仍是人们交际中最为主要的表达形式。

单个的词项从来不会孤立地发生语法化。而词项的语法化，又往往离不开一定的组合环境。也就是说，没有一定的组合环境根本就谈不上词项的语法化

---

① 刘丹青：《语序类型学与介词理论》，商务印书馆 2003 年版，第 66 页。

问题。"于"由介词逐渐向"词内成分"演化,当是在"V+于+NP"这一特定句法环境中进行的。由于古汉语词汇以单音词为主,因此"V+于+NP"中的"V",也常常表现为单音节形式。如:

(7) 发白齿落,属乎形骸;至于眼耳,关于神明,那可便与人隔?(《世说新语·贤媛》)

(8) 天下有三门:由于情欲,入自禽门;由于礼义,入自人门;由于独智,入自圣门。(扬雄《法言·修身篇》)

(9) 人莫鉴于沫雨,而鉴于澄水者,以其休止不荡也。(《淮南子·说山训》)

(10) 王赫斯怒,爰整其旅,以按徂旅,以笃周祜,以对于天下。(《诗经·大雅·皇矣》)

(11) 失赵氏之典刑,而去其师保,基于其身,以克复其所。(《国语·晋语九》)

(12) 服之轻重便于身,用财之费顺于民。(《晏子春秋·内篇谏下》)

引例中"至""关""由""鉴""对""基""便"等词,都属于单音节动词。"于"作为介词与其后 NP 所组成的介宾短语 PP,充当了句中 V 的补语。从句法关系看,V 和"于"并不构成一对直接成分,只是因为位置的紧邻而线性地组合到了一起,二者属于跨层的句法结构。这种跨层的句法结构在双音化大趋势下,就容易走上由句法层面单位向词汇层面单位转变的历程,进而使 V 与"于"凝结固化而演变成复合词。

二、由"X 于"的固化所带来的"于"字后缀化

重新分析是导致新语法手段产生的最重要的机制。在 VO 语言中,新语法手段的产生主要是通过两个普通词语之间的融合。① 前文提到,"于"由介词逐渐向"词内成分"过渡和演化,是在"V+于+NP"这一句法环境中进行的。"V+于+NP"原先的组合是"V+(于+NP)",而经过人们重新分析,便有了"(V+于)+NP"的新组合。这时候"于"不再与 NP 直接构成介宾短语 PP,而是黏附于 V 后与之形成一个认知上的整体。这样一来,NP 就不再是"于"的宾语,而变成了(V+于)这个认知整体的宾语。于是,NP 就成了从次要信息的承载部分中转换出来的支点信息或主要信息。一方面,NP 作为句子焦点而被

---

① 石毓智、李讷:《汉语语法化的历程》,北京大学出版社 2001 年版,第 392 页。

凸显和强调；另一方面，结构的重新调整与安排，又使得人们将"V+于"当作整体来加以对待，这就为其固化成"X于"形式的复合词奠定了认知基础。

经人们重新分析后的"（V+于）+NP"结构中，NP是认知整体"V+于"所涉及的对象。由此，"于"的黏着功能便开始发生方向性的转移。因为在"（V+于）+NP"结构中，NP与V之间的语义联系已经自然地显现，甚至可以不必借助"于"的介引功能，这时"于"前附于NP的介引功能，便开始转化为后附于V的补足功能，而成为V的补充或黏着成分。针对此类现象吕叔湘先生（1984）曾揭示说："从古汉语里吸收来的于、以、自，语音上也都附着在前面的动词或形容词上。"从韵律节奏看，V和"于"可以共同构成一个双音节音步。由于音步是语音上结合最为紧密的自由单位，处在同一音步中的两个组成成分之间的距离也就容易被拉近。在双音化趋势的作用下，这两个高频紧邻出现的单音节词，就可能经过重新分析而削弱或者丧失其间的词汇边界，结合成一个双音节的语言单位。霍泊（Hopper）和特拉格特（1993）将这个过程称为"复合化"。① 随着"V+于"使用频率增加以及"V"与"于"边界的逐渐淡化和消失，"V+于"就在具体运用中完成了其复合化过程。我们认为，促使"V+于"融合的因素很多，除了语音外，还有共现频率、句法环境和语义相关性等因素。但这些因素所引起的作用并不是同时的，也不是并行的，其中双音化趋势是最根本的，它对汉语的构词法、形态和句法都产生了深远的影响。陈昌来（2002）认为，越是古代汉语的介词越容易后附于动词成为复合词；吕文华（2001）将这类词称为动介式复合词；蒋同林认为，动词V与介词"于"已经结合成复合动词了；陈光磊（2001）也同样认为，可以将其看成复合动词。在我们看来，以下句子中的"至于""关于""鉴于""基于"等已经固化成词，尽管各自凝结的时间有其早晚的不同：

（13）<u>至于</u>王吏，则皆官正莅事，上卿监之。（《国语·周语中》）

（14）看来<u>关于</u>事为者，不外乎念虑；而入于念虑者，往往皆是事为。此分为二项，意如何？（《朱子语类》卷十八）

（15）寄言为国者，不得学天时。寄言为臣者，可以<u>鉴于</u>斯。（白居易《读〈汉书〉》）

（16）此功著成，是不战而屈人之兵也。兼并之业，<u>基于</u>此矣。岂可畏

---

① 石毓智：《汉语发展史上的双音化趋势和动补结构的诞生》，载《语言研究》2002年第1期，第1~14页。

其难而不为？（《南朝秘史》乾隆六十乙卯年原刊本）

我们清楚地看到，例（13）~（16）"X 于"的被饰成分，多为体词或体词性短语。当然作为"X 于"的被饰成分，其性质也并非一成不变。在类推作用下，"X 于"也可以跟谓词或谓词性短语 VP 以及句子 S。当"X 于"后跟 VP 或 S 时，"X 于"因所处的句法位置而诱发其进一步虚化。有的虚化为副词（如"终于、便于"），有的虚化为介词（如"关于、鉴于、对于、基于"），有的虚化为连词（如"由于、至于"）。随着"X 于"的凝结成词以及"X 于"整体意义的进一步虚化，"于"也就成为没有任何概念意义的"词内成分"。从下面这些例子中可以看出，"于"已经由原来的介词彻底地演化为一个词缀了。

（17）文帝竟不易，后达终于叛败。（《三国志·魏书·程郭董刘蒋刘传》）

（18）又学士院北扉者，为其在浴堂之南，便于应召。（《梦溪笔谈》卷一）

（19）本帅前言非不曲谅女将军，但鉴于女将军冲锋对敌并不畏惧，所以才有一语。（《七剑十三侠》）

（20）此皆巫书妖妄过差之言，由于好事者增加润色，至令失实。（葛洪《抱朴子内篇》）

（21）剩小老儿孤独一身；且小老儿家无隔宿之粮，从此冻饿在所难免；而且对于亲家那方，无法交代。（清·张杰鑫《三侠剑》）

（22）关于这件复杂案件的结果，只好略而不记了。（清·无垢道《八仙得道传》）

黄伯荣、廖序东《现代汉语》（2002）认为，"于"是一个动词的后缀，如"在于""勇于"等；《现代汉语词典》（1996）也标出了"于"可以作动词后缀和形容词后缀；马庆株（2002）认为，"于"是一个跨类的真词缀，可以是动词、介词、副词、连词等的词缀。新语法范畴的产生，离不开类推和重新分析这两种机制。没有它们，任何语法变化都是不可能的。可见，在"V+于+NP"这一特定句法环境中，因重新分析和类推这两种语法化机制，跨层句法结构"V+于"得以凝固成词，也带来了"于"的语法化演变。"于"也由原来的介词逐渐走上了后缀化道路，以至于最终被虚化为一个词缀形式。

三、"X 于"的词化等级与"于"的虚化梯度

那么，是不是可以这样说，"X 于"形式的复合词中所有的"于"字，都

已经虚化成一个意义完全空灵的词缀呢？"于"的虚化程度与"X 于"词化等级的高低密切相关。成词后演变为部分虚词的"X 于"，尽管"于"是一个无任何概念意义的真词缀，但我们认为，更多的"X 于"形式中，"于"尚处于由介词向词缀不断演变的过程之中。

双音词的衍生主要有以下基本条件：①语音条件限制；②原有的两个分立成分必须在线性顺序上贴近；③语义上要有一定改造；④使用频率高（董秀芳，2002a）。"X 于"的凝结固化，同样也受制于人们的使用频率。使用频率是判定一个语言单位是否为词的重要标准。使用频率较高的语言单位，人们对其词的感应程度总会更加强烈。龚娜曾将"X 于"区分为三个不同的词化等级，而每一个词化等级又按词次、频率、分布等情况进行了由高到低的排列。① 为了称述的方便，我们这里一是将作者原来所使用的图表形式改为条列分陈的方法，并去掉原图表中的一些相关数据；二是将三个词化等级的"X 于"略做调整，把龚文图表（一）与图表（三）的内容进行对调，于是就形成了如下有关"X 于"形式的三个序列：

第一序列：有利于、有助于、有益于、有关于、有赖于、有待于、有别于、有损于、有志于、有悖于、有害于、有功于、有碍于、有负于、有恩于、有罪于；

第二序列：高于、低于、大于、小于、富于、穷于、胜于、负于、长于、短于；

第三序列：由于、对于、关于、终于、至于、属于、等于、善于、位于、便于、处于、敢于、过于、出于、限于、急于、在于、富于、陷于、勇于、忠于、赋于、基于、鉴于、介于、利于、宜于、归于、甘于、苦于、乐于、难于、濒于、忙于。

吴竞存、梁伯枢（1992）认为，V 后的"于"经历了"未前附→开始前附→已前附"这三个不同的阶段。我们结合以上"X 于"形式的三个序列来加以说明。

第一序列的"有 X 于"形式，其"于"毫无疑问是一个介词。严格意义上讲，"有 X 于"是一种句法格式而不是"X 于"式构词。龚娜将这种结构归入"X 于"的形成序列之中，有失允当，原因如下。第一，前已述及，"X 于"来

---

① 龚娜：《"X 于"结构的语用分析与认知解释》，载《梧州学院学报》2007 年第 2 期，第 61~62 页。

源于"V+于+NP"结构,而并不从"V+N+于+NP"中产生。"有X于"实际上是"V+N+于+NP"结构类型中的一种,这种结构在我们看来,无论如何不可能衍生出"X于"形式的复合词。第二,隶属于"V+N+于+NP"结构的"有X于",即便是能够产生一定数量的双音节词,那也是在韵律机制的作用下,促使"有X"形式的复合词产生。根据韵律右向音步的原则,单音节动词"有"与"X"更容易组成一个音步,也容易被看作是一个"组块"。这种结构中,"X"与"于"绝不会因为韵律节奏的因素而被认知组合到一起,更何况当"有X于"所表动作的及物性较高时,"于"又常常被省略。正因为如此,所以《现代汉语词典》收录有"有赖""有利""有益"等双音节复合词。王志恺对"有X"的成词机制有过详尽的描述,伍依兰(2007)也对"有X于"的结构构成、语义类型及语用价值等进行了有益的探讨,① 此不烦述。这里必须明确的是,"有X于"之"于"是介词,并且汉语中"X于"形式的复合词在形成上与"有X于"根本没有任何的关联。

我们再来看第二、第三序列的情况。第二序列的"X于",其"X"大多为单音节的形容词。一方面单音节形容词"X"与"于"可以被人们整体感知;另一方面这个整体还不是凝结得十分紧凑,缺乏典型的词汇特征,"于"尚有介引功能,可理解为介引形容词的比较对象。因此,"X于"虽有一定的词汇化倾向,但还不是一个完全凝固而独立运用的语词。我们可以把这种有词汇化倾向的"X于"称为"低等词化等级"。第三序列的"X于","于"已前附于动词,并逐渐失去介引功能而降格为构词语素。一般将这些"X于"处理为复合词,那是因为"于"没有任何的概念意义,具有定位性、能产性、黏附性等词缀的基本特征。我们把这些"X于"称为"中高等词化等级"。不过,这类"X于"似乎还可以再细分出一类来,那就是"X于"不仅可用作动词,而且还因词义的虚化而后来演变成了作副词的"终于""便于"、作介词的"关于""鉴于""对于""基于"、作连词的"由于""至于"等,我们把这些"X于"称为"高等词化等级"。

我们看到,在词汇化过程中,"X于"形式的每一个复合词,其词化程度并不完全相同。有的尚处于跨层组合,开始有词汇化倾向而处于低等词化阶段;有的已经凝结成词,进入到中高等词化等级阶段;有的甚至在成词后,词义又

---

① 王志恺:《现代汉语字组"有X"的词汇化倾向》,华中师范大学2007年语言学及应用语言学专业硕士论文;伍依兰:《说"有X于"》,载《语言应用研究》2006年第4期,第80页。

进一步虚化而被用作其他虚词。双音词的衍生既涉及词汇化，也涉及语法化。而词语词汇化过程又往往伴随着词语的语法化过程。"于"由介词逐渐紧附于其前的动词而形成一个认知整体，这时"X 于"虽有词汇化倾向，但"于"的介词功能尚未消失殆尽。随着使用频率的提高，人们对这个整体的词感度明显增强，"于"渐渐失去其介词功能而成为构词语素。如果说这时的"于"我们可以叫作"类词缀"的话，那么当"X 于"固化成词接着又被进一步虚化成其他的虚词以后，"于"就演变成一个没有任何概念意义的真词缀。如此看来，"X 于"不仅有词化等级的不同，而且"于"也因词化等级的差异使其虚化梯度也不尽一样。一方面，"于"由介词可虚化为一个真词缀；另一方面，已经词化的"X 于"，其"于"并非都已到达"真词缀"这个终点站，更多的是"于"尚处于由"类词缀"向"真词缀"的演进过程之中。

综上所述，"V+于"的复合化也就是"于"降格为复合词的构成语素而不断虚化的过程。"V+于"的复合化首先源自人们对句法结构"V+于+NP"的重新分析。其次，在双音化趋势的作用下，"V+于"这个跨层句法组合被削弱或丧失其词汇边界而凝结成词。最后，一部分"X 于"形式的复合词，随着句法位置的改变和意义的虚化，或演变作副词，或演变作介词，或演变作连词。"X 于"固化成词后的词义再虚化，标志着"于"走完其后缀化历程。"于"的语法化，也符合霍泊和特拉格特（2003）对形态化（morphologization）过程所做的归纳——"具体句法环境中的词汇项＞附着成分＞词缀"。[①] 从历时角度看，"于"经历着"介词→依附于其前的动词→词内成分→类词缀→词缀"这一动态的演进过程。属于高等级词化的"X 于"词语，"于"已经虚化为一个真词缀；处于低等级或中高等级词化的"X 于"词语，"于"虽是复合词的"词内成分"，但尚不具备典型的词缀特征，可以看成是一个"类词缀"。由于"X 于"的词化等级不同，因而"于"的虚化也呈现出一定的梯度和差异。这就是本文通过探究而得出的一个基本结论。

---

① 转引自彭睿：《语法化"扩展"效应及相关理论问题》，载《汉语学报》2009 年第 1 期，第 52 页。

第二章

句式篇

引　论

　　句子是语言的基本运用单位，它由词按照一定的结构方式组织起来，而表达一个相对完整的意思。一般来讲，构成句子有如下几大成分：主语、谓语、宾语、定语、状语、补语。在这六大成分中，主语、谓语和宾语被认为是句子的主干，其中宾语被认为是谓语的连带成分；定语、状语、补语只是句子的枝叶，定语被认为是主语或宾语的附加成分，状语、补语被认为是谓语的附加成分。在传统的语法中，所谓句式是指具有某些相同的形式特征的句法结构的集合体，或者说是同一类型的句法结构的抽象框架，如"把"字句、"被"字句、双宾语句等都是汉语常用句式。本章就汉语的句法结构或一些特殊句式，拟作粗浅的探究和讨论。

　　功能主义语法非常看重句法语序特征的描写与解释。自20世纪80年代从国外引入汉语研究中来以后，其新颖独到的理论解说效能，引起了人们莫大的兴趣。而语言类型学更是把研究的重点放在了句法语序之上。它根据句法成分在组合中所显示的前后序列的差异，将世界上的语言分成了SVO、SOV、OSV三种类型。而汉语句法就主语、谓语、宾语这三大成分的语序情况看，应当属于SVO语言。但汉语与其他SVO语言又有所不同，那就是将句子的定语、状语，置于所修饰限定的中心语的前边。正是因为与其他SVO语言相比有了这样的不同，所以许多语法专家认为，汉语是一种不规则的语言。

　　从历时的角度考察，先秦汉语的动宾结构以VO为主，但也有SOV语序的残留。就SOV来说，先秦汉语有许多类型，此不赘述。在宾语前置的众多情况中，一般所提及的像"寡人是征""寡人是问"结构中的"是"，究竟是作为指示代词直接放在动词之前作宾语呢,还是"是"作为连词而表示其他的用法?对这个"是"该作怎样的理解才更切合于语言实际?我们提出了自己的看法。

动宾结构是人类语言最基本的句法结构之一。就动宾结构 VO 而言,一方面是 V 与 O 之间的语义关系,较为复杂多样。可以说,述语动词和宾语成分之间的语义关系的分析、宾语成分的语义类型的确认,堪称汉语语法研究的重点和难题。从宾语的角度,我们把动词和宾语之间这种多样复杂的关系,称为关系宾语。关系宾语在古汉语里究竟是怎样的一种情况?这些关系宾语与其前的述语在语义上是怎样的特殊联系?各种不同的关系宾语,具有哪些独特的语义特征?这些也引起了我们对其作进一步探讨的浓厚兴趣。另一方面,受动宾结构 VO 的影响,汉语表达中也出现了把动宾结构 VO 作为一个整体,其后又可以跟宾语 O 的情况。动宾结构 VO 所凝结的词语我们称为"动宾动词"。"(VO$_1$) + O$_2$"即动宾动词带宾语现象。其结构的形成机制和产生动因是什么?这需要语言研究者作出相应的阐释和回答。

类型学家 Dryer(1992)认为,介宾短语(简称为"PP")和所修饰动词的语序是与动宾结构语序最和谐的。具体到我们的先秦汉语,占优势的 VPP 结构与占优势的 VO 结构最为和谐。而发展到现代汉语,PP 更多的是放在动词 V 之前作句子的状语。但同时在人们交际中也仍然保留着把介宾内容后置于动词的情况。如何看待这种语言现象?这也需要我们作出理性的思考。

正因为涉及以上诸方面的问题,所以也就有了本章的《介宾内容后置现象摭谈》《古汉语中的关系宾语探究》《唐诗"疑是……"句式新探》《"(VO$_1$)+O$_2$"形成机制和产生动因》《"是"字是否作宾语而前置》《疑问句尾"为"的词性探究》等几个专论。在接下来的内容里,我们分别加以讨论。

第一节　介宾内容后置现象摭谈

进入新时期以来,现代汉语语法发生了较大变化,产生和出现了一些新的形式和用法。单就动词而论,"动词后面必须带目的位者,我们叫它及物动词","动词后面可以不带目的位者,我们叫它不及物动词"。[①] 或者换句话说,"有宾

[①] 王力:《中国现代语法》,山东教育出版社1983年版,第73页。

语的动词，我们说它是及物的；没有宾语的，我们说它是不及物的"①。可是在新的历史条件下，在人们言语交际和语言实践中却出现了不及物动词后跟相应成分的现象。例如：

（1）亚洲电视巨擘落户上海（《中国青年报》2000/12/6）
（2）中国女篮外援登陆韩国（《体育周报》2000/5/26）
（3）二百名犹太人移民北美洲（中央电视台新闻频道 2004/8/5）
（4）汇丰银行入股交通银行（中央电视台新闻频道 2004/8/6）
（5）刘国梁做客《五环夜话》（《体育周报》2000/5/12）
（6）文字博物馆立项安阳（《语言文字周报》2003/3/19）

例文中"落户""登陆""移民""入股""做客""立项"等不及物动词，在以往的用法里都是在后面不跟任何词语和成分的。这些动词从内部结构来看，本身又多为动宾式结构。然而在以上这些用例中，它们却无一例外地都带上了体词性词语。这些体词性词语，更多的情况之下，以前是将其置于介词之后组成介宾结构，然后将这个介宾结构放在动词之前作状语。如今介宾结构所表示的内容却发生了位移，并省却了相应介词而直接置于动词之后。为什么会发生这种变化？发生位移后的介宾内容，作动词的何种成分？从根本上又如何理解和看待这个问题？这就需要我们站在一定的理论高度来加以审视。

一、介宾后置的生成机制

更多的人认为，发生位移后的内容是作句子的补语。而笔者认为，置于动词之后的这些内容，将其理解作动词的宾语更为合适。实际上，它们是因为和前面动词有不同语义关系而构成的多种多样的关系宾语，这种关系宾语多表现为与事有关的对象、原因、目的、处所、时间、结果等。语法是变化的，不及物动词不带目的位的情况在词语具体使用中也不是一成不变的。郭锐《现代汉语词类研究》认为，词语的语法性质应区分为"词汇层面的语法性质"和"句法层面的语法性质"。词语在词汇层面的语法性质，是词语固有的词性，可以在词典中标明；而词语在句法层面的语法性质，是词语在具体使用中产生的，由句法规则控制。如果一个词在句法层面上产生了词汇层面未规定的语法性质，这种语法现象被称为"语法的动态性"。"语法的动态性"理论告诉我们，某词类里的词在语法功能上可以发生变化。从上文的引例来看，动词"落户"就词

---

① 吕叔湘、朱德熙：《语法修辞讲话》，辽宁教育出版社 2002 年版，第 13 页。

汇层面说是不能带宾语的,但在句中却跟了体词性词语——"上海",由此在句法层面上却体现出了及物动词所具有的语法功能。换句话说,"落户"在使用过程中已由不及物动词而临时变为了及物动词。同样,"登陆""移民""入股""做客""立项"等词,就词汇层面看也属不及物动词,但就各自的运用来看都已经具有及物动词的某些语法特点,它们都可以直接带上宾语,因此这些不及物动词在具体运用中其语法功能相应地发生了变化。由此看出,上面例句中不及物动词后面能带宾语的情况,实际上是词语在句法层面里"语法动态性"的一种体现。

从动词"系"的理论来看,这些不及物动词已经由原来的无"系"动词变成了有"系"动词。李临定先生在《现代汉语动词》里首先提到了动词"系"的概念。他指出,所谓"系"就是动词联系宾语的数量情况。如果只能联系或只能带一种宾语的动词,就称为单系动词,能带两种宾语的动词称为双系动词,以此类推,最多的为六系动词。不及物动词本身无所谓"系"的问题,但在使用中因为其后带上了宾语,因而也就变成有"系"了,变成可以跟一种宾语的单系动词或跟两种及两种以上宾语的多系动词。根据这些动词所带宾语的性质来看,有对象宾语,如"会诊黑马"(《中国青年报》2001/1/2)、"游人非礼世纪钟"(《北京青年报》2000/1/12)中的"黑马""世纪钟";有处所宾语,如"江苏舜天扬威南宁,陕西国力铩羽武汉"(《体育周报》2000/8/7)、"国航客机坠毁韩国"(《环球时报》2002/4/18)中的"南宁""武汉"和"韩国";有时间宾语,如"甲A七雄对决红五月"(《体育周报》2000/5/12)、"巴阿首战新世纪"(《体育周报》2000/7/24)中的"红五月""新世纪";有原因宾语,如"中英专家对话婚姻法"(《中国青年报》2000/12/12)、"我在连队当过兵,知道战士们津津乐道女人"(《人民文学》1998/10)中的"婚姻法""女人";有致使宾语,如"扮靓女人心"(新世纪商场广告语)、"让青春放飞爱情"(湖南卫视《玫瑰之约》栏目2003/5/24)中的"女人心""爱情";有目的宾语,如"台湾骨髓昨移植大陆患者"(《中国青年报》1998/11/29)中的"大陆患者";有结果宾语,如"泰山队签下两'老外'"(《大连日报》1999/2/1)中的"两'老外'";有对待宾语,如"另眼相看民工"(《中国教育报》1998/3/19)、"他在方圆百里内布满了汉军,严阵以待项羽"(《十月》1999/2)中的"民工""项羽";有角色宾语,如"国产手机叫阵洋品牌"(《扬子晚报》2002/5/10)、"中国队狭路相逢瑞典队"(《光明日报》1999/2/27)中的"洋品牌""瑞典队"……可以说,不及物动词由于"系"的变化而导致其后紧跟了多种不同的体词性宾语，这种所跟的体词性宾语因前面动词意义的不同而呈现出多样的性质和特性。换句话说，不及物动词因"系"的变化而造成所跟的关系宾语是纷繁复杂、极其丰富的。

二、介宾后置的特点及源流分析

据上所及，前引各例中所使用的这些动词，同其后跟体词性宾语所表示的内容，盖与"介词+体词性词语+动词"结构相当。如："游人非礼世纪钟"以前常常表述为"游人向世纪钟非礼"；"中英专家对话婚姻法"以前表述成"中英专家因婚姻法而对话"；"国产手机叫阵洋品牌"以前则说成"国产手机与洋品牌叫阵"；"让青春放飞爱情"即以前所谓"让青春将爱情放飞"；等等。而今介词结构的内容全部后置使用，由此带来和造成不及物动词以上的一些语法变化，使得不及物动词具有及物动词的某些语法功能并变成了有"系"动词。之所以如此运用，据笔者管窥蠡测，盖由如下原因所致。第一，是为了求得语言的简洁凝练。以上用例基本上是文章或新闻标题，致力于用简而精的文字揭示话题内容是写作者一贯追求的目标。第二，是为了更加突出和强调动作行为所涉及的时间、处所、原因、目的、结果和与事对象，使其成为被人们关注的焦点。第三，将介宾短语的内容移至不及物动词之后作宾语，这样就使得句子结构匀称，节奏感强，并且给人以新颖别致、耳目一新之感。如《相约星期六》（电视台娱乐节目）、"舞动春天"（新世纪商场广告语）、"亮相山城"、"见证三峡"、"聚焦'两会'"等无不具有这样的特点。当然这种句式的运用，笔者认为仍源于我们有几千年历史之久的古代汉语。因为介宾内容后置的现象并非只有现代才使用，在古代也习用为常。兹略举几例如下：

（7）坎坎鼓我，蹲蹲舞我。（《诗经·小雅·划木》）

（8）且君而逃臣，若社稷何？（《左传·宣公十二年》）

（9）冬暖而儿号寒，年丰而妻啼饥。（韩愈《进学解》）

（10）滕子京谪守巴陵郡。（范仲淹《岳阳楼记》）

（11）君三泣臣矣，敢问谁之罪也？（《左传·襄公二十二年》）

（12）饭信，竟漂数十日。（《史记·淮阴侯列传》）

例中"鼓我""舞我"是为我击鼓，为我跳舞；"逃臣"是从我这里逃走的意思；"号寒""啼饥"是因寒冷而号，因饥饿而啼；"守巴陵郡"意思是在巴陵郡作太守；"泣臣"谓向我哭泣；"饭信"是给韩信饭吃。从动词来看，"鼓""舞""逃""号""啼""守""泣""饭"都是不及物动词，然而它们后面却跟了本应该是"介词+体词性词语"作状语的内容。因此笔者以为,目前所出现的原本介宾词组作状语的内容却经常位移至动词之后作宾语的这种后置现象,实际上是古代句式的一种复归,是古代汉语这种特有句式的一种继承和张扬。这既是更多地体现如前所言及的使用这种后置句式的优势,又是传统文化长期积淀以后所出现的一种新的文化现象,而且在目前来看,这种文化现象在人们的生活运用之中大有与日俱增之势。兹再录数例,以略见一斑:

(13) 文化人聚集上海 (《文汇报》2000/12/26)

(14) 老将担纲火箭阵,李群身陷上海滩 (《体育周报》2000/2/25)

(15) 早饭后,丹丹倡议和夏强一同出去花半天的时间游玩花神庙 (《当代》1999年第1期)

(16) 重播剧走俏荧屏 (《文摘周报》2002/10/14)

(17) 科学家"约会"青少年 (《中国教育报》2000/12/15)

(18) 实话实说信贷消费 (《大连日报》1999/4/16)

(19) 洪阳市私营企业家洪涛致富不奉献社会 (《收获》1998年第5期)

(20) 另眼相看沙尘暴 (中央电视台《科技博览》2003/3/29)

(21) 八一队的三号刘俊成也是同样形影不离王涛 (《大连日报》1998/4/28)

(22) 街谈巷议美国总统 (《海外文摘》1997年第1期)

(23) 拔河跳绳台球钓鱼门球广播操登堂入室上海市运会 (《中国体育报》1998/9/22)

(24) 阿胡感同身受了男人的神圣责任 (《十月》1999年第2期)

(25) 芮姐棋力比肩俞斌 (《成都商报》2003/3/12)

(26) 走马观花欧洲音乐厅 (《文化市场周刊》1998/12/16)

(27) 江丰饶成天与外界打交道,耳濡目染了大上海的许多事物。(《上海小说》1998年第3期)

(28) (文章)内容几乎是从另一个角度来针锋相对了《周末》报的批评。(《废都》)

(29) 他仍记忆犹新那飞鸟也要软翅的栈道。(《十月》1999年第2期)

(30) 尝试"诗词赏析" (《语文学习》2003年第1期)

这些例子中的不及物动词都相应地发生了语法上的变化,在它们后面都出现了关系宾语。其与宾语的语义关系当依次做如下理解:文化人在上海聚集/老将在火箭阵担纲，李群在上海滩陷身/⋯⋯在花神庙游玩/重播剧在荧屏走俏/科学家与青少年"约会"/对信贷消费实话实说/洪阳市私营企业家洪涛致富不向社会奉献/对沙尘暴另眼相看/八一队的三号刘俊成也是同样与王涛形影不离/针对美国总统这个话题人们常常街谈巷议/拔河跳绳台球钓鱼门球广播操在上海市运会登堂入室/阿胡对男人的神圣责任感同身受/芮姐棋力与俞斌比肩/在欧洲音乐厅走马观花/江丰饶⋯⋯对大上海的许多事物耳濡目染/几乎是从另一个角度来与《周末》报的批评针锋相对/他对那飞鸟也要软翅的栈道仍记忆犹新/对"诗词赏析"予以尝试⋯⋯

　　从以上大量的用例来看，在新的历史时期，古代这种特有句式正在我们的生活中重新流行起来，并因此而使现代汉语语法发生了一些新变化。由于在这种变化中扩大和拓展了不及物动词的使用范围，使得介词宾语的内容可以后置而直接作动词宾语，这就为我们日常的表达提供了一种可供选择而又相对比较简约的新形式，从而增加和丰富了现代汉语的表达手段。可以预见，这种介宾内容后置句式将日益为更多的人所重视和青睐，并在我们的日常工作和学习中较为广泛地运用。

第二节　古汉语中的关系宾语探究

　　汉语动词和宾语之间的语义关系，极其复杂。从语义方面看，动词和宾语之间，也就是事物和动词之间，可以有多种多样的关系，绝不限于施事和受事。一般的古汉语语法著作多从述语角度来加以认识，将动词和宾语之间这些多种多样的关系归结为使动、意动、处动、为动等用法。但仅凭这些，是难以囊括和描述动宾之间极为丰富而复杂的语义的。今不揣梼昧，试从宾语这个角度来反观和审视它们。从宾语的角度看，我们把这种既不是受事也不是施事，而与述语构成复杂语义关系的宾语称为关系宾语。同现代汉语一样，古汉语中充任宾语的名词，不仅可以是动词所表示的动作行为的受事（直接承受者），而且还可以是与事有关的对象、原因、目的、处所、结果等。我们在本节内容里，试着分析一下这些关系宾语与述语在语义上的特殊联系，从而揭示出各种关系宾语独特的语义特征。

一、目的宾语

　　宾语不是动作行为的支配对象，而是动作行为的目的对象。我们把这种宾语称作"目的宾语"。

（1）今亡亦死，举大计亦死，等死，死国可乎？（《史记·陈涉世家》）
（2）而世又不与能死节者比。（司马迁《报任安书》）
（3）伯夷死名于首阳之下，盗跖死利于东陵之上。（《庄子·骈拇》）
（4）居庙堂之高，则忧其民；处江湖之远，则忧其君。（范仲淹《岳阳楼记》）

例（1）"死国"即为国而死；例（2）"死节"指为节操而死；例（3）"死名"指为名而死；"死利"指为利而死；例（4）"忧其民"即为自己的人民担忧；"忧其君"即为自己的国君担忧。与述语间具有这种语义关系的目的宾语有时也可以省略，但理解时，须将表目的对象的宾语予以补出。如《论语·宪问》："桓公杀公子纠，召忽死之，管仲不死。"该句中前一个"死"字带了宾语，而后一个"死"字却省略了宾语，实际上应当是"管仲不死之"，即管仲不为他而死。

二、服务宾语

服务宾语就是指在句中充当谓动词宾语的那个人或物，是动作行为的服务对象，即主语为宾语发出动作行为。

（5）夫人将启之，公闻其期，曰："可矣。"（《左传·隐公元年》）
（6）东郭偃臣崔武子，棠公死，偃御武子以吊焉。（《左传·襄公二十五年》）
（7）坎坎鼓我，蹲蹲舞我。（《诗经·小雅·伐木》）
（8）养生丧死无憾，王道之始也。（《孟子·梁惠王上》）
（9）祭祀必祝之，祝曰："必勿使反。"（《战国策·赵策四》）

例（5）"启之"指为他（共叔段）开城门；例（6）"御武子"指替崔武子驾车；例（7）"鼓我"指为我击鼓，"舞我"指为我跳舞；例（8）"丧死"指为死者办丧事；例（9）"祝之"指为她祈祷。当一个名词活用作动词后，其后的宾语也往往与述语有这种语义关系。如《左传·襄公二十七年》："石恶将会宋之盟，受命而出，衣其尸，枕之股而哭。"衣其尸，即为他的尸体穿衣服。表服务对象的宾语和表目的对象的宾语，由于它们与其前的述语之间的语义关系人们理解时都可用"为……"的形式理解，因而有的语法书从述语角度统言之为"为动用法"。事实上，从各自与述语的意义关系来看，二者显然是有所不同的。

三、于动宾语

宾语相当于其前省略了介词"于"的补语，有的语法书称为"于动"。这种宾语按语义可细分为：

（一）对待宾语

宾语是动作行为的对待对象，语译时在其前加介词"对"。

(10) 诸君子皆与驩言，孟子独不与驩言，是简驩也。(《孟子·离娄下》)

(11) 公子为人仁而下士，士无贤不肖，皆谦而礼交之，不敢以其富贵骄士。(《史记·魏公子列传》)

(12) 及陷于罪，然后从而刑之，是罔民也。(《孟子·梁惠王上》)

(13) 而良人未之知也，施施从外来，骄其妻妾。(《孟子·离娄下》)

例(10)"简驩"指对驩怠慢；例(11)"下士"指对士人谦下，"骄士"指对士人骄傲；例(12)"刑之"指对百姓用刑罚，"罔民"指对人民张设罗网；例(13)"骄其妻妾"指对自己的妻妾炫耀。很显然，宾语是动作行为的对待对象，而不是服务对象。

（二）朝向宾语

宾语是动作行为的朝向对象，语译时在其前加"朝"或"向"。这与对待宾语不同，对待宾语表示动作行为对宾语的态度，而朝向宾语是向宾语发出动作行为。

(14) 弃疾曰："君三泣臣矣，敢问谁之罪也？"(《左传·襄公二十二年》)

(15) 老妇必唾其面。(《战国策·赵策四》)

(16) 封书谢孟尝君曰："……"(《战国策·齐策四》)

(17) 遂寘姜氏于城颍，而誓之曰："……"(《左传·隐公元年》)

例(14)"泣臣"指向我哭泣；例(15)"唾其面"指朝他的脸上吐唾沫；例(16)"谢孟尝君"指向孟尝君道歉；例(17)"誓之"指向她发誓。

（三）给予宾语

宾语是动作行为的给予对象，其前的动作行为大多数为名词活用，可用

71

"给……"语译。它和目的宾语、服务宾语、对待宾语、朝向宾语都有所不同。有时虽然可语译为"为……""替……"等，但它是强调给宾语什么东西或给宾语做什么事情。而东西或事情为宾语所领有，因此它不是目的、服务对象。同时，它不表示动作行为的态度和朝向，因而，它和对待宾语、朝向宾语也不一样。

  （18）惠公之在梁也，梁伯妻<u>之</u>。（《左传·襄公十七年》）
  （19）有一母见信饥，饭<u>信</u>，竟漂数十日。（《史记·淮阴侯列传》）
  （20）止子路宿，杀鸡为黍而食<u>之</u>，见其二子焉。（《论语·微子》）

例（18）"妻之"指给他娶妻；例（19）"饭信"指给韩信饭吃；例（20）"食之"指给子路吃。通常情况下，将"饭信""食之"认作使动用法。我们认为，后两例主语"母"或"丈人"仍是动作行为的主动者，是"母见信饥"，然后给韩信饭吃；丈人"杀鸡为黍"后，把煮好的食物给子路吃。"食"后的宾语"之"和"梁伯妻之"中"之"一样，都是动作行为的给予对象，称作"给予宾语"。

（四）比较宾语

宾语是动作的比较对象，亦简称为"比较关系"。比较宾语前的动词多为形容词活用，少量为数词活用。

  （21）臣以力事臣君者，今徐子力多<u>臣</u>，臣不以自代，恐他人言之而为罪也。（《韩非子·外储说左下》）
  （22）武安由此滋骄，治宅甲<u>诸第</u>。（《史记·魏其武安侯列传》）

例（21）"多臣"指比臣多；例（22）"甲诸第"指在宅地中数第一。

（五）处所宾语

宾语是动作行为全过程的处所或动作指向的处所、起始处所。语译时应分别用"在""向""从"等译出。

  （23）[费遂]乃与公谋逐华貙，将使田<u>孟诸</u>而遣之。（《左传·昭公二十一年》）
  （24）使人召犀首，已逃<u>诸侯</u>矣。（《韩非子·外储说右上》）
  （25）且君而逃<u>臣</u>，若社稷何？（《左传·宣公十二年》）
  （26）管仲相桓公，霸<u>诸侯</u>，一匡天下。（《论语·宪问》）
  （27）折<u>清风</u>而抎矣。（《战国策·楚策四》）

(28) 老臣病足，曾不能疾走，不得见久矣。(《战国策·赵策四》)

例（23）"田孟诸"指在孟诸打猎；例（24）"逃诸侯"指逃向诸侯国；例（25）"逃臣"指从我这里逃走；例（26）"霸诸侯"指在诸侯中称霸；例（27）"折清风"指死在了清风之中；例（28）"病足"指脚上有病。

（六）领属宾语

宾语与活用作动词的原名词之间属于领属和被领属关系，表示主语担任宾语的某一职务或作为宾语的什么。根据宾语与其前活用作动词的名词之间的性质，我们把这种宾语称作"领属宾语"。

(29) 惠子相梁，庄子往见之。(《庄子·秋水》)

(30) 天帝使我长百兽。(《战国策·楚策一》)

(31) 今将军傅太子，太子废而不能争。(《史记·魏其武安侯列传》)

(32) 冯谖客孟尝君。(《战国策·齐策四》)

(33) 滕子京谪守巴陵郡。(范仲淹《岳阳楼记》)

例（29）"相梁"指担任梁国的相；例（30）"长百兽"指担任百兽的首领；例（31）"傅太子"指担任太子的老师；例（32）"客孟尝君"指作孟尝君的门客；例（33）"守巴陵郡"指作巴陵郡的太守。

四、原因宾语

宾语是动作行为的原因或条件，主语因宾语而动。这和目的宾语显然有别，也和服务宾语不一样。

(34) 诸侯归晋之德只，非为其尸盟也。(《左传·襄公二十七年》)

(35) 自秦以前，匹夫之侠，湮没不见，余甚恨之。(《史记·游侠列传》)

(36) 魏王怒公子之盗其兵符。(《史记·魏公子列传》)

(37) 冬暖而儿号寒，年丰而妻啼饥。(韩愈《进学解》)

(38) 夫人，常死其所不能，败其所不便。(《吴子·治兵》)

(39) [灌夫]非有大恶，争杯酒，不足引他过以诛也。(《史记·魏其武安侯列传》)

(40) 秦不哀吾丧而伐吾同姓，秦则无礼。(《左传·僖公三十三年》)

例（34）"归晋之德"指因晋之德而归服；例（35）"恨之"指因此而遗

憾；例（36）"怒公子之盗其兵符"指因公子之盗其兵符而怒；例（37）"号寒"指因寒冷而号，"啼饥"指因饥饿而啼；例（38）"死其所不能"指因其所不能而死，"败其所不便"指因其所不便而败；例（39）"争杯酒"指因为杯酒的小事而争闹；例（40）"哀吾丧"指因我国的丧事而悲伤。

五、结果宾语

宾语是动作行为所达到的结果，这种宾语多放在表"变成"意义的动词之后。

（41）高岸为谷，深谷为陵。（《诗经·小雅·十月之交》）
（42）玉不琢，不成器。（《礼记·学记》）

这里，"谷""陵""器"三者都是动作行为所达到的结果，与前述的其他关系宾语比较，显然又有所不同。

六、处置宾语

宾语是动作行为的处置对象，可译作把字句。处置宾语与支配宾语不一样。名词活用作动词后，这个活用作动词的名词，与其宾语之间亦常常构成这种语义关系。有的语法书称为"处动用法"。

（43）既不得，乃掘楚平王墓，出其尸，鞭之三百，然后已。（《史记·伍子胥列传》）
（44）方暑，阙地，下冰而床焉。（《左传·襄公二十一年》）
（45）越国以鄙远，君知其难也；焉用亡郑以陪邻？（《左传·僖公三十年》）
（46）于是乘其车，揭其剑，过其友曰："孟尝君客我。"（《战国策·赵策四》）
（47）群臣知上欲王卢绾，皆言曰："……"（《史记·韩信卢绾列传》）
（48）诗者，根情苗言，华声实义。（白居易《与元九书》）
（49）不如吾闻而药之也。（《左传·襄公三十一年》）

例（43）"出其尸"指把他的尸首挖出来；例（44）"下冰"指把冰放在下面；例（45）"鄙远"指把远方当作边邑；例（46）"客我"指把我当作客人；例（47）"王卢绾"指把卢绾封作王；例（48）"根情"指把情当作根，"苗言"指把言当作苗，"华声"指把声音当作华（花），"实义"指把意义当作果实；例（49）"药之"指把它当作苦口良药。

七、工具宾语

宾语是动作行为的工具。就其含义而言，是主语把宾语当作一种工具使用。因此语译方法与处置宾语相同，仍以"以……为……"句式语译。

（50）褚师出，公戟其手曰："必断而足。"（《左传·哀公二十五年》）

例（50）"戟其手"指以其手为戟，即把他的手当作戟。

八、时量宾语

宾语是动作行为的时间或数量，这种宾语我们称作"时量宾语"。

（51）［墨子］行十日十夜，而至于郢。（《墨子·公输》）
（52）臣侍君宴，过三爵，非礼也。（《左传·宣公二年》）

一般会将"十日十夜""三爵"理解作补语。而笔者认为，虽可理解作补语，但从形式上看它们仍是动作行为所涉及的对象，用以表时间或数量，因而以看成宾语为宜。判断述语之后的成分是宾语还是补语，一方面要从其与述语之间的意义辨察，另一方面更要看是否有相关的语法标志。如现代汉语"抢滩成都""聚焦常德""重组搜狐""服务西部"等，都可以按前述第三类关系宾语添加介词"于"字来理解。而"抢滩成都"与"抢滩于成都"、"服务西部"与"服务于西部"之间尽管意义相差无别，但在形式上却明显不同："抢滩成都"之间、"服务西部"为动宾关系，而"抢滩于成都""服务于西部"则属于动补关系。同样，例（51）中的"行十日十夜"、例（52）中的"过三爵"亦当分别归入动宾，"十日十夜"表时间，"三爵"则表示数量。

九、使令宾语

宾语是动作行为所使令的对象。而这种宾语与其前的述语之关系，更多的语法书将其称为"使动用法"。"使动"这一概念最早由陈承泽在《国文法草创》中提出，目前已普遍为学术界所接受。但笔者赞同刘又辛先生的观点，传统"使动用法"之提法值得探讨和商榷。

（53）夫以曾参之贤与其母信之也，三人疑之，其母疑之，其母惧焉。（《史记·樗里子甘茂列传》）

（54）君王之于越也，翳起死人而肉白骨也。（《国语·吴语》）

例（53）"三人疑之"即三人使之疑，谓三个人让曾参的母亲产生怀疑。例（54）"肉白骨"：使白骨生肉。"疑""肉"（动用）是宾语在受到主语的使令之下所发出的动作行为，宾语既是动作的使令对象，又是接受使令后动作的发出者。它之所以发出动作行为，在客观上是受主语的干预和使令，与纯粹的施事宾语有所不同。

十、主体宾语

宾语是动作行为所认为的对象，即主语认为宾语发出动作行为。实际上动作行为由宾语发出，纯属于主语的一种意念感觉和主观认为，因而我们把这种宾语称为"主体宾语"。传统语法将它与前面的述语之间的语义关系叫作"意动用法"。

（55）孔子登东山而小<u>鲁</u>，登泰山而小<u>天下</u>。（《孟子·尽心下》）

（56）巫医乐师百工之人，不耻<u>相师</u>。（韩愈《师说》）

例（55）"小鲁"即认为鲁国很小；"小天下"即觉得天下变小了；例（56）"不耻相师"即不以向老师学习为耻。宾语"鲁""天下""相师"皆是形容词"小""耻"用作动词后，其动作行为所认为的对象。从述宾间的语义关系来看，似宾语发出动作行为或宾语具有某种性质或属性，但它却是主语主观的一种看法，并不一定是客观存在着的事实。

以上我们探讨了古汉语中的关系宾语在意义上与述语之间的种种联系。与现代汉语比较，古汉语中的关系宾语要特殊而复杂得多。探讨古代汉语中的关系宾语，理清其与述语间的语义关系，对阅读古典作品并做到准确地理解和恰当的语译，具有十分重要的价值。

第三节　唐诗"疑是……"句式新探

一、问题的提出

唐诗是我国古典文学中的艺术瑰宝。千百年来，它不仅给人们以思想上的启迪，而且也给人们以巨大的精神享受。读唐诗，我们常常会遇到"疑是……"的句式。如读李白的诗《静夜思》："床前明月光，疑是地上霜。"《望庐山瀑布》："飞流直下三千尺，疑是银河落九天。"《东鲁门泛舟》："轻舟泛月寻溪转，疑是山阴雪后来。"《和卢侍御通塘曲》："行尽绿潭潭转幽，疑是武陵春碧绿。"

《观元丹丘坐巫山屏风》："疑是天边十二峰，飞入君家彩屏里。"《早秋单父南楼酬窦公衡》："泰山嵯峨夏云在，疑是白波涨东海。"再看李白之外其他几位诗人的诗歌。杜甫《自京赴奉先县咏怀五百字》："疑是崆峒来，恐触天柱折。"孟浩然《舟中晓望》："坐看霞色晓，疑是赤城标。"张谓《早梅》："不知近水花先发，疑是今冬雪未消。"雍陶《题君山》："疑是水仙梳流处，一螺青黛镜中心。"李益《竹窗闻风寄苗发司空曙》："开门复动竹，疑是故人来。"元稹《莺莺传》："拂墙花影动，疑是玉人来。"，等等。可以说，"疑是……"已成为唐代众多诗人所惯用的一种诗歌句式。而对"疑是……"句式，一般的唐诗读本都极少言及，其"疑"更不做专门的注释。通常情况下，人们将"疑是……"理解为"怀疑是……"，若不细味，似乎也未有不可。但笔者发现，若释"疑是……"之"疑"为动词"怀疑"，则不仅使诗句行文突兀，文意通而难畅，而且在理解上还须增字解句。如李白诗"床前明月光，疑是地上霜"，按诗意则须分别添上动词"怀疑"的主语和系词"是"的主语，而变为"床前明月光，（我——诗人）疑（它）是地上霜"。这种根据诗意添字而成的复句式理解，总不如以单句形式理解那样简明和了然。"疑"虽有动词"怀疑""疑惑"之义，但施于"疑是……"式结构，似未妥。笔者认为，在这种结构中，"疑"当训"犹""似"，有"好比""如像"之意。

二、对"疑"有"似"义的考察

"疑"作"似"训，古代诗文中多有。庾肩吾《奉和春夜应令》："月皎疑非夜，林疏似更秋。"陈子昂《酬李参军崇嗣旅馆见赠》："白壁疑冤处，乌裘似入秦。"又《酬田逸人见寻不遇题隐居里壁》："还疑缝掖子，复似洛阳才。"沈佺期《兴庆池侍宴应制》："汉家城阙疑天上，秦地山川似镜中。"苏颋《奉和春日幸望春宫》："山光积翠遥疑逼，水态含青近若空。"张蠙《登单于台》："沙翻痕似浪，风急响疑雷。"以上诗行，"疑"与"似"，"疑"与"若"相对为文，"疑"即"似"，即"若"也。又观陈子昂《入东阳峡与李明府船前后不相及》："倏忽犹疑及，差池复两分。"杜甫《梦李白》："落月满屋梁，犹疑照颜色。"李商隐《筹笔驿》："猿鸟犹疑畏简书，风云常为护储胥。"诸家诗之"犹疑"，非联绵词训"迟疑，拿不定主意"，而是"犹疑"连文：犹，似也；疑亦为"似"。再看《荀子·正名》："故比方之疑似而通，是所以共其约名以相期也。"《吕氏春秋·疑似》："疑似之迹，不可不察。"《三国志·魏书·杜恕传》："然孤论难持，犯欲难成，众怨难积，疑似难分，故累载不为明主所察。"韩愈《春雪》

间早梅》:"那是俱疑似,须知两逼真。"众例中,"疑似"并连而陈,皆谓事物表面形态相近似而是非难辨。现代汉语里还有"疑似之间""疑似之词"之说。而这"疑似"即如以下诸例中所言之"犹似"。杜甫《峡中览物》:"巫峡忽如瞻华岳,蜀江犹似见黄河。"白居易《长恨歌》:"风吹仙袂飘飘举,犹似霓裳羽衣舞。"杜牧《金谷园》:"日暮东风怨啼鸟,落花犹似坠楼人。"岑参《虢州后亭送李判官使赴晋绛得秋字》:"君去试看汾水上,白云犹似汉时秋。"可见,"疑"可训"似"。"疑"之"似"义,也不难从其词用角度进行辨察。《说文·子部》:"疑,惑也。""疑"在古今汉语里常用作动词"怀疑"。而"怀疑"之所生,盖因事物间是否相类相像所致。一个人言不由衷便被怀疑说假话,一个人举止反常便被怀疑有问题。言不由衷即言辞与心想不符,而举止反常则是所为与正常表现不像,此即因不相类而生疑。且古有"疑狱",而"疑狱"就是难于判明的案件。之所以难于判明,在其真假莫辨,疑似难分。古有"疑冢","疑冢"即假坟,假坟以假乱真,用以迷惑人,使人们无从找到真正埋葬的地方。而真假之间,其形定必相似。可见,"疑"之本身即有"似"义。因此,《辞海》释"疑"谓:"疑莫能明,每因相类,故疑又训似。"凡从"疑"之字都与"似"义相涉。擬,即拟。有"比拟",《史记·管晏列传》:"管仲富拟于公室。"没有相似之处没法比拟。"拟"有"描摹、比拟"之义,左思《娇女诗》:"举觯拟京兆,立的成复易。"描摹比拟之物与被描摹比拟之物应当十分相似,不然何谓"描摹、比拟"?儗,《礼记·曲礼》:"儗人必于其伦。"郑玄注:"儗犹比也。"嶷,《说文·山部》:"嶷,九嶷山。"段玉裁引《海内经》例并说明"郭云:'山今零陵营道县南,其山九溪皆相似,故云九疑……'"。所以,"嶷"亦含"似",李白《远别离》:"九疑联绵皆相似,重瞳孤坟竟何是?"李群玉《黄陵庙》:"犹似含颦望巡狩,九疑如黛隔湘川。"可证。凝,初作仌,《说文》段注:"仌,谓象水初凝之文理。"又,"初凝曰仌,仌壮曰冻。又于水曰冰,于他物曰冻"。"凝"之仌象,上下文理相似相类。现代汉语里有以"凝"为语素构成的双音词:事物属性相似并施以一定的外部条件才可能"凝结",不相类者难以"凝集",众心所向才会有"凝聚"力。因此,"疑"训"似"还能从词用角度得到进一步的验证。

三、"疑"作副词的句法特征

含"似"义之"疑",可用作动词。前已有例言及,此更举数例以明之。《列子·黄帝》:"用志不分,乃疑于神。"张湛注:"分犹散。意专则与神似者也。"《好逑传》第十八回:"天子展龙目一看,见水冰心貌疑花瘦,身似柳垂,一妩媚女子也。"句中"貌疑花瘦"对"身似柳垂","疑""似"同义。王勃《郊园即事》:"断山疑画障,县溜泻鸣琴。"谓断山似画障一般。李白《梁园吟》:"平头奴子摇大扇,五月不热疑清秋。"言五月不热,如清秋凉爽宜人。杜甫《天池》:"直对巫山峡,兼疑夏禹功。"形容夔州之天地就像巫山峡,又似夏禹所凿。陆游《游山西村》:"山重水复疑无路,柳暗花明又一村。"谓山岭重重阻隔,水流纵横交错,眼前好像已无路可走。这些例文表明,"疑"之"似"义用作动词较为常见。"疑"亦可用为形容词,有"相似的"之意。《墨子·杂守》:"有要有害,必为疑人。"孙诒让《间诂》引俞樾云:"疑人,盖束草为人形,望之如人,故曰疑。"《三国志·吴书·吴主传》:"魏文帝出广陵,望大江。"裴松之注引干宝《晋纪》:"魏文帝之在广陵,吴人大骇,乃临江为疑城,一夕而成……魏人自江西望,甚惮之。"临江为疑城,即谓临江而建造一个与真城相似的建筑物,用以迷惑敌人。前述"疑狱""疑冢"皆属于此类。"疑"除用作动词、形容词之外,还可作副词。副词"疑"当由其动词、形容词义演化引申而来,它常常放在谓动词前作修饰、限定成分。杜甫《假山》:"望中疑在野,幽处欲生云。"庾信《舟中望月》:"山明疑有雪,岸白不关沙。"孟浩然《夕次蔡阳馆》:"听歌疑近楚,投馆忽如归。"罗隐《桃花》:"尽日无人疑怅然,有时经雨乍凄凉。"郎士元《听邻家吹笙》:"重门深锁无寻处,疑有碧桃千树花。",等等。这些诗句中,"疑"分别与"欲""不""忽""乍"等副词同语位相对,其亦当如副词,训"好像""犹似"。

而"疑"作为副词,也可修饰限定系词"是",形成"疑是……"句式。《古汉语语法及其发展》一书指出:"古代汉语的系词有'维(惟)、为、是'等。它们的运用有时代先后,在春秋以前多用'维(惟)',春秋以后多用'为','是'处于萌芽状态。汉魏以后,'是'作系词的用法逐渐增多。但不论在先秦或汉魏以后,这几个系词都曾同时存在,尤其是'是'和'为',曾在长期中并用。"① 可见,汉魏以后的唐代诗歌,句式"疑是……"之"是"用作系词已是不争的事实。而判断系词"是",其前可有"皆、当、正、最、似、犹"等副词的修饰,起加强判断的作用。如《论衡·说日》:"其谓霣之者皆是星也。"《世说新语·文学》:"故当是其妙处不传。"又《术解》:"正是精进太过所致耳。"又《雅量》:"此中最是难测地。"这里用"皆、当、正、最"表示判断

---

① 杨伯峻、何乐士:《古汉语语法及其发展》,语文出版社2001年版,第708页。

句主谓之间是同一或类属之关系。再看《唐人小说·无双传》："我闻宫嫔选在掖廷，多是衣冠女子。"又《郑德嶙》："见衣服彩绣，似是人。"《世说新语·简傲》："不知何署，时见牵马来，似是马曹。"陈子昂《和陆明府赠将军重出塞》："宁知班定远，犹是一书生。"陈陶《陇西行》："可怜无定河边骨，犹是春闺梦里人。"卢伦《晚次鄂州》："云开远见汉阳城，犹是孤帆一日程。"在这些诗文中，判断句主谓间用"多、似、犹"表示主谓关系不完全类属，含不确定因素，有"多半、大概、好像"之意。特别是在这种有系词"是"的判断句中，用"似、犹"表示甲事物类似于乙事物，综合运用比喻中的明喻（有"犹""似"等比喻词）和暗喻（"是"比喻词）两种形式，从而构成"犹是……""似是……"等典型的判断式比喻。这种结构不在于对代表主、谓的两个事物是否同一、类属做出判断，而是强调二者之间具有相似性特征。与"犹是……""似是……"等结构相同的"疑是……"句式，用法亦当属此类。"疑"作副词训"好像"，修饰后面的系词"是"，判断句式中的主语当为"疑是……"之前的诗句所言及的内容。以这种形式来摹物状貌，将其前一事物类比作后一事物，比喻生动、神奇而夸张，给人以耳目一新之感。

据此，"疑是……"式诗句我们当作如是理解："床前明月光，疑是地上霜。"谓透过窗户射到床前的皎洁月光，好像是地上铺了一层白皑皑的浓霜。按，以霜色形容月光，以月色比况霜痕。梁简文帝萧纲《玄圃纳凉》："夜月似秋霜。"张若虚《春江花月夜》："空里流霜不觉飞。"是其证。"飞流直下三千尺，疑是银河落九天。"言巍巍香炉峰藏在云烟雾霭之中，遥望那如从云端飞流直下、临空而落的瀑布就好比一条银河从天而降，比喻生动、逼真。"轻舟泛月寻溪转，疑是山阴雪后来。"月光映衬水面，铺上一层粼粼的银光，船儿泛着月光信流而行。此情此景，犹如山阴王子猷雪夜访戴一般。按，尽管诗人乘兴泛舟无走朋访友之打算，但他那忘乎其形的豪兴，却与雪夜访戴的王子猷颇为神似，而那月夜与雪夜的境界是何等的相同！"坐看霞色晓，疑是赤城标。"意即朝霞映红的天际，是那样的璀璨美丽，好像就是赤城山的尖顶所在。"不知近水花先发，疑是今冬雪未消。"曰一树洁白如玉的寒梅因"近水"而先发，好比经冬未曾消融的冰雪。两相作比，极为传神。"烟波不动影沉沉，碧色全无翠色深。疑是水仙梳流处，一螺青黛镜中心。"谓八百里洞庭烟波浩渺，君山之影倒映在水中显得更加凝重，看不到浅碧的湖水，而满眼却是深翠的山色，好一幅静谧的湖山倒影图！它好像是化为水仙的湘君姊妹居住和梳洗的地方，而水中倒影的君山，多么像镜里那女仙青色的螺髻。"开门复动竹，疑是故人来。"微风悄然吹开院门，轻轻吹动竹丛，好像真是怀想中的故人来了。总之，如此理解"疑是……"式诗句，句式简洁明快，文意自然贯通，比喻生动形象。无须增字解句，毫不生硬突兀。笔者能力不济，学识未逮，对唐诗"疑是……"句式妄解臆释，未知其妥否？姑陈于斯，以求教于大方之家。

第四节 "（VO_1）+ O_2"形成机制和产生动因

进入21世纪以来，动宾动词带宾语的结构在言语交际中越来越为人们所乐用，尤其作为文章标题或新闻报道标题频频出现在报纸、杂志、电视等各种新闻传媒上，而且大有与日俱增之势。如：

(1) 联想助力首都文明工程（《中国教育报》2003/1/3）
(2) 神州数码网络中标荣城"校校通"工程（《中国教育报》2003/7/4）
(3) 重庆第二国际机场选址垫江（万州电视台新闻标题2004/3/20）
(4) 二百多名犹太人移民北美洲（中央电视台"新闻频道"2004/8/5）
(5) 汇丰银行入股中国交通银行（中央电视台"新闻频道"2004/8/6）
(6) 三个月立足新公司（《福州晚报》2005/3/8）
(7) 南京熊猫黯然作别手机业（《南方周末》2005/3/17）
(8) 瞩目第十代"海归"官员（《南方周末》2005/4/14）
(9) 澳大利亚游客钟情亚洲（《中国旅游报》2005/4/15）
(10) 聚焦高校学生管理新《规定》（《中国教育报》2005/4/13）

我们把引例中"助力""中标""选址""移民""入股""立足""作别""瞩目""钟情""聚焦"等由动宾结构凝结而成的动词称为"动宾动词"。由于这些动宾动词的后面又都带了宾语，我们把引例中由动宾动词而带宾语的结构，如"助力首都文明工程""选址垫江""移民北美洲""作别手机业"等简称为"（VO_1）+ O_2"结构。（VO_1）是指动宾动词，O_2是指动宾动词所带的那个宾语。所要指出的是，"（VO_1）+ O_2"结构早在二十多年前即被学界所关注。杨伯峻先生（1982）《古汉语中之罕见语法现象》一文，最早揭示了古汉语里"以动宾结构作动词而另附宾语"的这种特有句式。① 未曾料想到的是，20世纪80年代以来，特别是随着市场经济体制的确立和改革开放的进一步深入，古汉语里这种"罕见"的句式，竟然在各种新闻传媒及日常交际中不断地增多并得到较为广泛的运用。虽然也有学者对这种结构从构成成分、语义关系、性质特征、搭配规律、语用价值、修辞作用等方面进行了许多有益的探讨，② 但却很少对这种结构的形成机理给以足够的关注和重视。我们知道，动宾动词自身的结构内部已经有了宾语，它本是一种相对封闭而自足的句法成分。按照汉语语法结构的规约，动宾动词后面不允许再出现任何宾语。为什么会出现前面的引例中动宾动词可以带宾语的现象？"（VO_1）+ O_2"结构形成的内在机制怎样？对"（VO_1）+ O_2"结构的形成如何从理论上加以把握，并加以合理的阐释和审视？这正是本节内容企望探寻和着力解决的问题。

一、该结构形成的机制与方式

为了回答和解决这些问题，我们试图先从人们的言语交际和日常表达入手。现代语言观认为，语言具有稳固性但同时又是发展变化的，语言的稳固性并不排斥语言的变异性。同一意义的表达，人们既可能遵从相对稳固的传统表达模式，而随着语言的发展与变化又可能会出现用新的一种变换模式予以表达。试比照下面（11）~（15）与（11′）~（15′）两组例子：

（11）县委书记在高尔夫球场遇难

（12）向办学空间狭小的历史告别

---

① 杨伯峻先生在文中列举了《史记》里的五个用例，并做了一定分析。参见杨伯峻：《古汉语中之罕见语法现象》，载《中国语文》1982年第6期，第406页；杨伯峻、何乐士：《古汉语语法及其发展》，语文出版社2001年版，第569页。书中有"动宾结构带宾语"一节专门讨论，并认为"在现代汉语里虽不像一般动宾结构那么普遍，但也常能见到"。

② 饶长溶：《动宾组合带宾语》，载《中国语文》1984年第6期，第413~418页；陈垂民：《谈述宾短语带宾语的几个问题》，载《暨南学报》1995年第1期，第112~116页；邢公畹：《一种似乎要流行开来的可疑句式——动宾式动词+宾语》，载《语文建设》1997年第4期，第21~23页；杨海明：《"VO+N"与语义、结构的兼容与冲突——汉语动宾组合带宾语结构中的语义问题》，载《汉语学习》2001年第1期，第28~33页；罗昕如：《"动宾式动词+宾语"规律探究》，载《语文建设》1998年第5期，第27~30页；刘云、李晋霞：《"动宾式动词+宾语"的变换形式及宾语的语义类型》，载《江汉大学学报》1998年第5期，第44~48页；高更生：《"动宾式动词+宾语"的搭配规律》，载《语文建设》1997年第6期，第36~38页。

(13) 专家为新泰山总体规划把脉

(14) 付费频道与"国家地理"牵手

(15) 对"克什米尔"公主号解密

我们把这一组的例子，称作现代汉语的习惯表达式，即"S—（KO$_2$）+ V—O$_1$"（主—状＋动—宾）结构。这是汉语的基本结构形式，可以把它叫作汉语动词的"原型结构"。对这一组各个例子中的话语内容，现在的报纸杂志和电视等新闻传媒却通常表达如下：

(11′) 县委书记遇难高尔夫球场 （《三峡都市报》2003/11/5）

(12′) 告别办学空间狭小的历史 （《中国教育报》2005/4/14）

(13′) 专家把脉新泰山总体规划 （《中国旅游报》2005/4/20）

(14′) 付费频道牵手"国家地理" （《中国电视报》2004/8/9）

(15′) 解密"克什米尔"公主号 （中央电视台"新闻频道"2004/7/25）

我们把这一组的例子称作现代汉语的变换表达式，即"S—（VO$_1$）+ O$_2$"（主—动宾组合＋宾）结构。它是汉语基本结构的变换形式，可以把它叫作汉语动词的"变式结构"。汉语动词的变式结构，就是我们所要论及的"（VO$_1$）+ O$_2$"结构。

从上面第一组和第二组所举例文来看，各自相对应的句子意思相差不多。第二组各例是第一组句子结构的变换表达形式，它是在第一组原型结构的基础上通过部分成分的"移位"而形成的。所谓成分"移位"，是相对于原型结构中某些成分的原始位置而言的，只要当本来应该出现在原型结构中某个位置的成分，离开原来位置跑到结构中其他位置上去了，就是"移位"①。第二组各例中"遇难""告别""把脉""牵手""解密"等动宾动词后带宾语现象，明显是由于"动宾结构扩大化"所造成，即动宾动词后面多出的这个宾语，是从非宾语的位置上（动词前的状语）后移到宾语位置（动宾动词后）的。也就是说，在原型结构中作状语的成分，通过"名词后移"并省略和脱落了介词词组中的介词，而变为变式结构中动宾动词后面所带的那个宾语成分。这种"移位"显然不同于通常所说的"易位"。一般来讲，通过"易位"以后的成分，不再能分析为这个结构的句法成分，只是一种话语平面上的成分移动；而"移位"

---

① 陆俭明、沈阳：《汉语和汉语研究十五讲》，北京大学出版社2003年版，第192页。

后的成分却一定可以充当这个结构的句法成分，是一种句法平面的成分移位。从上面的例子可以看出，尽管通过移位改变了句法，然而两相比较其句意却并没有改变。即从语义性质看，变式结构中动宾动词后面所带的宾语，仍然相当于原型结构中由某些介词与其引出的对象、目的、处所等所构成的介词结构。换句话说，原型结构中位于动词前的介词结构内容，实际上就是通过"移位"以后，成了变式结构中动宾动词后面所带的宾语那一部分。通过这样的成分"移位"，明显地改变了动宾动词的性质。由"动＋宾"凝结的动宾动词作为一个动词整体又带上一个宾语成分，从而导致形成"（VO_1）+O_2"结构的现象。

笔者以为，除了这种句法结构的"移位"以外，尚可通过其他一些手段促使"（VO_1）+O_2"结构的形成。一是通过省略句法成分中的介词"于"。我们知道，介词"于"所构成的介宾短语常常放在动词后作补语。由于介词的省略和脱落，而使得原本作为次要成分的动后补语跃升为充当句子的主干成分——宾语。吕叔湘先生在《中国文法要略》就这样说过："不用'于'字的时候，那些动词是外动词，就拿方位词作止词。"[1]《论语·颜渊》："齐景公问政于孔子。"若句中省略介词"于"字，就可构成"齐景公问政孔子"的表达形式。以此观之，《史记·廉颇蔺相如列传》："请奉盆缻秦王。"又《史记·周本纪》："周公反政成王。"以及现代汉语的"献身西部大开发"等表达形式，实际上就是省略了介词"于"而形成"（VO_1）+O_2"结构。二是通过动宾结构的自身调节来加以实现。主要有以下几种情况。第一，原本很少带体词宾语的动词，随着语法性的变化而自行带上了宾语。语法是变化的，动宾动词不带目的位的情况在词语的具体使用中不是一成不变的。郭锐认为，词语在词汇层面的语法性质是词语固有的词性；而词语在句法层面的语法性质是词语在具体使用中产生的，由句法规则控制。如果一个词在句法层面上产生了词汇层面未规定的语法性质，这种语法现象称为"语法的动态性"[2]。动宾动词能带上宾语，实际上是"语法动态性"的一种表现。高更生《"动宾式动词＋宾语"的搭配规律》一文揭示了很多本不能再带宾语的动宾动词却带上了宾语的情况，如"帮忙朋友""触电荧屏"等中的"帮忙""触电"就是因为其语法性变化而带上了宾语。第二，由于表达的要求，人们对动宾结构中的动词和宾语的中心语部分进行压缩和固化，使其形成新的动宾结构。并让原结构中宾语前的修饰、限定成分，去作经

---

[1] 吕叔湘：《中国文法要略》，商务印书馆1982年版，第204页。
[2] 郭锐：《现代汉语词类研究》，商务印书馆2002年版，第89页。

压缩固化后的动宾结构之宾语。如:"保险业如何挖掘北京奥运的黄金"→"保险业如何掘金北京奥运"(《中国商报》2003/3/4);"大师缘何加入'吉利'的同盟"("吉利"指北京吉利大学)→"大师缘何加盟'吉利'"(《中国青年报》2003/5/27)。第三,为了使表达更加新颖别致,人们对双宾语结构又进行改造和调整。动词双宾语的位置,一般来说是间接宾语在前、直接宾语在后。如"《律商》馈赠未来 CEO 图书"一句,若直接宾语与间接宾语调换位置,则形成"《律商》赠书未来 CEO"(《中国教育报》2003/3/25)的表达形式;"用友成功投入安易公司资金"("用友"指用友软件股份有限公司)以同样的方法可变为"用友成功投资安易公司"(《中国商报》2003/1/17)。这样变化的结果就直接造就了"(VO$_1$)+O$_2$"结构。

二、该结构形成的动因分析

为什么要进行结构的移位?何以会发生句法的调整和变化?促使"原型结构"基础上的句法变化以及"(VO$_1$)+O$_2$"结构的形成,其深层次的原因是什么?笔者以为,词语的语法性变化、语言表达的经济性原则、汉语语序的和谐性要求以及人们认知方式的选择等,这些因素共同造成语法的多样化和句法结构的调整与改变。

动宾动词带宾语的发展有一个至关重要的语言大背景,那就是汉魏以来愈益强盛的双音节化潮流。首先,双音节词为主的语言,客观上要求每一句法成分至少由一个双音节词语充任。而双音节动宾动词却要充任谓语动词及其宾语两个句法成分,这样使全句的句法成分和音节数目极不协调。[①] 对此加以调节的办法之一就是限制动宾动词的语法职能,使其充任谓语,宾语另由其他词语来充任,这样就导致了"(VO$_1$)+O$_2$"结构的产生。其次,动宾动词在凝结成双音节动词的过程中,内部的宾语素意义逐渐受到磨损或变为了无意义的缀余部分。如"知道"原为动宾结构,意思是"通晓道理"。凝结成双音节动词后,这个动宾动词的宾语素——"道"的意义受到磨损,只剩下"知"语素表示意义,因而这就为"知道"这个动宾动词带上名词性宾语创造了条件。最后,汉语里能带宾语是大多数动词的本质特征。而动宾动词的两个构成要素进一步融合,其意义已不再是两个单音节词在意义上的简单相加,而更多是用其引申意

[①] 张博:《"动宾结构+宾语"的条件及发展趋势》,载《古汉语研究》1999 年第 3 期,第 5 页。

义。如"抗衡"本指两车轭相对,引申为对抗。"回首"本指回头,引申为回忆。这样在用法上就逐渐趋同于单音节动词、并列动词等纯动词,从而产生了原本所没有的纯动词语法特征。正因为这样,所以不少动宾动词能够带上后面的宾语成分。我们可以这样说,词语的语法性变化是"(VO_1)+O_2"形成的基础,而语言表达的经济性原则则助推了人们对"(VO_1)+O_2"结构的运用和表达。

语言的经济性表达是人们所普遍遵从的原则,能用简洁明了的形式传达信息是人们共同追求的目标。史锡尧先生曾经指出:"有些介宾结构做状语修饰限制动词的说法,便由于人们遵守经济性原则而演变为动词带宾语的形式了,动词的宾语就是原来那个介词的宾语。"① 这种介宾结构的介词有"用"(或"以")、"在"(或"从""到"等)、"向""与"(或"跟")、"为""对"(或"给")等。如"用大碗吃"→"吃大碗";"在地板上睡"→"睡地板";"从床上起"→"起床";"到北京去"→"去北京";"向英雄学"→"学英雄";"与朋友交"→"交朋友";"为工作忙" ,"忙工作";"对天下忧"→"忧天下"……这样形成的"动宾",较之"介宾+动"结构不仅省却了一个音节,而且还少了一个结构层次,使用起来更为经济达意。同样,由于动宾动词在双音化过程中更多地具有纯动词的语法特征,因而能像前面这些单音节动词一样,其所连接的成分往往由"介宾+动"结构向"动宾"结构进行演变,原来在动宾动词之前作状语的成分,便跃升为作动宾动词的宾语。如"以一百万元让利"→"让利一百万元";"在边城屯兵"→"屯兵边城";"从伊拉克撤军"→"撤军伊拉克";"到广州出差"→"出差广州";"向本报投书"→"投书本报";"与女朋友约会"→"约会女朋友";"为子孙造福"→"造福子孙";"对男人倾心"→"倾心男人"; "给贫困儿童捐资"→"捐资贫困儿童";等等。"(VO_1)+O_2"结构的形成原因,我们认为一方面是语言的经济机制在不断地起作用,而另一方面也是通过必要的手段调试汉语语序,以求得现代汉语不同句式之间尽量"和谐"所致。

任何语言都有一定的语序以及语序类型。依据语序类型学的观点,语序具有和谐性。和谐性是语序共性背后的主要原则,各种语序共性乃至语序的历史演变,都是由和谐性这一基本原则所决定的。② 所谓语序的和谐性,就是指不

---

① 史锡尧:《"介宾+动"向"动宾"的演变——语言的经济性原则》,载《汉语学习》2000年第1期,第6页。

② 刘丹青:《语序类型学与介词理论》,商务印书馆2003年版,第40页。

同结构的语序之间跨语言的相关性。汉语中"（VO$_1$）+ O$_2$"结构的形成，实际上也与语序及语序的和谐性有关。汉语属于 SVO 语言（S 主语，V 动词，O 宾语），汉语中有许多不同的介词类型。我们把能够独立在名词短语前（名词短语简称为"NP"）与之构成一个短语的介词称为前置词。大部分前置词所构成的介词短语（简称为"PP"）只能位于动词前。我们经常见到的带有"于、以、自、在、到、向、往、给"等词的 PP，以前置于动词为常，但也可以有条件地用在动词之后，可称为双位前置词。个别前置词只能位于动词后，可称为动后前置词。而把能够独立在 NP 后与之构成一个短语的介词称作后置词，如"长期以来""元旦之后"中的"以来""之后"。刘丹青《语序类型学与介词理论》一书指出，汉语的介词类型和动宾结构之间的和谐性强于其他众多结构的和谐性，表现为前置词与 VO 和谐，后置词与 OV 和谐。而先秦汉语的动宾结构以 VO 为主，因此 PP 以前置词为主；也有 SOV 语序的残留，因此也有前置词用作后置词的现象。它们各自存在着和谐。不仅如此，类型学家德莱尔（Dryer，1992）还发现介词短语和所修饰动词的语序是与动宾结构语序最和谐的。认为 PP 的位置与动宾关系的和谐，比介词类型与动宾结构的对应更为强烈。具体到先秦汉语，占优势的 VPP 结构与占优势的 VO 结构最为和谐。

然而在汉代以后，汉语发生了 PP 由动词后向动词前的历史性转移，表工具、对象、方所等题元的 PP 进行了前移。移位的结果就形成了我们现代汉语占主导地位的 PPV 语序。尽管 PPV 语序与大量后起的后置词具有和谐性，但按照语序类型学理论，以 PPV 为主的新词序与属于 SVO 语言的汉语却是不和谐的。但这种不和谐的背后仍然有着种种因素在进行补救和调适。一方面，相似性原则影响着语序（相似性原则是指语言的结构优先选择与它所表示的对象有直观相似性的安排方法）。虽然 PP 大量位移到动词之前，但我们也看到，少数前置词所带的 PP 仍然可以放在动词之后。如表示方向终点的前置词所带 PP、与事标记"给"和古汉语的"于/於"等前置词所带 PP。由于其所介绍的题元是一种终点，而在时间轴上，位移行为总是先起点后终点，交接行为也总是一物先属于予者而后才属于受者，所以方向终点和接受者题元背离大部分 PP 的正常位置而放在动词后。相似性作用昭然。① 而另一方面，虽然 PP 大量位移到动词之前，但在长期的运用中又因为语法化来源、经济性等原因，对被位移到动词前的 PP 又进行了新的调整（前已有论及），以谋求 PPV 语序与 VO 语言不和谐背

---

① 刘丹青：《语序类型学与介词理论》，商务印书馆 2003 年版，第 321 页。

景下的局部性平衡与协调。这种调整在汉语的历史上经历了漫长的时间和过程。需要特别指出的是，由动词前的 PP 省略前置词并将其后置于动词而形成动宾结构，以及运用同样的移位方法而形成的"$(VO_1)+O_2$"结构，乃是谋求汉语语序和谐与对称最有效的途径和方式之一。因此从这个意义上讲，动词前的 PP 向动词后的移位以及"$(VO_1)+O_2$"结构的形成，是调适汉语语序以求得语序之间进一步"和谐"与"平衡"的具体表现。

　　认知语言学认为，人类的一些基本认知原则在语言的各个层面、各个方面反复地起作用，揭示这些认知原则就能对语法不同范畴、不同层次、不同结构体中存在的平行现象作出概括的解释。[1] 认知语法关于图形/背景区分的认知原则，可以系统地解释句法的多样化，可以以此来具体审视 PP 的移位变化和理解"$(VO_1)+O_2$"结构的形成。认知语言学理论认为，语言的运用不完全由语法规则制约，而是由人的经验结构和认知方式决定。对句子的分析不是区分为主语、谓语、宾语等，而是按照对事物不同程度的凸显部分的认知——图形、背景、后景来选择不同的表达方式，其中谓语动词是连接不同部分的纽带。所谓图形（figure）是指某一认知概念或感知中所突出的部分，即注意的焦点；背景（ground）是为了突出图形而衬托的部分；而后景（background）是用来突出背景和图形的部分。[2] 在一个句子中，主语部分提出主体事物，指明"谁"或"什么"，是用来陈述的部分，相当于图形。谓语部分是用来陈述和说明主语是什么或怎么样的成分，相当于背景。在谓语部分中，动词表示图形与背景之间的关系，宾语一般是新信息成分，相对而言比状语等其他修饰成分要显著一些。因而我们可以把宾语视为背景，状语等其他成分视为一种后景成分。一般情况下，图形比背景要凸显，背景比后景要凸显。但是由于某种原因，在认知上，背景可能得不到凸显或凸显的程度不明显，这时候后景就有可能由于相对突出而显得比背景更为凸显，从而从后景位置迁到动词后的背景位置。当我们说"县委书记在高尔夫球场遇难"这句话时，作为背景的"难"由于受动词"遇"的语义影响，其凸显程度并不明显。这时候人们的认知视角就又可能发生转移，转移到作为后景的"高尔夫球场"这一概念上，使"高尔夫球场"在认知上得到相对凸显，进而促使个体对句法结构进行重新选择和安排，于是作为后景的"高尔夫球场"由于凸显而成为背景，从而形成"县委书记遇难高尔夫球场"

---

[1] 沈家煊：《认知语法的概括性》，载《外语教学与研究》2000 年第 1 期，第 29 页。
[2] 谢晓明：《宾语代入现象的认知解释》，载《湖南大学学报》2004 年第 3 期，第 71 页。

这种"$(VO_1)+O_2$"结构表达形式。这样,宾语就成为从次要信息的承载部分中转换出来的支点信息或主要信息。焦点是句子语义表达的重心,而作为要表达的焦点一般在句子尾部。结构的重新调整与安排实际上也是为了顺应焦点表达的需要。

三、该结构的源流及生成的外部环境

需要说明的是,"$(VO_1)+O_2$"结构之所以在生活中大量兴起和使用,离不开外部环境的影响和制约,离不开人们在表达方式上的积极探索和创新,离不开自古以来先民们所进行的言语实践。这是影响"$(VO_1)+O_2$"结构不容忽视的外在因素。我们知道,在汉代以后PP由动词后向动词前进行历史性转移的同时,为了补救和调适不和谐语序,"$(VO_1)+O_2$"结构就开始出现。杨伯峻《古汉语中之罕见语法现象》一文中所列举的《史记》里的五个用例,就是极好的说明。又由于"动词后的'於'从汉代开始有大量省略的现象"[1],因此在汉代以后各个时期的文人作品里不断有"$(VO_1)+O_2$"这种新的表达形式出现。兹列举数例以明之(VO_1下加横线标识;O_2下加着重号标识):

(16) 寄语后生子,作乐当及春。(鲍照《代少年时至衰老行》)

(17) 为之祈请三宝,昼夜不懈。……于是结恨释氏,宿命都除。(《世说新语·尤悔》)

(18) 采菊东篱下,悠然见南山。(陶渊明《饮酒》)

(19) 春风回首仲宣楼。(杜甫《将赴荆南别李剑州》)

(20) 思陵妙悟八法,留神古雅。(周密《齐东野语·绍兴御府书画式》)

(21) 男子不能流芳百世,亦当遗臭万年。(《资治通鉴》第一〇三卷)

(22) 放眼乾坤独倚阑。(张养浩《过李溉之天心亭》)

(23) 黄帝使歧伯尝味草木,定《本草经》。(李时珍《本草纲目·序例》)

(24) 凤姐也不敢推辞,扶病承欢贾母。(《红楼梦》第一〇八回)

(25) 因为立等寄信山东,免得耽误时刻。(李宝嘉《官场现形记》第九回)

---

[1] 刘丹青:《语序类型学与介词理论》,商务印书馆2003年版,第340页。

这种结构在"五四"以后的现当代文学作品中也不难发现。如鲁迅《祝福》："所以他就到手了八十斤。"田汉《黄花冈》："但那将军又迁怒她父亲。"茅盾《子夜》："刚才他很中意了屠维岳。"可见，"（VO$_1$）+O$_2$"结构的使用源远流长，它产生于古代，经过各个不同时期人们的积极探索和实践，"（VO$_1$）+O$_2$"结构一直沿袭至今。

20世纪80年代以后，特别是进入21世纪以来，这种结构何以在各种报刊传媒中异军突起和大量涌现呢？这与改革开放的进一步深入和国际经济文化交流的日趋广泛密切相关。改革开放和国际的经济文化交流，势必引起不同语言的接触和相互影响。从外语中吸收营养，是汉语得以丰富和发展的重要途径。不仅包括汉语对外来语在语音、词汇等方面的吸收，也包括外来语的一些句法结构对汉语产生积极的作用和影响。而80年代以来，英语作为外来语的主要语种在我国教育中受到广泛的重视，各级各类学校都陆续开设了英语课程，使广大青少年学生受到英语的感染和熏陶。英语中绝大多数动宾动词能够直接带上宾语，这是英语与汉语相比较为明显的特点。据前所述，汉语"（VO$_1$）+O$_2$"结构产生的历史本来就很悠久，只是各个历史时期对"（VO$_1$）+O$_2$"结构的运用不多或使用不普遍。而随着人们对英语的接触和认识，受英语句式结构的影响，汉语表达更多地流行和使用"（VO$_1$）+O$_2$"结构。这种结构先流行于同时使用汉语和英语的海外华人地区，然后随着大量的海外华人作品的涌入和国际经济文化的广泛交流，"（VO$_1$）+O$_2$"结构才得以在国内日趋流行，以至于21世纪其在报纸、杂志、电视等各种新闻传媒上更是屡见不鲜。因此，英语里更为普遍的动宾动词带宾语现象，是汉语"（VO$_1$）+O$_2$"结构在日常运用中迅速增多的直接诱因。

第五节　"是"字是否作宾语而前置

"是"在古汉语中是一个使用频率较高、词性较为丰富的词语，它常用作代词、形容词和助词等，但尤以作代词较为普遍。而代词"是"从语法功能看，它常常充当句子的主语、宾语、定语，有时也作谓语。本节内容里，我们试就代词"是"作宾语，尤其就现在通用古汉语教材所认定的代词"是"作宾语而前置的现象进行一番探讨，同时提出管窥之见，以此就教于大方之家。

一、"是"作宾语的情况考察

代词"是"既可作介词的宾语,也可作动词的宾语。作介词的宾语,多数情况下,代词"是"置于介词之后;而作介词"以"的宾语放在其前后均可。请看下面的句子:

(1) 景公为是省于刑。(《左传·昭公三年》)
(2) 军中自是服其勇也。(《史记·李将军列传》)
(3) 虽舜不能加毫末于是矣。(《荀子·子道》)
(4) 狄应且憎,是用告我。(《左传·成公十三年》)
(5) 小人伐其技以冯君子,是以上下无礼,乱虐并生,由争善也。(《左传·襄公十三年》)
(6) 恕思以明德,则令名载而行之,是以远到尔安。(《左传·襄公二十四年》)
(7) 夫幸非福,非德不当雍,雍不为幸,吾以是惧。(《国语·晋语》)
(8) 楚人以是咎子重。子重病之,遂遇心疾而卒。(《左传·襄公三年》)

"是"作介词的宾语,从这些例子看出,若要置于介词之前,多以"以"为主。这是因为,"以"作为一个常见而又特殊的介词,其宾语不管是代词、名词或其他体词性词语,都常常可出现在它们前面。据郭锡良(1998)考察,《论语》"以"介词这一特点反映十分明显,"以"作宾语前置出现31次,后置出现26次;而《孟子》"以"用作介词达460次之多,其省略宾语或宾语前置有229次。由此可见,"是"代词作"以"的宾语可以前置,这是已成共识而毋庸置疑的事实。

而作为动词的宾语,"是"代词要前置,却要借助一定的语法或结构上的标志。因为针对古汉语中宾语前置这一语法特点,《马氏文通》早就提出是有其语法条件的:①疑问代词作宾语;②否定句中代词作宾语;③用标志助词"之""是"等作标志。很显然,代词"是"宾语前置情况除作"以"介词的宾语可直接放在其前面外只有两种:一是在否定句中作宾语;二是通过标志宾语前置的助词"之"等来体现。例如:

(9) 栾黡曰:"晋国之命,未是有也。余马首欲东。"乃归。(《左传·襄公十四年》)

（10）能为人则者，不为人下矣。吾不能是难楚不为患。（《左传·昭公元年》）

（11）惠公蹻其大德，谓我诸戎。是四岳之裔胄也，无是翦弃。（《左传·襄公十四年》）

（12）屡顾尔仆，不输尔载，终逾绝险，曾是不意。（《诗经·小雅·正月》）

（13）子是之学，亦为不善变矣。（《孟子·滕文公上》）

（14）《商颂》："殷受命咸宜，百禄是荷。"其是之谓乎！（《左传·隐公三年》）

（15）生乎由是，死乎由是，夫是之谓德操。（《荀子·劝学》）

（16）亲逐而君，尔父为厉，是之不忧，而何以田为？（《左传·襄公十七年》）

上例中，例（9）~（12）用在否定句中，直接将代词宾语"是"放在动词之前，例（13）~（15）不是否定句，而要使"是"代词提前，借助了标志助词"之"。例（16）是否定句，而"是"提前，除符合"否定句中代词作宾语"之规定外，仍在前置宾语"是"和谓语之间加上了标志助词"之"。

二、关于"是"为前置宾语的质疑

现在通用的古汉语教材，还提到了一种"例外"的宾语前置现象，那就是"直接把代词宾语放到动词之前，这个代词宾语一般只限于'是'，其他代词不多见"[①]。并大都举例单一且例文相同：

尔贡包茅不入，王祭不共，无以缩酒，寡人是征；昭王南征而不复，寡人是问。（《左传·僖公四年》）

对该例中"寡人是征""寡人是问"这两句，王力先生《古代汉语》第一册第14页注解说："是，代词，指包茅，'征'的宾语。……下文'寡人是问'结构同此。"郭锡良先生《古代汉语》上册第136页注解说："是，代词，指包茅不入之事，是动词'征'的前置宾语。征：问，责问，下文'寡人是问'的'是问'，结构和意义同'是征'。"朱振家先生编《古代汉语》上册第26页解释道："是，指代包茅不入的事情，用作动词'征'的前置宾语，征：责问。下

[①] 郭锡良：《古代汉语》上册，第287页。

文'寡人是问'的结构和意义同此。"许嘉璐先生《古代汉语》中册第16页注曰："是征，征是，索取这个。'是'充当宾语，往往置于动词前，下文'是问'同。"荆贵生先生《古代汉语》在上册第352页讲到指示代词时，专门提及代词"是"作宾语可以直接放在动词前边，也列举了上面这个唯一的例文。

对"是"代词作宾语直接放在动词前这一现象，看来各位专家学者所见略同。然而笔者认为，这一说法值得商榷。

众所周知，宾语要前置是有其特点和条件的，前文已有所述及。这些条件，要求十分严格，必须满足下列中一项：宾语不但是代词而且是疑问代词；宾语不但是代词，句子还必须是否定句；宾语可是代词可不是代词，但必须用助词（一般是"之""是"）来标志。但从所列举的句子看，"是"尽管被看成代词，但它既不是疑问代词，所在句子又不是否定句，更没有任何助词来标志。这就势必给人们造成一种错觉：凡代词宾语都可以放在动词前面而不需要任何条件。若此，何不把"否定句中代词作宾语"这一宾语前置条件的限定语"否定句"删去，而为何又要强调是否定句呢？若此，那又何须如下句子带点的助词来标志代词前置，何不直接将其宾语置于动词之首？

（17）"闻道百，以为莫己若"者，我之谓也。（《庄子·秋水》）

（18）《诗》曰："礼义之不愆，何恤人之言兮"此之谓也。（《荀子·天论》）

（19）盖言语漏泄，则职女之由。（《左传·襄公十四年》）

（20）无乃尔是过与！（《论语·季氏》）

（21）不可，我实不德，齐师何罪？罪我之由？（《左传·庄公八年》）

（22）吾狄公子，吾是之依兮。（《国语·晋语》）

（23）是之不难，无乃不可乎？君其图之。（《国语·晋语》）

（24）夫齐侯将施惠如出责，是之不果奉。（《国语·晋语》）

更何况把"寡人是征""寡人是问"这种句式确定为"是"代词直接置于动词前的宾语前置句，其内涵界定不清，特点模糊，且例文寡少，语焉不详，实难让人信服。由于没有阐明这种前置句式的特点、条件，而从形式上看这种句式又与助词"是"标志其他体词宾语前置的形式相同，同样是动词前的"是"，是判作前置宾语代词，还是判作标志其前边的词作动词前置宾语之助词，就让人混淆不清，感到莫衷一是。试比较：

（25）岂不谷是为？先君之好是继。（《左传·僖公四年》）

(26) 君人者将祸是务去。(《左传·隐公三年》)

(27) 将虢是灭，何爱于虞？(《左传·僖公五年》)

(28) 戎狄是膺，荆舒是惩。(《诗经·鲁颂·閟宫》)

(29) 寡人之从君而西也，亦晋国之妖梦是践，岂敢以至。(《左传·僖公十五年》)

(30) 而暇晋是皇，虽后之会，将在东矣。(《国语·晋语》)

(31) 吾弗敢图，卫而在讨，小人是惧，敢不尽心。(《国语·晋语》)

(32) 民今之无禄，天夭是椓。哿矣富人，哀此惸独。(《诗经·小雅·正月》)

(33) 《夏书》有之曰："一人三失，怨岂在明？不见是图。"(《国语·晋语》)

(34) 晋国不恤周宗之阙，而夏肄是屏，其弃诸姬，亦可知也已。诸姬是弃，其谁归之？(《左传·襄公二十九年》)

如果对以上例子不做认真仔细的揣摩，很容易认为这些都是宾语前置句，也就很难确定是代词"是"作宾语，还是助词"是"标志其前的词语作宾语。

三、"寡人是征"之"是"为因果连词

我们认为，像"寡人是征""寡人是问"这种句式中的"是"，是不能理解为代词而作前置宾语的，应该将其理解成连词，相当于"于是""而""因此""所以"等意思。

"是"作连词用，裴学海《古书虚字集释》、尹君《文言虚词通释》、陕西师范大学《常用文言虚词词典》以及《辞源》等字典辞书，都曾谈及其用法。例如：

(35) 维叶莫莫，是刈是濩，为絺为绤，服之无斁。(《诗经·周南·葛覃》)

(36) 桑土既蚕，是降丘宅土。(《尚书·禹贡》)

(37) 是类是祃，是致是附，四方以无侮。(《诗经·大雅·皇矣》)

(38) 是伐是肆，是绝是忽，四方以无拂。(《诗经·大雅·皇矣》)

(39) 恒之秬秠，是获是亩；恒之穈芑，是任是负。(《诗经·大雅·生民之什》)

(40) 宜尔室家，乐尔妻帑。是究是图，亶其然乎！(《诗经·小雅·常棣》)

(41) 维此良人，弗求弗迪；维彼忍心，是顾是复。(《诗经·大雅·荡之什》)

(42) 明神先君，是纠是殛。(《左传·僖公二十八年》)

(43) 实沈之墟，晋人是居，所以兴也。(《国语·晋语》)

(44) 武子宣法以定晋国，至于今是用，文子勤身以定诸侯，至于今是赖。(《国语·晋语》)

(45) 西倾因桓是来。(《尚书·禹贡》)

(46) 行人未有以说也，乃道惠公以此人是败，文公以此人是霸，未见所以用人也。(《韩非子·难二》)

例(35)孔颖达疏："于是刈取之，于是濩煮之。"解"是"为连词"于是"，王引之《经传释词》、裴学海《古书虚字集释》皆从其说。例(36)：种桑的地方已经能养蚕了，于是（人们）从高地上搬下来居住在平原上。也同样解"是"为"于是"。例(37)~(42)都是这种用法。它们作为连词，连接词组或句子表示连贯、顺接关系，可译为"于是"。例(43)放在主谓间，仍可译为"于是"。例(44)~(46)放在状语与谓语之间，表偏正关系，可译为"而"。如将这些例文中的"是"认作代词而说它是动词的前置宾语，实乃勉强，且违原意。"是"作为连词，用法不限于此，它也常常放在表因果关系的复句之中，相当于"因此""所以"的意思。请看例子：

(47) 有令名矣，而终之以耻，午也是惧。(《左传·昭公元年》)

(48) 后帝不臧，迁阏伯于商丘，主辰。商人是因，故辰为商星。迁实沈于大厦，主参。唐人是因，以服事夏、商。(《左传·昭公元年》)

(49) 刑罚罕用，罪人是希。(《史记·吕太后本纪》)

(50) 先君之败德，及可数乎？史苏是占，勿从何益？(《左传·僖公十五年》)

(51) 无乃非盟载之言，以阙君德，而执事有不利焉，小国是惧。(《左传·襄公二十八年》)

(52) 文子曰："若夫知贤，人莫不难，君子亲游焉，是敢问也。"(《大戴礼记》)

(53) 故明主义之国，无书简之文，以法为教；无先王之语，以吏为师；无私剑之捍，以斩首为勇。是境内之民，其言谈者必轨于法，动作者归之于功，为勇者尽之于军。(《韩非子·五蠹》)

(54) 河山之险，信不足保也，是伯王之业不从此也。(《战国策·魏

策一》)

(55) 善用兵者，当击其乱，不攻其治；是不袭堂堂之寇，不击填填之旗。(《淮南子·兵略》)

(56) 为鲁司寇，断狱屯屯，与众共之，不敢自专。是死者不恨，生者不怨。(《春秋繁露》)

(57) 谏佞之人，隐君之威以自守也，是难去也。(《晏子春秋·外篇》)

上述例文中，"是"都应该解作"因此""所以"的意思。例（47）"午也是惧"意即"（祁）午因此害怕"。例（48）"商人是因"意即"商朝人因此沿袭下来"。例（49）"罪人是希"意即"罪人因此稀少了"。例（50）"史苏是占"意即"史苏因此占卜"。例（51）"小国是惧"意即"小国因此害怕"。这些"是"绝不可当成代词作前置宾语来理解。

前引例《左传·僖公四年》："尔贡包茅不入，王祭不共，无以缩酒，寡人是征；昭王南征而不复，寡人是问。"在《史记·齐太公世家》中作："楚贡包茅不入，王祭不共，是以来责。昭王南征不复，是以来问。"通过比较可以看出，司马迁在这里把"是"改为"是以"；杨伯峻在注译《左传》时将这段话也译作"……我为此来问罪。……我为此而来责问"。很显然，这里的"是"如前面所引数例一样，应作连词，译为"因此"。再如《荀子·哀公》："舜不穷其民，造父不穷其马，是舜无失民，造父无失马也。"在《新序·杂事五》作："是以舜无失民，造父无失马。"此也将"是"解作"是以"。又如《大戴礼记·哀公问于孔子》："仁人不过乎物，孝子不过乎物，是仁人之事亲也如事天，事天如事亲。"在《礼记·哀公问》作："是故仁人之事亲也如事天，事天如事亲。"将"是"解作"是故"。再看下面的句子：

(58) 刑重者民不敢犯，故无刑也；而民莫敢为非。是一国皆善也。(《商君书·画策》)

(59) 大火，阏伯之星也，是谓大辰辰以成善。后稷是相，唐叔以封。(《国语·晋语》)

(60) 以吾存也，且必告悔，是吾免也。(《国语·晋语》)

上引例（58）"是"与"故"前后互文，"是""故"同义。例（59）中的"是""以"相对成文，互文见义，都应释为"是以""因此"。例（60）"以"在前文领起原因，后文有"是"承接由此带来的结果，也翻译成"因此"。可见这些"是"与"是以""是故"相同，是表因果关系的连词，译作"因此"

"所以"。

以上大量语例和事实说明,"寡人是征""寡人是问"这种句式中的"是",不能认作是代词作动词的前置宾语,而应该是表顺接或因果关系的连词。"寡人是征""寡人是问"意即"我因此来责问""我因此来查问"。

之所以造成人们将"寡人是征""寡人是问"中的"是"判作代词而作动词的前置宾语,盖有如下几方面的原因。

首先,"是"作为代词在古汉语中使用较为普遍,而代词又常作主语和宾语。当一个句子谓语动词后无其他词时,而此时置于主谓之间、动词之前的"是",在人们固有的思维定式中又常用作代词,于是就很自然地将"是"认作代词宾语而置于动词前了。其次,动词按能否带受事宾语可分为两种:一种是内动词,它不带受事宾语或不带宾语;一种是外动词,它又往往带受事宾语。而古汉语动词后的宾语又往往承前省略,在动词后根本不出现。于是人们理解的时候,尤其是一个外动词后面没有宾语之时,就很自然地在句中找某个词来充当宾语,这样就出现了对本不是代词作宾语而实为连词"是"的句子做了似是而非的理解。而事实上,由于内动词或形容词作谓语时不带宾语,人们便不会把其前的"是"硬套为作前置宾语的代词了。如前引"史苏是占""小国是惧"等。同时,将"是"误认为是代词而前置,是受"是"在特定的语法特点和条件下前置现象的影响。既然"是"代词在否定句中作宾语要前置,而作为助词"是"也可以标志其他宾语前置于动词之前,那么在不是否定的句子里,一旦"是"被置于主谓之间,"是"后的动词无宾语而又不好理解时,受其影响而把这种情况下的"是"误作前置代词。加之"是"作代词,所指内容十分宽泛,将其所指用作动词的受事,这样来理解又貌似畅顺,于是便对这种情况视为"例外"的前置现象并确信无疑。殊料,这样理解既无故训师承,又未充分论证,并断然引以为说,不免有随文生训、牵强附会之嫌。

综上所述,笔者认为,"是"作为代词宾语,可以放在介词"以"之前;在否定句中以及不是否定的句子里,也可以通过标志助词"之"等将其放在动词之前。而类似"寡人是征""寡人是问"句式中这种无宾语前置任何结构标志和语法特点的紧依在动词前的"是",是不能判定为代词的,而应该理解为连接词组或分句表顺接、因果等关系的连词。

第六节　疑问句尾"为"的词性探究

关于疑问句尾"为"的词性问题，汉语学界历来看法不尽相同。王引之《经传释词》将疑问句尾"为"释作语助词，楚永安《文言复式虚词》、李新魁《汉语文言语法》、何乐士《古代汉语虚词通释》皆从其说；而马建忠《马氏文通》、王力《古代汉语》、吕叔湘《文言虚字》则认为其是一个动词。《中国语文》1979 年第 6 期曾刊载朱运申先生主张动词说的文章——《关于疑问句尾的"为"》，再次引起了学界广泛关注，随后他在《中国语文》1980 年第 6 期上，刊发了四篇同类文章，就古汉语疑问句中句尾词"为"的词性问题，与朱文展开了大规模的讨论。争论的焦点在于：宾语前置是否远离动词，句尾词"为"是否可省而不影响句意的改变。双方各抒己见，论争可谓激烈。20 年后，《中国语文》2000 年第 2 期又刊登张儒的文章《也说疑问句尾"为"》，该文从五个方面举例分析，说明"宾语前置未见远离动词者"。并以此推论，学界关于句尾"为"的动词之说缺乏理论基础。在他看来，句尾词"为"应当属于表疑问语气的助词。

然而笔者认为，疑问句尾"为"的词性判定，不应拘泥于"宾语前置是否远离动词，句尾词'为'，是否可省而不影响句意的改变"这些标准。积极的态度是，应该根据语言运用的实际情况以及从疑问句式"何（以）……为"演变的角度来加以综合探讨和考虑。任何一种句式的形成，都有其演化的根源和基础。某一意义的表达由于具体的语言环境不同、所表语气上的差异以及所要强调的内容不一样，也可能要改变固有的表达方式，这是不足为奇的。同样，"何（以）……为"这种疑问句式的形成，我们认为并不是孤立的，它有其赖以产生与演变的基本句式。如果从基本句式入手，分析说明"为"的词性显得更具合理性。我们这里拟从三种句式入手做试探性的分析，以此来管窥疑问句尾"为"的词性特征。

一、"何以……为"

我们认为，"何以……为"这种句式实际上是从"以……为……"句式演化而来。请先看下面的句子：

(1) 能以礼让为国乎？（《论语·里仁》）

(2) 以此为治，岂不悲哉！(《吕氏春秋·察今》)

在"以……为……"结构中，"以"的宾语可以提前也可以省略，而使"以"和"为"紧接在一起：

(3) 楚国方城以为城，汉水以为池。(《左传·僖公四年》)
(4) 夫秦地被山带河，四塞以为固。(《史记·刘敬叔孙通列传》)

当说话人要询问"以"的宾语是什么具体内容时，例（3）将变成一种疑问句式，即"楚国何以为城，何以为池？"例（4）将变成"夫秦地……何以为固？"这种句式当有疑而问或问其内容时，"何以"就是"用什么""拿什么"的意思，如无疑而问表反问语气或询问原因时，"何以"即可理解成"为什么""怎么"等。如：

(5) 必善美而已矣，何以为言乎？(《史记·匈奴列传》)
(6) 君刑已颇，何以为盟主？(《左传·昭公二年》)

在如上"何以为……"句式中，"为"的宾语往往置于"何以"和"为"之间进行强调，进而变成"何以……为"的句式，上例（5）在《汉书·匈奴传》中作"必善美而已矣，何以言为乎？"再看：

(7) 伟哉造化！又将奚以汝为？将奚以汝适？以汝为鼠肝乎？以汝为虫臂乎？(《庄子·大宗师》)
(8) 大丈夫定诸侯，即为真王耳，何以假为？(《史记·淮阴侯列传》)

例（7）"奚以汝为"与"奚以汝适"结构相同，说明"为"与"适"词性一样。同时，上问"奚以汝为？"下说："以汝为鼠肝"，也说明"何（奚）以……为"是由"以……为……"演变而来。例（8）上文是"为真王"，下文便说"何以假为？"上下文"为"字同义，词性统一。"何以假为"实为对"何以为假"（即不为假）的内容"假"进行强调，也可证"何以……为"来源于"以……为……"基本式。

因此，"何以……为"结构中，句尾"为"是动词，"何以"和"为"之间的内容实属"为"的宾语部分。类似的例子很多：

(9) 是社稷之臣也，何以伐为？(《论语·季氏》)
(10) 君子质而已矣，何以文为？(《论语·颜渊》)
(11) 亲逐而君，尔父为厉。是之不忧，而何以田为？(《左传·襄公十七年》)

(12) 吾何以天下为哉？（《庄子·让王》）

(13) 焉用圣人！我将饮酒而已，雨行，何以圣为？（《左传·襄公二十二年》）

(14) 今夫齐亦君之海也，君长有齐，奚以薛为？（《韩非子·说林下》）

(15) 仁者爱人，义者循理，然则又何以兵为？（《荀子·议兵》）

(16) 飞辞曰："敌未灭，何以家为？"（《宋史·岳飞列传》）

以上例子应理解为："何以为伐"，即为什么要攻打呢？"何以为文"即要那些文采（仪节、形式）干什么？"何以为田"，来田猎干什么？"何以为天下"意为要天下干什么？"何以为圣"，要聪明干什么？"奚以为薛"，要薛国干什么？"然则又何以为兵"，既然如此，为什么还要用兵呢？"何以为家"即念家干什么？

有时，"何以"和"为"之间所插入的内容较多，以至于造成"何以"与"为"间隔较远。虽然如此，但并非所谓"宾语前置而远离动词"，从而断然否决"为"的动词功能。

(17) 奚以之九万里而南为？（《庄子·逍遥游》）

(18) 今我何以子之千里剑为乎？（《吕氏春秋·异宝》）

(19) 我何以汤之聘币为哉？（《孟子·万章》）

(20) 君又何以疵言告韩魏之君为？（《战国策·赵策一》）

上例中，应分别理解为："奚以为之九万里而南"；"今我何以为子之千里剑乎"；"我何以为汤之聘币哉"；"君又何以为疵言告韩魏之君"。

有时候"为"的宾语会在一定的语言环境中省略，遂变成如下的"何以为"的形式。理解时，可适当将省略成分添加出来。

(21) 诵《诗》三百，授之以政，不达。使于四方，不能专对。虽多，亦奚以为？（《论语·子路》）

(22) 夫黄帝尚矣，女何以为？先生难言之。（《大戴礼记·五帝德》）

(23) 且三代之亡，共子之废，皆是物也。女何以为哉？（《左传·昭公二十八年》）

例（21）即"亦奚以为（之）"或表达为"亦奚以（之）为"，意谓"也干嘛使用它"？例（22）"女何以为（之）"，意谓你怎么还深究他？例（23）"女何以为（之）"，意谓你娶她干什么呢？

二、"何……为"

"何……为"与"何以……为"不能混同，"何……为"是由"何为"演变而来。请看例子：

(24) 子为善，谁敢不勉？多杀何为？（《左传·襄公二十一年》）

(25) 德则不竞，寻盟何为？（《左传·成公九年》）

"何"作动词"为"的宾语而提前，实际上是"多杀为何""寻盟为何"，语义重心落在"多杀""寻盟"上，通过反问表示"不多杀""不寻盟"的意义。也可以将其变为"何为多杀""何为寻盟"等句式，其语义重心指向"何"。此时的"何为"作状语，尽管"为"的词性可理解为介词，但可以肯定地说，"为"绝不是语助词。

(26) 平原君曰："赵亡则胜为虏，何为不忧乎？"（《史记·平原君虞卿列传》）

(27) 将军于而子如是，尚何为泣？（《说苑·复恩》）

对以上句式，"何为"后的内容部分可以被强调而置于"何""为"之间，试与下面两例分别比较：

(28) 曰："夫子何如，召之其来乎？"对曰："亡人得生，又何不来为！"（《国语·楚语上》）

(29) 子，卒也，而将军自吮其疽，何哭为？（《史记·孙子吴起列传》）

通过比较发现，"何……为"应为"何为……"的变式，而"何为……"与"……何为"同源，只是"为"的词性前者可理解为介词，仅此不同而已。因此，对"何……为"结构，我们都可按"何为……"或"……为何"理解。

(30) 如今人方为刀俎，我为鱼肉，何辞为？（《史记·项羽本纪》）

(31) 天之亡我，我何渡为？（《史记·项羽本纪》）

(32) 今牛，禽兽耳，更何问为？（马中锡《中山狼传》）

(33) 今既无事矣，而非和，于是加宠，将何治为？（《国语·晋语八》）

我们注意到"何""为"之间所插入的成分，有时不仅是动词，还可能是动词性词组，例如：

（34）济尝诣湛，见床头有《周易》，问曰："叔父何用此为？"（《晋书·王湛列传》）——叔父何为用此？

（35）生不布施，死何含珠为？（《庄子·外物》）——死何为含珠？

（36）男儿重意气，何用钱刀为？（《乐府诗集·白头吟》）——何为用钱刀？

（37）恶用是鶃鶃者为哉？（《孟子·滕文公下》）——恶为用是鶃鶃者哉？

（38）彼何宾宾以学子为？（《庄子·德充符》）——彼何为宾宾以学子？

当然，由于长期使用这种句式，所插入的成分拉开了"何""为"之间的距离，"何"慢慢地就兼具"何（为）"的语义，相当于"为什么"，在句中作状语；而"为"经常处于疑问句尾，逐渐虚化为语气词。但这种用法毕竟为数不多：

（39）汤为天下大臣，被污恶言而死，何厚葬为？（《汉书·张汤传》）

（40）何故怀瑾握瑜而自令见放为？（《史记·屈原贾生列传》）

三、"何……之（焉）为"

经我们考察，"何……之（焉）为"这种结构，在古汉语中也经常使用。人们一般将其与"何罪之有""何厌之有"等同对待，将"为"解作动词，可谓毋庸置疑。而宾语部分"何……"通过标志助词"之""焉"置于动词"为"前。事实上，这种结构仍可按第二种结构"何……为"式去理解。可以确信无疑的是，这种疑问句中句尾"为"绝不是语助词。

（41）今二子者，君生则纵其惑，死又益其侈，是弃君于恶也。何臣之为？（《左传·成公二年》）

"何臣之为"即"何为臣之"：干嘛把他们当作臣子？或谓：是什么臣子？

（42）秦不哀吾丧而伐吾同姓，秦则无为，何施之为？（《左传·僖公三十三年》）

"何施之为"即"何为施之"：为什么向秦国施恩惠？或谓：对秦国还讲什么恩施？

（43）若有违质，教将不入，其何善之为？（《国语·晋语四》）

"何善之为"即"何为善之":怎样使他为善呢?

(44) 君出在外,又不能定,而弃之,则何良之为?(《国语·晋语九》)

"何良之为"即"何为良之":为什么把他们称作良臣呢?或谓:又称什么良臣?

(45) 夫子何命焉为?(《墨子·公输》)

"何命焉为"即"何为命焉";焉:于之。对我指教什么?意即对我有什么指教?

(46) 晋大夫而专制其位,是晋之县鄙也,何国之为?(《左传·昭公十九年》)

"何国之为"即"何为国之":干嘛把我们这里当作国家?意谓不成国家。

(47) 贽币不通,言语不达,何恶之能为?(《左传·襄公十四年》)

"何恶之能为"即"何为恶之能":干嘛嫉恨它?或谓:能干什么坏事?

(48) 我以货免,鲁必受师。是祸之也,何卫之为?(《左传·昭公元年》)

"何卫之为"即"何为卫之":干嘛保卫鲁国?或谓:鲁国还有什么保卫可言?

笔者认为,"何……之(焉)为"这种结构做如上理解,其中"之"(焉)不是标志宾语前置的助词,而是代词(或兼词)。这种结构事实上不是"何……"作宾语靠标志助词"之"(焉)前置,而是"何"之后的"……之(焉)"部分因为强调而置于"何""为"中间的。这和前述第二种结构相同,在此不赘述。

通过对以上"何(以)……为"等几种结构形式的具体分析,笔者认为,处于疑问句尾的"为"字,其词性应为动词(或介词),而不是表疑问语气的句末语气助词。

第三章

用法篇

引　论

汉语中的词汇，相当丰富和复杂，不但词汇量大，而且单就词语的意义来讲，一词多义的现象也较为普遍。在每一个词义系统内部，词义的演变又相当不一样，但总的还是遵循"由个别到一般、由具体到抽象、由局部到整体"这个词义演变的规律。古汉语以单音词为主，发展到今天，现代汉语又以复音词为主。古代连用的两个单音词，是经过怎样的历时演化而发展成为现代汉语中的复音词的，这就涉及词汇化的问题；一个词由古到今，词义往往由实变虚，由具体到抽象，这又涉及语法化问题。词汇化和语法化，又会带来一个词在词义、语用、句法等方面的变化。

词汇化以句法层面的自由组合为前提和基础，没有句法层面的自由组合，也就谈不上词汇化的问题。就现代汉语运用得较为普遍的连词"所以"以及复音副词"偶尔"来说，它们都经历了各自的词汇化过程。"所以"原本是一个介宾结构，它是由介词"以"和代词"所"构成。"'所以'这个词组，原来是介词'以'加宾语代词'所'（提前）。'所以'结构，往往用来追问原因或解释原因。"[1] 介词结构的"所以"，是如何演变为一个放在因果复句中的连词？"所以"凝结成词的句法环境，以及成词的最早年代是怎样的？我们在《"所以"说略》这个话题里加以讨论。现代汉语的"偶尔"，究竟是怎样演变成词的？是"偶"与指示代词"尔"直接组合、固化，还是"偶"加上已经词尾化的"尔"进行附加式构词？"偶尔"的词汇化动因是什么？发展到现代汉语，"偶尔"的句法功能和语用情况怎样？如何看待"偶尔"在运用中的一些非常

---

[1] 王力：《汉语语法史》，商务印书馆1989年版，第159页。

规现象？我们将在《"偶尔"的词化与语用考察》中予以解答。

前文已述及，语法化实际上就是指实词的虚化。词语语法化带来词语意义的虚灵，同时也带来词语用法的改变。"见"由实词意义虚化为"见教""见访""见告""见怪"之"见"，而"表示他人行为及于己"。所以我们就在《"见"的指代意义溯源》一节，专门探讨了古汉语这个词语的用法。还有，"者"的本义是"附着"，后来演变为一个虚词，常常放在动词或动词性词组之后构成"者"字词组，或放在一定的词语之后表示某种语气，这也是词语的语法化使然。古今汉语里"者"为什么不能单用呢，个中的原因为何？其演变过程及相应的用法又是怎样的？通过《"者"的形义及用法探究》一节，便可大致了解"者"字用法的来龙去脉。

"之"本是一个动词，后来被假借为代词，既可以作人称代词也可以作指示代词。一般的语法书在讲到其作指示代词的时候，说它是放在名词前作定语。但我们也发现，这个指示代词"之"还可以放在形容词之前用来强调程度，以表达说话者对人或事物性状向着程度高或深的方向描述，含有"这样的""那样的"意义，具有指示"性状之极"，表示程度深一层、高一级的作用。本章第二节"试论指示代词'之'的程度指代作用"一节，就是对这个问题所做的专门分析和探究。另外，古今汉语里的常用词，其意义和用法差别很大，在句法上也体现出有许多不同。如何把握古今词义的差别以及古今用法的一些变化，这是语言学习者所面临的一个实际问题。我们在教学中深切地感悟到，通过现代交际中仍在不断运用的成语材料去把握相关知识，是较为有效的途径和方法。所以本章安排了第六节"如何运用成语把握古汉语知识"的内容，目的是想为古汉语课程学习者提供一些方法上的指导。

第一节　"见"的指代意义溯源

《说文》："见，视也。从儿，从目。"段玉裁注："用目之人也，会意。"据此可知，"见"的本义表示"看见"，并且在古代汉语里也多以这个动词意义出现和使用。然而我们也发现，在一些用语中，"'见'常放在及物动词前面，表示他人行为及于己"[①]。如"见访"指别人访问自己；"见告"称对方告知自己；

[①] 辞源修订组：《辞源》（修订本），商务印书馆1991年版，第1550页。

"见怪"谓对方责备自己；"见爱"言对方喜爱或器重自己；"见惠"曰别人赐物于己；"见教"即对方教诲自己……这种"见"字，吕叔湘《文言虚字》言其有代"我"的作用，杨伯峻《古汉语虚词》谓指代自己。有人曾把这种具有指代意义的"见"称为"助词"或"助动词",① 也有人称之为"副词"或"指代性副词"。不管如何加以称谓，有一点是毋庸置疑的，那就是不能否认"见"字的指代意义在语言交际中被使用的这一客观事实。而"见"字何以具有指代意义？其产生的根源和途径如何？笔者不揣浅陋，对此拟做一定的探析。如有不逮，祈望同行赐教和匡正。

一、为"见"的词义演变虚化所致

我们认为，"见"字之具有指代意义，当是其词义演变虚化所致。古汉语实词存在着虚化的现象。实词在不断使用和发展中，随着内涵的越来越丰富，意义的不断引申和扩展，其词义往往由实而虚，由具体渐趋抽象。就"见"字来说，其本义是"看见"，而"看见"就是视线接触目的物，于是"见"就有了"接触、遇到"的意义。无论主体的视线接触，还是客体承受"看"的动作，都具有"遭受"的意味，所以"见"常置于动词前表被动。而"见"表被动，显然是接受或承受某一动作，由此言及而虚化，指代这个动作行为所涉及的对象，"见"故而就有了指代的意义和作用。由此可见，"见"字指代意义"运动"于其词义演进的轨迹之中。然而词类虚化情况比较复杂，或者实词的本义在虚化过程中完全消失，而被后起的虚词义取代，并在以后的使用中只存在虚词义；或者实词义与虚词义同时并存，同时使用，但在使用中又以虚词义为主；或者实词在发展的某个阶段产生了虚词义，并使用了一个时期，然后又重新只以实词形式在实际中应用。② "见"在取得指代意义后，由于其指代意义不被广泛使用，"见"的词义于是又回复到了以动词意义的运用为主。因而无论是古代还是现在，我们见到的"见"字经常是被用作动词意义，而很少遇到其指代意义的用法。有人据此认为，"见"之指代意义与动词意义无关，并称其在"见"字词义源流上找不到依归,③ 从而否定"见"的指代意义和用法。我们认为，这是不可取的。

---

① 王光汉：《论助动词"见"》，载《温州师范学院学报》1998年第4期，第55~58页。
② 荆贵生：《古代汉语》，黄河出版社1997年版，第549页。
③ 周萍：《浅论古汉语的实词虚词化现象》，载《浙江师范大学学报》1999年第6期，第66~69页。

"见"字指代意义这一用法的出现,始于东汉以后。① 阮元主编的《经籍籑诂》"见"字条下曰:"见者自彼加己之辞。"《辞源》"见"下义项谓:"表示他人行为及于己。"这些都指明了"见"字虚化后的一种词义特征。它常常放在及物动词前表示动作行为涉及自身,翻译成"自己"或"我"。如:

(1) 欢若见怜时,棺木为侬开。(古乐府《华山畿》)

(2) 生孩六月,慈父见背。(李密《陈情表》)

(3) 冀君实或见恕也。(王安石《答司马谏议书》)

(4) 令弟见访,阙于从容,及问邀之,已过江矣。(王安石《答俞秀老书》)

(5) 知我疏慵肯见原。(苏轼《次韵答邦直子曲》)

(6) 后求其方,甚秘惜少,及代归,方以见贶。(《齐东野语·小儿疮痘》)

(7) 吾有笔在卿处多年,可以见还。(《南史·江淹传》)

(8) 日晚颇欲归,主人苦见留。(杨万里《次日醉归》)

上面引例中的这些"见"字,皆置于动词前表示动作行为涉及自身,应分别理解为"怜我""背弃我"(即辞世)、"宽恕我""拜访我""原谅我""赠送我""还给我"和"留下我"。这种表示指代意义的"见"与表被动意义的"见",都是放在动词之前,其结构相同,在理解上似乎难以区分。以至于有人将二者并作释曰:"放在动词前表被动或接受,如见教、见谅。"② 事实上,二者的区别是十分明显的。例如:

(9) 往见司徒王允,自陈卓几见杀之状。(《后汉书·吕布传》)

(10) 盆成括见杀,门人问曰:"夫子何以知其将见杀?"(《孟子·尽心下》)

(11) 近有张生者……以孔子木履一枚见遗。(《少室山房笔丛·五壹遐览三》)

(12) 昔廉颇、马援以年老见遗。(《南史·杨公则传》)

(13) 年十有三,而慈父见背,凤失庭训,饥寒困瘁。(《抱朴子·自叙》)

(14) 鄙人固陋,不知忌讳,乃今日见教,谨闻命矣。(《史记·司马

---

① 郭锡良:《古代汉语讲授纲要》,中央广播电视大学出版社1983年版,第190页。
② 吴永德:《现代汉语辨析词典》,湖北教育出版社1999年版,第268页。

107

相如列传》)

笔者认为，要正确地区分它们，第一是要看句中的主语是施事还是受事。若主语表施事，"见"则含有指代意味；若主语表受事，"见"则表被动。第二就是要结合上下文意来加以理解。上文例（9）言吕布"往见司徒王允"，然后向王允述说董卓几乎要杀掉自己的情形，"见"是有所指代的；例（10）"盆成括"是受事主语，言其被杀，这里"见"表被动；例（11）"见遗"即"赠送给我"，因为主语"张生"是施事；而例（12）"廉颇、马援"却是受事，"见遗"则意谓被抛弃；例（13）"见背"乍看既可理解为"被弃"，也可以理解为"背弃我"，但结合上下文意当理解为后者，因为"慈父"应是"背"动词的施事；例（14）"鄙人"为受事者，意即受人指教，而不能理解为"教我"。从这里看出，"见"表被动还是用于指代，是较容易区分的。另外有一种情况，那就是"见"用在动词前表客气。① 我们认为，这实则也是"见"字指代意义的用法：

（15）说来或者你不见信。（臧克家《自己的写照》）
（16）莫非此处另有甘泉？何不见赐一盏？（《镜花缘》六十回）

"何不见赐一盏"亦即"何不赐一盏给我"；"说来或者你不见信"也谓"说来或者你不相信我"。"见"的这种表指代意义的用法，一方面是由于"见"字词义演变虚化所致，而另一方面也是因为同义词"相"与之相因生义而造成。

二、乃"相"之"相因生义"所使然

所谓"相因生义"就是甲词有 a、b 两个义位，乙词原来只有一个乙 a 义位，但因为乙 a 和甲 a 同义，逐渐地乙词也产生一个和甲 b 同义的乙 b 义位。② 如"呼"，在六朝时具有"以为"的意义。而"呼"本义表"呼叫"，而后来其何以具有"以为"意义呢？显然是受"谓"的影响而相因生义的。"谓"是一个多义位词，其包含的义位有：①对……说；②称为，称；③认为，以为。由于"呼"的两个义位（①叫，对……说；②称为，称）与"谓"的前两个义位相同，于是"呼"便因"谓"而生"以为"意义。又如"谓"有"言说""以为""料"的意义，而"言"有"言说"义，刚好与"谓"的前一义位相同。受其影响，"言"因"谓"而产生"以为""料"的意义。也就是说，人们在使

---

① 汉语大字典编辑委员会：《汉语大字典》，四川辞书出版社1993年版，第1524页。
② 蒋绍愚：《古汉语词汇纲要》，北京大学出版社1989年版，第82~84页。

用过程中，代表"言说"的"谓"可用"言"表示，表"以为"和"料"义之"谓"也可用"言"来替代，从而"言"逐渐取得了原来是"谓"具有的"以为""料"的意义。

同样的道理，"相"和"见"就其字形来看，皆从目，都有"看"的意义。它们因基本意义相同，在词义发展过程中便相互影响而"相因生义"。《说文》："相，省察也。"段注："目接物为相，故凡彼此交接皆曰相。" "相"由本义"看"引申出看与被看的双方，凡是双方都有"互相"意义，从"互相"意义又引申出帮助关系，从"帮助"又引申为帮助国君的人称为"相"。再由"互相"又引申为偏指一方。① 这"偏指一方"有时称代第一人称，可译为"我"。如：

(17) 儿童相见不相识，笑问客从何处来。（贺知章《回乡偶书》）

(18) 时时为安慰，久久莫相忘。（《孔雀东南飞》）

有时称代第二人称，可译为"您"或"你"。如：

(19) 足下言何其谬也，故不相答。（《世说新语·言语》）

(20) 吾已失恩义，会不相从许。（《孔雀东南飞》）

有时称代第三人称，可译为"他""它""他们"等。如：

(21) 穆居家数年，在朝诸公多有相推荐者。（《后汉书·朱穆列传》）

(22) 蔽林间窥之，稍出近之，慭慭然莫相知。（柳宗元《黔之驴》）

由于"相"字"偏指一方"用法的影响，与"相"有一义位完全相同的"见"亦具备了指代的意义。它们相因生义致使"见"在指代动作行为涉及的对象时，也可以分别代指第一、第二、第三人称，在《太平广记》中就同时表现出"见"的这几种用法。如：

(23) 奇正色曰："举贤本自私，二君何为见谢？"（《太平广记》卷一百八十五）

(24) 初一人来云："戴君见召！"虬问："戴为谁？"（《太平广记》卷三百三十四）

(25) 又三年，小儿容貌甚美，贵妃曾屡顾之，复恐人见夺，因不令出。（《太平广记》卷三百六十八）

---

① 左民安：《汉字例话》，中国青年出版社1984年版，第255页。

上面所引例（23）"见谢"，即谢我；例（24）"见召"，即召见你；例（25）"见夺"，即夺他。"见"之所以有如上三种称代作用，我们认为完全可以理解成是受同义词"相"的影响而相因生义的。这种称代作用的用法，在运用中以指代第一人称即指代自身为主。吕叔湘先生（1958）指出："见字之指代用法，其兴起视相字之指代用法为略后，而并盛于魏晋六朝。"他还发现"见"字起指代作用时的特点："见字表被动，其主语（亦即见后动词之受事，R）不限于三身之任何一身……至于指代性用法盛见之后，则率施与R为第一身之句。"事实上，王力先生认为这种"见"等于一个词头，可以译成"相"字，① 正是看清了"见"与"相"二者相因生义这一特点。我们再看下面的例子：

（26）府吏马在前……低头共耳语："……不久当还归，誓天不相负！"新妇谓府吏："感君区区怀！君既若见录，不久望君来……"（《孔雀东南飞》）

（27）不早相闻，今日见访，不其晚邪！（《新五代史·刘玘传》）

（28）（刘）毅又相闻曰："身今年未得于鹅，岂能以残炙见惠？"悦而不答。（《宋书·庾悦传》）

例（26）是府吏与新妇的对话，"誓天不相负"言对天发誓永不负你；"君既若见录"谓你已经收留了我。这里"相"与"见"分别用为指代意义。例（27）前后结构对称，"相"与"见"相对为文，可见二者用法相同；例（28）在同一语句中前有"相闻"，后续"见惠"，尽管结构不对称，但"相"和"见"都置于动词前而表偏指，具有指代意义。这足以说明二者兼表指代意义的用法已为人所识。

尽管"见"所具备的指代意义因词义虚化而生，而又因同义词"相"与之相因生义而成，但由于"相"有表示与之相同的指代意义及其用法，而且"见"之指代意义用在语言实际中又不多，故而"见"的指代意义在使用过一段时期后，又重新回到以实词的形式出现在语言交际中。这也许就是我们见到古今汉语里"见"常以动词意义出现，而其指代意义及其用法仅少数保留在书面语言和交际场合中的缘故罢。

---

① 王力：《汉语语法史》，商务印书馆1989年版，第277页。

第二节　试论指示代词"之"的程度指代作用

"之"在古汉语中的词性是很多的。既可以作动词，又可以作助词，还可以作代词。作代词的时候，它可以作人称代词，又可以作指示代词。指示代词"之"常常放在名词前作定语。王力先生曾说过，"之"字用于指示的时候，是用作定语的（所谓"指示形容词"），它是近指的指示代词，等于现代的"这"。如《诗经·邶风·日月》："乃如之人，逝不古处。"郑笺："之人，是人也。古，故也；处，遇也。"不仅如此，指示代词"之"还可以放在形容词之前修饰和限定形容词。比如：

（1）桃之夭夭，灼灼其华。之子于归，宜其室家。（《诗经·周南·桃夭》）

（2）氓之蚩蚩，抱布贸丝。匪来贸丝，来即我谋。（《诗经·卫风·氓》）

（3）蚓无爪牙之利、筋骨之强，上食埃土，下饮黄泉，用心一也。（《荀子·劝学》）

（4）齐王按戈而却曰："此一何庆吊相随之速也？"（《战国策·燕策一》）

以前多有论者认为，引例中加点的"之"是助词。或认为放在主谓间取消句子独立性，如例（1）（2）；或认为是结构助词"之"表示"定语后置"的现象，如例（3）；或认为是结构助词"之"表示"状语后置"的现象，如例（4）。其实，此类"之"的词性仍然是指示代词，它不仅具有"这样的""那样的"意义，而且还常常修饰限定表性质状态的形容词，充当状语或补语，指示事物性状的程度。结合上引各例所在的文意来看，例（1）以"桃之夭夭，灼灼其华"起兴，是用充满生机的桃树及其鲜艳的花朵，来象征或隐喻这位姑娘的年轻貌美。毛传："桃有华之盛者，夭夭其少壮也。"很显然，句中的"之"放在形容词"夭夭"之前指示和强调美貌的程度。全句意谓桃树是那样的枝繁叶茂，它的花朵盛开得是那么红灼而又鲜艳。例（2）极言婚前"氓"之憨厚与虔诚。全句是说，他是那样得忠厚诚实，抱着布帛来换丝。他不是真的来换丝，而是来和我商量婚事的。例（3）用"之"指代和强调事物性状的程度，盖言蚯蚓尽管没有锋利的爪牙和坚强的筋骨，但它却能上吃地面的埃土，下饮地下的泉水，这是因为心神专一的缘故。例（4）意即齐王抚按着武器并责备说："为什么庆贺和吊唁接连这么快呀？"这些例子中的"之"皆置于表性质状态的形容词之前，将其理解为指示代词而指示事物性状的程度，译作"这样的""那样的""这么"等意思，于前后文意而言是十分恰切而允当的。比之于将其理解作放在主谓之间取消句子独立性的助词，或用"之"这个结构助词表示定语或状语等后置现象要精当而准确得多。

一、"之"程度指代的用法

如前所述，"之"是可以作指示代词的。其多作定语（所谓指示形容词）修饰名词，相当于近指代词"这"。如《诗经·周南·桃夭》："之子于归，宜其室家。"《庄子·逍遥游》："之二虫又何知？"《庄子·庚桑楚》："之数物者，不足以厚民。"《墨子·经说下》："之人之言不可以当，必不审。"可我们又知道，现代汉语近指代词"这"是由指示代词"之"演变而来的。王力先生曾论及唐宋以后口语"这"的来源。他说："比较近理的推测应该是由指示代词'之'字转变而来。'之''者'同属照母。由于口语和文言读音分道扬镳，'之'字的口语音到了中古和文言的'者'音相混了（声调微异），就有人借'者'字表示。但是，许多人觉得'者'字并非本字，所以又写作'这''遮'。"现代汉语"这""这样""这么"等近指代词可以修饰和限定形容词，并指示其情状程度。如蒋子龙《开拓者》："我们国家这么大，如果各部门都各行其是，搞自己的政策，那就乱套了。"宗璞《三生石》："因为父亲整个的人，在她心中是这样清晰，过去的记忆是这样的丰富……"毛泽东《念奴娇·昆仑》："而今我谓昆仑：不要这高，不要这多雪。"中央电视台2003年8月7日新闻频道中的《央视论坛》："公安部推出的30条便民措施规定得这么细，这么实在和透明，实际上是把所有的工作放在老百姓的监督之内。"这些例文无不是用指示代词"这""这样""这么"来限定形容词，而指示其性状程度的。

由现代汉语指示代词"这"可修饰形容词的情况而逆向推导，指示代词"之"修饰形容词而表程度至深亦是完全在理的。《人民日报》："活动发展之迅速，反响之强烈，涉及面之广泛是活动组织者始料未及的。"（1995/12/16）又："和平之可贵，在于赢得和平不易，维护和平也不易。"（2000/10/26）又："涉及金额之大，人数之多，都是建国以来罕见的。"（2000/11/9），等等。一般认为这些"之"是助词，笔者却觉得其应当是指示并强调事物性状程度的指示代词，可以理解作"如此""那样"的意思。"发展之迅速，反响之强烈，涉及面之广泛"言发展如此迅速,反响如此强烈,涉及面如此广泛;"和平之可贵"谓和平如此可贵;"涉及金额之大,人数之多"即涉及金额那样大,人数那样多。再如我们通常说的"爱之深,恨之切"实际是说爱有多深,恨也就有多深。同样,在古汉语中如《论语·先进》"颜渊死,子哭之恸"、《晏子春秋·内篇杂上》"子何绝我之暴也"、《捕蛇者说》"则吾斯役之不幸,未若复吾赋不幸之甚也"、《孟子·告子上》"牿之反复,则其夜气不足以存"、《孟子·公孙丑下》"得道者多助,失道者寡助。寡助之至,亲戚畔之;多助之至,天下顺之"等放在形容词之前的这些"之"字,也应该理解为指示代词,修饰和限定形容词而充当句子的状语或补语。

　　指示代词"之"还可以用在程度副词和形容词之间,复指其前的程度副词所表示的内容。"之"在如下句子中与副词一起修饰和限定形容词,指示并强调程度。《诗经·豳风·破斧》:"哀我人斯,亦孔之将。"又:"哀我人斯,亦孔之嘉。"又:"哀我人斯,亦孔之休。"《诗经·小雅·正月》:"民之讹言,亦孔之将。"《诗经·小雅·天保》:"天保定尔,亦孔之固。"理解上,可以视"孔之将"为"孔将","孔之固"为"孔固",但有无"之"字是有差别的。中间的"之"字以指示代词的身份出现,起着复指前面程度副词的作用,仍具有"如此"的意味。只不过因为"之"是强调和复指,所以在理解上往往忽略了它的词汇意义,而只注意到了其置于状语和中心语之间的语法功能。这种"之"通常被判作结构助词,我们认为这是不允当的。同样,现代汉语中"非常之大"可以理解为"非常大"("之"指示程度,复指"非常")、"如此之长"可以理解为"如此长"("之"指示程度,复指"如此")、"特别之深"可以理解为"特别深"("之"指示程度,复指"特别"),但有无"之"字,所表程度显然不尽相同。试比较有无指示代词"之"的两种句子的语义差别——"孩提时的往事,给他印象非常深。""孩提时的往事,给他印象非常之深。"可见,"之"是强调程度和性状的。现代方言口语至今仍然保留着"之"作为指示代词指示程度的用法。如四川方言常常这样说——"你没看到,今天在公共汽车上那个女娃儿之漂亮哟!""他对待此事的态度之恶劣呀!""你不晓得,他俩的关系之好喔!",等等。这些放在形容词前的"之",虽然可以理解为表性状程度之极的"甚""很""非常"等意义,但它们不是程度副词而是指示代词,用在句中具有强调性状程度的功能和意味。可见,指示代词"之"用在表性状程度的形容词前,指示和强调事物性状的程度,仍然具有"这样的""那样的"含义。

二、"之"程度指代的类型

这种具有指代程度作用的指示代词"之",《古代汉语虚词词典》曾经揭示过它的用法,说它是"用于谓语与补语之间,表示补充关系。根据上下文义可灵活译作'得''这么''这样'等"。不过说得并不全面,而且将"之"归入助词,亦有失偏颇。王引之《经传释词》释《硕鼠》"乐郊乐郊,谁之永号?"中的"之"为"其",言乐郊之民,谁其悲欢而长号者。又释《荀子·王制》"之所以接下之人百姓者"的"之所以"为"其所以"。说明王氏对此类"之"的词性理解是对的,不过没有揭示出如"乐郊乐郊,谁之永号"中放在形容词前这种"之"表性状程度之极的用法。指示程度的"之"多位于形容词之前,用以修饰限定形容词。换言之,那些需要往深一层、高一级描述事物性状程度的句子,通常是在形容词前用一个"之"字来表达这一语法意义。其用法有三种:一是用在形容词谓语句中修饰形容词(记作 A 类);二是用在疑问句中修饰形容词谓语(记作 B 类);三是用在动词谓语句中,与所修饰的形容词一起组成偏正短语作补语,补充说明动作的结果(记作 C 类)。试分别举例如下:

A 类:

(5) 人主之子,骨肉<u>之</u>亲也……无劳之奉,而守金玉之重也。(《战国策·赵策四》)

人主的子女,如同骨与肉那样的亲近……没有劳绩的俸禄,却守着黄金美玉般的重器。

(6) 汉<u>之</u>广矣,不可泳思。江<u>之</u>永矣,不可方思。(《诗经·周南·汉广》)

汉水是那样的宽广,不适宜游泳。长江水流是那样的漫长,不可用小舟来航行。

(7) 士<u>之</u>耽兮,犹可说也。女<u>之</u>耽兮,不可说也。(《诗经·卫风·氓》)

男人这样沉溺情爱,还可以摆脱。女人如此沉溺于爱情,就无法摆脱了。

(8) 子<u>之</u>汤兮,宛丘之上兮。洵有情兮,而无望兮。(《诗经·陈风·宛丘》)

在宛丘的上面,你是那样的放荡啊。确实有热情啊,却没有声望。

(9) 子之清扬，扬且之颜也。展如之人兮，邦之媛也。(《诗经·鄘风·君子偕老》)

你是如此的眉清目秀，而且额角丰满。确实像你这人啊，是国中的美女。

(10) 逝将去女，适彼乐郊。乐郊乐郊，谁之永号。(《诗经·魏风·硕鼠》)

发誓将要离开你，到那乐郊去。乐郊之民呀，谁会如此长久叫苦呢！
B类：

(11) 彼尧舜之耿介兮，既遵道而得路。何桀纣之猖披兮，夫唯捷径以窘步。(《楚辞·离骚》)

那尧舜是那样的光明正大，他们遵循正道而顺利前进。为何桀纣是那样的狂乱，那只是因走小道而落入了困境。

(12) 皇天之不纯命兮，何百姓之震愆？(《楚辞·哀郢》)

老天爷失去常道，为什么老百姓那样的动荡不安而遭罪受苦呢？

(13) 何秦之智而山东之愚耶？(《战国策·齐策一》)

为什么秦国这么明智，而山东六国却那么糊涂呢？

(14) 何许子之不惮烦？(《孟子·滕文公上》)

许行怎么这样不怕麻烦呢？

(15) 何先生之备邪？(《庄子·山木》)

为什么先生如此疲乏呢？

(16) 亡一羊，何追者之众！(《列子·说符》)

跑掉一只羊，怎么追寻的人那么多呢！

(17) 凤兮！凤兮！何德之衰？往者不可谏，来者犹可追。(《论语·微子》)

凤凰啊，凤凰啊！为什么德行这样衰微呢？过去的事不能挽回，未来的事还来得及。
C类：

(18) 齐庄公袭莒于，杞梁死焉，其妻迎其柩于路而哭之哀。(《礼记·

檀弓下》)

齐庄公突然袭击莒于,杞梁因此而死在那里。他妻子在路上接到他的灵柩后哭得是那样的伤心。

(19) 君过矣!不若长安君之甚!(《战国策·赵策》)

你错了!不如爱长安君那样厉害!

(20) 哭颜渊恸者,殊之众徒,哀痛之甚也!(《论衡·问孔篇》)

孔子因颜渊的死而哭得很伤心。因为颜渊不同于其他门徒,所以孔子哀痛得那样厉害。

(21) 今夫子累德积义怀美行之日久矣,奚居之隐也?(《荀子·宥坐》)

现在您积累道德学习礼仪,具有各种美德,而且这样做已经很久了,为什么还处于这样穷困的地步呢?

(22) 相国何大罪,陛下系之暴也?(《史记·萧相国世家》)

相国犯了什么大罪,陛下用刑具拘禁得如此严酷?

(23) 武帝下车,泣曰:"嚄!大姊,何藏之深也!"(《史记·外戚世家》)

武帝下车哭着说:"哎呀!大姐,为什么躲藏得这么隐蔽呢!"

(24) 鬼侯有子而好,故入之于纣。纣以为恶,醢鬼侯。鄂侯争之急,辩之疾,故脯鄂侯。(《战国策·赵策三》)

鬼侯有个女儿长得很漂亮,于是把她献给纣王。可纣王觉得她丑,就把鬼侯杀了剁成肉酱。鄂侯为此劝谏和辩论得是那样的厉害,纣王就把鄂侯杀掉并将其尸体做成肉干。

通过以上例子所揭示的情况可以看到,无论"之"前后的成分怎样变化,它始终都紧紧与形容词结合在一起,指示形容词深一层、高一级的程度,以指示代词的身份来表示程度副词所表示的语法意义。它不能单独用在主语之后充当谓语,只能修饰或限定形容词,主要充当状语或补语。正因为此类"之"的主要语法功能是充当状语或补语,因此,它一般不能单独回答问题。此类"之"的语法特点说明,它跟名词、动词、形容词、数词、量词、介词、连词、助词等不一样，也跟一般的指示代词不同。这些特点，只有指示程度的代词才有。类似于"之"这种指示程度的代词，尚有"其""若""能"等。如《诗经·邶风·北风》："北风其喈，雨雪其霏。"言北风刮得是那样的急，雪下得是那样的纷纷扬扬。《吕氏春秋·顺说》："先生之衣何其恶也！"谓先生的衣服怎么这样不好！《孟子·公孙丑上》："今言王若易然，则文王不足法与？"即如果说实行王政统一天下这么容易，那么周文王不值得效法了吗？庾肩吾《咏舞曲应令》："石城定若远，前溪应几深？"谓石城定那么远。张九龄《庭梅咏》："芳意何能早，孤荣亦自危。"曰芳意怎么这样早。白居易《生离别》："食檗不易食梅难，檗能苦兮梅能酸。"盖檗甚苦兮梅甚酸也。从这个角度说，也并非只有"之"才能指代程度。换句话说，"之"具有指代程度的作用又从其他指示代词能指代事物性状程度的事实得到再一次证明。

此类"之"之所以能够充当程度指代词，原因如下。第一，带这个"之"的句子一般都表达说话者对人或事物性状向着程度高或深的方向描述，而这类"之"含有"这样的""那样的"意义，具有指示"性状之极"，表示程度深一层、高一级的作用。因此，使用此类"之"语义根据就是说话者需要表达"性状程度之极"。第二，所有这些"之"字所修饰的形容词，在语法功能上都有一个共同的地方，那就是这类形容词都能被表示程度的词修饰。这是"之"能够充当程度指代词的先决条件。尽管表示"性状之极"在古代有"孔""甚""极"等程度副词，在现代有"很""十分""非常"等程度副词，但用指示代词"之"来指代和强调性状程度以代替程度副词的功能作用不仅新奇而且可能。因此，我们有理由相信，指示代词"之"不仅可以充当定语修饰和限定名词，而且因为其具有"这样的""那样的"含义，置于形容词前指代事物性状的程度，因而具有修饰限定形容词充当状语或补语的功能。这可以说是指示代词"之"的一个重要语法现象。

第三节 "所以"说略

在现代汉语中，"所以"已经全然变成了一个表因果关系的连词。而我们在阅读古典文献时，由于不辨"所以"的古今词义差异以及"所以"古今用法的区别，因而有时候也就可能造成对"所以"的望文生训或似是而非的理解，这显然是不当的。为了区分"所以"在古代的词义与用法，弄清楚连词"所以"

的历时嬗变轨迹，方便人们阅读古书时对"所以"所在句子的文意做恰当的理解，我们这里拟就"所以"的词义、用法进行一定的探讨并综述于后。

一、"所"与"以"的词义虚化

"所以"中的"所"字，许慎在《说文解字》十四卷上"斤"部里说："所，伐木声也。从斤户声。《诗》曰：'伐木所所。'"朱骏声《说文通训定声》："毛本作'许许'。"清马瑞辰《毛诗传笺通释》十七："'许''所'古同声通用，凡言何许犹何所也，几所犹几许也。"由此可见，许慎在《说文解字》里解"所"为"伐木声"，并非其本义，而实为"许"的假借，而"所"当另有所本。从"所"字在先秦《尚书》《诗经》中的实际用法来看，"所"最早应该是一个名词，当作"处所"讲。唐代释玄应《一切经音义》卷二引《三苍》："所，处也。"《诗·小雅·出车》："自天子所，谓我来矣。"《吕氏春秋·达郁》："厥之谏我也，必于无人之所。"高诱注："所，处也。"再依据因声索义的训诂方法看，所，"从斤"指明了它的类属，而"户声"既表明"所"与"户"同音，又说明"户"也载义，即如《说文》云："户，半门曰'户'，象形。""所"即表示人持着斧头一类的工具在家门口劳作，指明和强调古时候人们劳作的位置和场所，这不仅反映了远古农业劳动的典型特点，同时也表现出劳作区域化的特征。由此，"所"的本义表处所，当确信无疑。

随着词义的渐进和不断发展，名词"所"慢慢发生嬗变和衍化。段玉裁说："用为分别之词者，又从处所之义引申之。"俞敏先生认为，"所"开始虚化是因为人们给句子分段的理解有差错。他举例说，"无所不知"在第一阶段理解为"无所‖不知"，即没地方不懂；在第二阶段理解为"无‖所不知"，由"所"与"不知"构成所字词组，作"无"的宾语，即没不懂的地方。很显然，"第二阶段分段改了，造成一个后果：'所'的修饰语在后头。……没不懂的地方引申成没不懂的事情，'所'就虚化成虚位代词了"。[①]"所"由名词虚化为虚位代词，"所"于是就有了指代作用，它可以指称一定的人、事和物。但这种"所"在句中不能单独充当句子成分，必须附着在动词或动词性结构之前组合成名词性短语，才具有作句子结构成分的能力。这时"所"指代的事物往往是"相应的述宾结构的宾语所标志的事物；……'所'后也可跟介词，这时'所'指代

[①] 俞敏：《经传释词札记》，湖南人民出版社1987年版，第164页。

的便是介词宾语所标志的事物"①。尽管目前学界对"所"虚化后的词性界说不一：王力等认为是特殊代词；周秉钧、李新魁、何乐士等认为是助词或结构助词；郭锡良认为是辅助性代词等。但有一点是不容置疑的事实，那就是"所"虚化后具有明显的指代作用，必须和一定的词结合在一起构成所字词组，才能充当句子成分。

"以"，《说文解字·巳部》："㠯，用也。从反巳，象形。"段玉裁《说文解字注》解释道："用者，可施行也……已主乎止，㠯主乎行，故形相反……今字皆作'以'，由隶变加人施右也。"再参照"以"的古文字象，"以"甲骨文作㠯或㠯，㠯像人手提一物。由此推知，"以"最早应是一个动词，《玉篇·人部》："以，用也。"《书·梓材》："以厥庶民。"孔传："言当用其众人之贤者与其小臣之良者。"孔颖达疏："以，用也。"《论语·微子》："不使大臣怨乎不以。"何晏集解："孔曰：'以，用也。'"在甲骨文时代，"以"概用如动词，具有"用、携带、致送"等意义，只不过意义有虚实之分而已。到了西周，随着"以"的使用范围进一步扩大，其宾语往往是不能带领的事物，"'以'的意义自然虚化，加上'以'字结构有时用在另一动词的后面，也是促使'以'的意义虚化的条件。"② 在这种环境中，动词"以"于是就语法化为一个介词了。

春秋战国时期，"以"已完成其虚化过程，更多地被用作介词。此时的介词"以"，用法非常灵活。它带上宾语所构成的介宾词组，既可以置于动词之前，也可以放在动词之后；而"以"所带的宾语，其在"以"前后位置均可出现。同时"以"也经常同许多别的词语组成固定结构，用作修饰成分或连接成分。这就为虚位代词"所"与介词"以"的结合提供了前提和契机。于是"所以"在这种条件和环境下便正式凝结而成，并在语言中经常运用。凝结成的"所以"属于介词结构，杨伯峻先生称为"小品词语"。笔者从北京大学汉语语言学研究中心语料库中查检统计，先秦作品中"所以"的用例情况如下：《周易》8次，《春秋》1次，《国语》52次，《墨子》126次，《孙子》3次，《左传》77次，《老子》4次，《论语》4次，《中庸》28次，《仪礼》1次，《吕氏春秋》280次，《周礼》2次，《商君书》32次，《大学》1次，《孝经》2次，《孟子》32次，《庄子》69次，《晏子春秋》43次，《礼记》146次，《管子》69次，《公羊传》5次，《纵横家书》5次，《荀子》148次，《谷梁传》41次，《逸周书》5

---

① 许嘉璐：《古代汉语》上册，高等教育出版社1992年版，第196页。
② 郭锡良：《介词"以"的起源和发展》，载《古汉语研究》1998年第1期，第2页。

次，《韩非子》221次，《鬼谷子》14次。可见，"所以"这一介词结构自其线性组合开始，便经常并大量地用于先秦作品及其后期的作品之中。

二、介词结构"所以"的类型和用法

通观先秦作品中介词结构"所以"的频次和具体用例等情况，我们不难发现，"所以"这一介词结构往往后面跟动词、动词性词组或主谓词组（有时介词结构后的动词不出现）。由此组成具有名词性的"所"字词组，在句中充当主语、宾语或判断句谓语。如：

（1）所以夭昏孤疾者，为暴君使也。（《左传·昭公二十年》）

（2）箧豆所以食也，而君捐之，席蓐所以卧也，而君弃之。（《韩非子·外储说左上》）

（3）三者明主之所以谨择也，而仁人之所以务白也。（《荀子·王霸》）

（4）予有而不知其所以。（《庄子·寓言》）

（5）不患无位，患所以立。（《论语·里仁》）

例（1）"所"字词组作主语；例（2）"所"字词组充当判断句的谓语；例（3）由"所"字词组作中心语形成的偏正结构，充当句子的谓语；例（4）"所以"后没有出现动词，由小品词"所以"作中心语形成的偏正关系"其所以"作动词的宾语；例（5）所字词组作动词"患"的宾语。从这些例子中看出，由"所以"构成的"所"字词组一般充当句子的主要成分，而不能充当句子的定语、状语、补语等次要成分。

由"所以"构成的"所"字词组就其表现形式看，主要有如下类型：

（一）所以

"所以"作为介词结构，其后不跟任何词语，直接充当句子的某一成分，一般多作宾语。如：

（6）不知所以，虽存必亡，虽安必危。（《吕氏春秋·贵直论》）

（7）夫三群之虫，水居者腥，肉玃者臊，草食者膻，臭恶犹美，皆有所以。（《吕氏春秋·孝行览》）

（二）所以+动词

"所以"之后紧跟动词或动词性词组以共同构成所字词组，充当句子的某一成分。如：

(8) 道之所亏，爱之所以成。(《庄子·齐物论》)

(9) 又知其所以为，如此者身危。(《韩非子·说难》)

（三）所以……者

"所以"后面跟动词或动词性词组，其后还紧依辅助代词"者"，"所"与"者"所指称的内容同一，这种结构多作主语、宾语。如：

(10) 敢问君王之所以与之战者？(《国语·吴语》)

(11) 知者之事，必计国家百姓所以治者而为之。(《墨子·尚同》)

（四）所以……也

"所"字词组后跟语气词"也"，这种结构往往用作判断句的谓语。如：

(12) 酒所以酸而不售也。(《韩非子·外储说右上》)

(13) 公事毕，然后敢治私事，所以别野人也。(《孟子·滕文公上》)

（五）所以……者……也；所以……者也

这两种结构中"所以"组成的"所"字词组往往作判断句的主语。"者"或放在判断句主谓之间，与"所"指称同一事物，或放在判断句之末与语气词"也"共同表示判断语气。

(14) 则人之所以求富贵利达者，其妻妾不羞也。(《孟子·离娄下》)

(15) 民所以摄固者，若之何其舍之也。(《国语·楚语》)

（六）所以……之+名词；名词+之+所以……

"所以……之+名词"这种结构，"所"指代的内容就是"之"后面出现的那个名词所表达的意思；"名词+之+所以……"这种结构实质上就是所字词组作为中心语，其前有名词或代词修饰限制，使其整个偏正结构作主语、宾语或判断句谓语，有时也可能省略"所以"前的结构助词"之"。如：

(16) 道也者，生于所以有国之术；所以有国之术，故谓之"有国之母"。(《韩非子·解老》)

(17) 此大夫管仲之所以纪纲齐国，裨辅先君而成霸者也。(《国语·晋语》)

就"所以"在以上种种类型所表达的意思看，"所以"同其后面的动词组成名词性词组后，"所"指代与动作相关联的各个方面。

a. 指代动作产生的原因。

(18) 去顺效逆，<u>所以</u>速祸也。(《左传·隐公三年》)

去掉正常而效法反常，这就是很快地招致祸害的原因。

(19) 察天下之<u>所以</u>治者何也？(《墨子·尚同》)

(我们)考察天下治理得好的原因是什么呢？

b. 指代动作行为赖以进行的工具、手段和前提等，即广义的工具。整个介词结构表示动作的凭借。

(20) 凡刻削者，以其<u>所以</u>削必小。(《韩非子·外储说左上》)

一般从事刻削工艺的人，其刻削工具一定小于所刻的物件。

(21) 食者，国之宝也；兵者，国之爪也；城者，<u>所以</u>自守也。(《墨子·七患》)

粮食是国家的宝物，兵器是国家的爪牙，城郭是用来守卫的。

c. 指代动作行为的方式、方法。方式、方法其实就是凭借的扩展，只是意思抽象一些。

(22) 不得<u>所以</u>用之，国虽大，势虽便，卒无众，何益？(《吕氏春秋·离俗览》)

没有掌握使用的方法，国家即使很大，形势即使有利，士卒人数即使很多，有什么用呢？

(23) 虽然，适夫人非<u>所以</u>事君也，适君非<u>所以</u>事夫人也。(《韩非子·奸劫弑臣》)

虽说是这样，但将就了夫人就没有办法侍奉君主您；将就了君主您，就没有办法侍奉夫人。

d. 指代动作行为关涉的人、事、物。这实际上也是属于表凭借。

(24) 此两者<u>所以</u>居官而守法，非所与论于法之外也。(《商君书》)

这两个是用来当官守法的人，不是可以讨论旧法令以外之事的。

(25) <u>所以</u>饰后宫，充下陈，娱心意，悦耳目者，必出于秦然后可。(《谏逐客书》)

用来装饰后宫嫔妃的美玉和宝珠，充满堂下甬道的美女姬妾，悦娱心意耳目的歌舞弹奏，一定是秦国出产的才可以享用。

（26）此<u>所以</u>报先帝而忠陛下之职分也。（《出师表》）

这就是用来报答先帝忠于陛下的职责。

"所以"用在动词前表示什么，一方面决定于"所以"这个介宾词组本身，另一方面也取决于前后文。离开了前后文的制约，也是不易或不好理解的。前引例（18）"所以速祸"，表示很快招致祸害的原因；例（20）"所以削"，表示刻削工具；例（22）"所以用之"，表示使用的方法；例（24）"所以居官而守法"，表示当官守法的人。这里无不是结合其前后文和上下意思来理解和翻译的。由"所以"构成的"所"字词组，其后也可能出现中心词——名词或代词"者"，那个中心词就是"原因""根据"等具体内容，"者"就称代原因、根据。如例（26），"所以"同"所"字词组后的中心词"职分"所表示的意思是重叠的；例（19）（25），"所以"同其后的代词"者"都是指代原因或根据，其所指也是重叠的。

三、"所以"的凝结成词

如前所述，先秦时期介词结构"所以"有解释原因的作用，上句举出条件，下句则承上说明"这就是……的原因"。加上"所以"一般处于句首，这就为"所以"后来逐渐演变成表因果关系的连词提供了前提和条件。

周法高先生认为，"'所以'在汉以后，解作'是以'或'故'，和现代口语'所以'的用法相似"。[①]"所以"用如连词从时间上看，大概起于汉末或魏晋时期。《列子》相传为战国列御寇所撰，但从今本《列子》的内容和语言使用看，疑为魏晋间人伪托。《列子》"所以"用例28次，其中就有用作连词的情况：

（27）杨子曰："嘻！亡一羊何追者之众？"邻人曰："多歧路。"既反，问："获羊乎？"曰："亡之矣。"曰："奚亡之？"曰："歧路之中又有歧路焉，吾不知所之，<u>所以</u>反也。"（《列子·说符》）

刘义庆所著《世说新语》，反映了东晋末年南朝初年的语言状况。其书"所以"用例31次，用作连词的也不乏其例：

[①] 周法高：《中国古代语法·造句篇》，中华书局1990年版，第266页。

（28）桓玄既篡位，御床微陷，群臣失色。侍中殷仲文进曰："当由圣德渊重，厚地所以不能载。"时人善之。(《世说新语·言语》)

（29）人有问殷中军："何以将得位而梦棺器，将得财而梦矢秽？"殷曰："官本是臭腐，所以将得而梦棺尸；财本是粪土，所以将得而梦秽污。"时人以为名通。(《世说新语·文学》)

（30）钟毓兄弟小时，值父昼寝，因共偷服药酒。毓拜而饮，会饮而不拜，既而问毓何以拜，毓曰："酒以成礼，不敢不拜。"又问何以不拜，会曰："偷本非礼，所以不拜。"(《世说新语·言语》)

从这些例子看出，连词"所以"，大多萌芽于对话或口语之中。尽管这个时候介词结构"所以"仍占主导地位，但连词"所以"确已开始出现。尽管没有像现代汉语"所以"前有"因为"这个先行语来提起，但"所以"之前确属在说明其原因、根据或条件；而"所以"之后的文字，是在表达这些原因所带来的结果。成书晚于《世说新语》的《颜氏家训》，"所以"用例19次，用作连词的几例已有了更进一步的发展。"所以"已不再是出现在对话中，而且"所以"之后全部是"主语+谓语"式的分句。请看：

（31）校本长短……或彼不能如此矣。所以鲁人谓孔子为东家丘。(《颜氏家训·慕贤》)

（32）学士因循，迷而不窹。夫虎豹穴居，事之较者；所以班超云："不探虎穴，安得虎子？"(《颜氏家训·书证》)

（33）《尔雅》又云："木族生为灌。"族亦丛聚也。所以江南《诗》古本皆为丛聚之丛。(《颜氏家训·书证》)

这时的"所以"，尽管用作介词结构的情况与用作连词的情况同时并存，但用作连词已经不局限于口语和对话，而是可用在叙述性语句之中。而且与例（27）~（30）比较，"所以"之后谓语动词前都出现了主语，显然有别于用作介词结构的某些特征。这时用作连词的"所以"较之以前，其用法灵活度增强，且与现代汉语"所以"用法较为接近。只不过仍然还未出现"所以"之前有类似于"因为"的先行词语。

后来，连词"所以"在白话作品中大量出现，且用作介词结构的比例逐渐趋少。据魏达纯先生统计，《敦煌变文集》中用"所以"92次，能认定是连词的多达80次；反映六朝至唐末五代口语状况的《祖棠集》出现"所以"68次，其中作连词的竟有66次。① 在这些作品中用作连词"所以"已经有了如现代汉语中"因为"这样的先行词语与之相配合的句子出现：

（34）为宫中无太子，所以频输。（《敦煌变文集·太子成经》）

（35）缘忱仙者怪迟，所以腾怀愁苦。（《敦煌变文集·妙法莲华经讲经文》）

（36）师云："我因他得无三寸，所以不将这个供养。"（《祖堂集》卷六）

（37）缘行解自辩清浊，业性属于意密，所以不知。（《祖堂集》卷十八）

但是类似于有表原因的关联词与"所以"相呼应的情况在运用中并不多。绝大多数因果复句还是靠上句的句意来表达"因为"的意思，然后再接下句"所以……"。这说明连词"所以"尽管在唐代使用较为普及，但"因为……所以……"结构式尚未完全形成。同时也说明，连词"所以"已占其主导地位，介词结构"所以"已走向衰微。袁宾先生指出："表示结果的关联词'所以'在古汉语中已经产生，普遍使用是在近代汉语阶段。"② 由此，"所以"由先秦时期的介词结构经过漫长的嬗变过程，逐渐演变为现代汉语中纯乎表因果关系的连词了。

四、连词"所以"的判别标准

据上可知，古汉语中"所以"作为介词结构和用作连词的两种情况同时并存。然而如何区别它们呢？王力先生提出了区分的标准："①它放在句首；②句末没有'也'。"③ 以这个标准来鉴别是否为连词固然能解决很多问题，因为我们用这种办法可以确定大量的"所以……也"用作介词结构而不是用作连词的情况。但是，"所以……也"这种结构又有用作连词的用例：

（38）吾闻卫世子不肖，所以泣也。（《韩诗外传·二》）

上例及前引例（27）中，尽管有介词结构"所以"的表象特征，但就其句意讲，是不宜解"所以"为介词结构的。例（27）谓：岔路上又有岔路，我不

---

① 魏达纯：《"所以"在六本古籍中的演变考察》，载《古汉语研究》1998年第2期，第30~35页。
② 袁宾：《近代汉语概论》，上海教育出版社1992年版，第261页。
③ 王力：《汉语史稿》，中华书局1980年版，第400页。

知道该往哪条路去找,所以只好回来了。例(38)是说:我听说卫世子不肖,所以哭泣。如果我们都将其解作介词结构——"这就是我回来的原因""这就是我哭泣的原因",似乎显得呆板生硬而不贴切、自然。

按王力先生的标准,只要"所以"放在句首,句末没有"也"就可认作连词,笔者认为也有失周全。因为前面是"所以",而后无"也"相呼应的结构,其"所以"也可能用作介词结构,"所以"往往指代原因、根据和方法等。如:

(39)<u>所以</u>动心忍性,曾益其所不能。(《孟子·告子下》)

(40)天道圆,地道方,圣王法之,<u>所以</u>立天下。(《吕氏春秋·季春纪》)

(41)汉上石耳,<u>所以</u>致之。马之美者,青龙之匹,遗风之乘。(《吕氏春秋·孝行览》)

(42)亡国之器陈于廷,<u>所以</u>为戒。(《吕氏春秋·贵直论》)

(43)吾与二主约谨矣,破赵而三分其地,寡人<u>所以</u>亲之,必不侵欺。(《韩非子·十过》)

(44)今<u>所以</u>给军之具于将马近臣。(《韩非子·解老》)

(45)郑君患之,召群臣而与之谋<u>所以</u>对魏。(《韩非子·内储说上》)

(46)卮言日出,和以天倪,因以曼衍,<u>所以</u>穷年。(《庄子·寓言》)

(47)政令制度,<u>所以</u>接下之人。(《荀子·王霸》)

(48)法者,<u>所以</u>敬宗庙,尊社稷。(《韩非子·外储说右上》)

引例中的"所以",若按王力先生的标准,"所以"置于句首,句末无"也",当属连词无疑。而事实上这些"所以"都是用作介词结构。例(39)前有"必先苦其心志,劳其筋骨,饿其体肤,空乏其身,行拂乱其所为",用这些来悚动其心,坚韧其性,增加他平时所不能具有的能耐。例(40),天道是圆形,地道是方形,圣王效法天圆地方,拿这个来定上君下臣的规矩。例(41),汉水上游的石耳,得到它的办法要用"青龙""遗风"等俊美的快马。例(42),亡国的重器摆放在朝廷上,用它来警戒后人。例(43),我与两位君主定的盟约很慎重,准备击破赵氏后,将其土地分为三份,我以此来对他们表示友好,他们必定不会侵犯和欺骗我的。例(44),现在把将马(据顾广圻考证,"将",当作"牸"。牸马,快生马驹的母马)和近臣提供给军队。这里"所"与"具"指代内容相同,即"将马近臣"。例(45),郑君对此很害怕,就召集群臣来和他们商量对付魏国的办法。例(46),无心的言论层出不穷,合于自然的分际,因循无尽的变化和连续不断的发展,以此来悠游持久延年。例(47),

政令制度是用来对付百姓的。例（48），法律是用来尊崇祖先的宗庙与国家地位的。毫无疑问，这些例中"所以"都应解作介词结构。很显然，它们都不能理解为连词，否则是文意不通的。

如何更好地区别"所以"的两种情况，还是甘子钦先生在他的《连词"所以"产生的时代与条件》一文中说得好："首先看它是否用于表'果'的主谓分句的前面，同时还要看它在句中是否具有'因此'的意义关系，否则便将介词结构'所以'误看成因果连词的'所以'了。"[①] 这里给我们揭示了很重要的一点，那就是不管是否有王力先生所说的区分介词结构"所以"的那些结构特征，只要确属前表原因、后表结果，"所以"用在主谓分句之前（有时主谓分句中的主语省略），且具有"因此"的意义关系就宜判作连词。同时，"所以"在前，而后无"也"这种貌似连词特征如前引例（39）~（48），但意义上无因果关系的情况，我们就应该以介词结构对待。除此之外，我们还可以看"所以"是否与其后的词语组成"所"字词组，充当句子的某一成分。如能够充当句子成分，意义上不佶屈聱牙，且无表结果的"因此"关系，那便是介词结构无疑了。反之，则应视作连词。结合这几方面考察，我们认为是较容易区分介词结构"所以"和连词"所以"的。

总之，现代汉语中表因果关系的连词"所以"，其演变经历了较为漫长的过程。先是由名词"所"和动词"以"分别虚化，演变成具有指代作用的代词"所"和用法灵活的介词"以"，然后"所以"凝结成固定结构，广泛用于先秦作品及后期作品之中。由于介词结构"所以"具有解释原因的作用，于是在魏晋时候就出现了表因果关系的连词用法。它先在口语中产生，然后在书面作品中不断出现，并由文言作品的少数运用逐渐过渡到古白话中普遍使用。与此同时，介词结构"所以"的使用逐渐趋少。以致最终发展到现在，"所以"不再是介词结构，而全然变为表因果关系的连词。了解这个演变过程，同时注意古汉语"所以"用作介词结构和连词的差异和区别，我们就不至于在语译"所以"句式时感到模棱两可、无所适从了。

[①] 甘子钦：《连词"所以"产生的时代与条件》，载《西南师范大学学报》1991年第2期，第94~95页。

第四节 "者"的形义及用法探究

关于"者"字的词义，学界所论者颇多。这里再来议之，似有继人后踵和蹈常袭故之嫌。然而对"者"字之聚讼纷纭的本义众说，如何择善而从？今之"者"字，源从何义？其引申演嬗的脉络为何？后来的用法上是否有微殊？这些问题至今仍有探讨的必要和价值。

"者"在古今汉语里是一个使用频率很高的词。《说文》谓之"别事词"，意即文中作为区别事物的词，现在一般将其理解为具有称代作用的结构助词。在运用中，"者"不能单独充当句子成分，而是"通常用在形容词、动词或动词性词组后面组成一个名词性的词组，表示'……的人'或'……的事物'"。[①]现代汉语还有以"者"作为构词语素而构成的复音词，诸如"作者""读者""记者""生产者""工作者""劳动者"……"者"为什么不能单独使用而只能依附于其他词语之后？这种用法与"者"之本义有何联系？而"者"字在造字之初，先民所造的字形究竟蕴含着什么？我们不妨先依据其古文字形，去看一看先辈们对"者"所作的训释。

一、关于"者"字本义的讨论

"者"，金文作煮，或作煮。然而许慎却据篆文解形曰："者，别事词也。从白米声。米古文旅字。"段玉裁曾将古文"旅"字和"者"字进行过比较，认为它们上部构件完全不像，因而确定许氏是"转写之过"。孙诒让《古籀拾遗》认为，"者"字"当为和字之变体"，其上部构件"即禾之繁文"。林义光《文源》则说，"者"字的上部构件是："堵之古文，垣也。"朱芳圃《殷周文字释丛》谓："象树枝舒展，子实蕃衍之形。从声类求之，当为楮之初文。"马叙伦《说文解字六书疏证》却言"者"之形体"即社之初文"。对"者"字的解形索义，可谓聚讼纷纭，莫衷一是。

笔者认为，"者"之形体还是今人何金松先生的解诂颇得其旨。他说"者"的字形，"上部构件在木字周围加上三点或四点，可以看出是漆字。木表示漆

---

① 王力：《汉语语法史》，商务印书馆1989年版，第71页。

树，数点表示漆汁，下部构件表示簸箕一类器具"①。我们参验漆字，甲骨文作 ✹（《粹》一一七四）、✹（《续》四五一），与金文"者"字上部构件极为相似。又据考古发现，我国原始居民很早就发明了漆制器具。而人类用漆最初当是用于工具器物的粘连加固，然后才出现漆制用品。而粘连加固，则是将漆涂着在器物上，这一意象古人造"者"字来表示。所以何金松先生认为："者字上从漆，下为碗或凵（其、箕）一类器物，表示用漆涂著在这类器物上。"所言甚是。据此得知，"者"本义是附着，即"着"的先造字。

二、"者"表"附着"义的语用考察

释"者"为附着，还可从词用角度得到进一步验证。凡从"者"之字皆与"附着"义相涉。古有"诸侯"，铜器铭文中作"者侯"。《兮甲盘》："其佳（唯）我者（诸）侯百生（姓）。"即使是战国时代还是用"者"来表示"诸"。《诅楚文》："率者（诸）侯之兵以临加我。"由于周武王灭商后因疆域广大而实行封地为侯，分封的侯国必须拥护王室，服从周天子的命令。从本质上看，它是周王朝的附庸。因此，附属于周王朝的"者侯"之"者"就有"附着"之义。由于分封的"者侯"不止一人，所以引申出"多"的含义。《伯公父簋》盖铭："我用召卿事辟王，用召者考者兄，用□眉寿，多福无疆。"者考者兄，即诸考诸兄。"者"与"诸"构成一组古今字关系。方有国《释"者""诸"兼释其指代义的来源》一文认为，许慎《说文解字》对"者"的解释是"者"的引申义，这种观点是对的，而言许慎对"诸"的解释——"诸，辩也"即"者"之本义，不足从。我们再看"书"字，繁体作"書"，《说文》："书，箸也。从聿，者声。"本义是写字。而写字是用聿（笔）一类工具，按照字的形构，将漆、颜料或墨等附着于布帛、竹简、纸或其他材料上，故书字从聿，从者得声。由于毛笔在材料上写字，是用毛笔蘸上颜料，将字涂附在上面，因而"者"字由"附着"义引申出"书写"义。《商君书·徕民》："秦四竟之内，陵阪丘隰，不起十年征，者于律也，足以造作夫百万。"朱师辙解诂："者于律，当作'着'于律……盖秦地广人稀，用此术以招致诸侯之民。"高亨《商君书译注》："按'者'读为'着'。者于律，写在法律上。"这即是说"书写"意义仍与"附着"义相涉。都，《说文解字·邑部》："都，有先君之旧宗庙曰都，从邑者声。"《周礼》："距国五百里为都。"《左传·庄公二十八年》："凡邑有宗庙先君之主曰都，

---

① 何金松：《汉字形义考源》，武汉出版社1996年版，第335页。

无曰邑。"先君旧庙之都仍受"国"之管辖,依附于国。从文字孳乳演化的一般规律来看,"都"乃由"者"发展而来,应是"者"先用作"都"而后发展成"都"。《金文诂林》列有《晋公盦》"□攻雍者"之"者"即为"都",《包山楚简》113 的"新者"即"新都"。① 瘏,《说文》:"瘏,病也。从疒,者声。"因是病,故从疒;从者得声,取其疾病已经附着于身之意。署,《说文》:"署,部署,有所网属。从网,者声。"署的本义是部署。接受部署的人像网张开,分散在各处,必须服从部署者的指挥和调遣,是一种附属关系,如一物附着于另一物,故署从者得声。猪,《说文》:"猪,豕而三毛丛居者。从豕,者声。"豕本是野猪,野猪经过驯化,豢养在家,便附着于人,故猪从者得声,取其附着义,为家畜之一。奢,《说文》:"奢,张也。从大,者声。"所谓奢,即铺张,花费大量钱财装饰器物门面。主要表现在富豪大户的门窗、桌椅、床榻、箱柜等都涂了红漆,显得豪华气派,故从大,从者。箸,即"附着",之所以从竹,即取竹制的簸箕类器具作为造字对象,涂上漆后,经久耐用。《战国策·赵策一》:"兵箸晋阳三年矣,旦暮当拔之而飨其利。"鲍本:"箸,言附其城。"附着于晋阳城周围,即包围晋阳城。《说文》释"箸"为筷子,马叙伦《说文解字六书疏证》:"饭欤,谓饭时所持也。然则非本训。"附箸之"箸"用为表"筷子"义,当是"箸"的引申。后来为了区别词义,"箸"专表"筷子"义,而附箸之"箸"改从艹,作"著"。著,又变作"着",所以表示"附着"。

三、"者"所进行的语法化

据此,"者"字之本义表"附着",应当确信无疑。而"者"在古今汉语里常作为虚词,不能独立存在和使用,只能附着于其他词语之后显示语法功能和意义,便是因"者"的本义"附着"语法化而来。"者"本为附着,而附着必然有物所依。其附于物上,必与所托之物形成一个整体。"者"由是连及而代,指称所依附的那个事物,故而"者"就具有指代的作用。"《说文》谓之别事之辞,《增韵》谓之即物之辞者,以其所指也。"② 依附于其他词语之后具有指代作用的"者",可以指人,《论语·微子》:"往者不可谏,来者犹可追。"往者、来者,即去来的人。亦可以指物,《荀子·王制》:"地来而民去,累多而功少。虽守者益,所以守者损。"守者即指被守的地。既可以确指,如《庄子·马蹄》:

---

① 赵诚:《金文的"者"》,载《中国语文》2001 年第 3 期,第 267~268 页。
② 马建忠:《马氏文通》,商务印书馆 1983 年版,第 66 页。

"陶者曰:我善治埴,圆者中规,方者中矩。匠人曰:我善治木,曲者中钩,直者应绳。"前二"者"是就"埴"而言,后二"者"是针对"木"而云。又可以泛称,如《孟子·离娄上》:"存乎人者,莫良于眸子。"还可以兼代,如《礼记·中庸》:"智、仁、勇:三者天下之达德也。""者"兼指智、仁、勇三种情况。"者"的这种指代用法,从现有的材料看,产生于周代后期,到了战国秦汉时代有了较大的发展,后代一直沿袭使用。由于以"者"结尾的这种短语可以表示人、事、物等,而以指人最为多见,所以有些语法学家把这种用法的"者"看成代词。又由于其和一般的代词有所不同,因而称之为特殊的代词或辅助性代词。也有一些语法学家经过反复比较和考察,看到这种用法的"者"必须附着于其他的词或词组后才能产生作用,和能够单独使用的代词有着质的区别,因而称之为小品词或助词。我们认为,这种"者"基本上只是起结构作用,不单独用于指代,因此还是称其为具有指代作用的结构助词。

正因为"者"有指代的作用,且与指示代词"之"语音相近,所以往往可以用"者"代"之"。王力先生曾指出过:"'之'字的口语到了中古和文言的'者'相混了(声调微异),就有人借'者'来表示。"正是说的以"者"代"之"的情况。而"者""这"语音相同,又都可以指代事物,所以亦可以用"者"代"这"。① 如晏几道词:"细想起来,断肠多处,不与者番同。"但我们认为仅仅是借词而已,并不意味"者"就可以作定语。朱骏声《说文通训定声》谓:"今'者番''者回',字俗以'迎这'字为之。"认为指示代词"这"源自别事词"者",其说非是。因为"者"一向附于其他词之后作为被修饰成分,无论如何不可能作定语。事实上,按王力先生的观点,"这"当由指示代词"之"转变而来,并非源自"者"。

四、"者"的两种用法差异

由于"者"经常置于词或词组之后,在长期的使用过程中,其表语气的功能大大增强。因而,"'者'用在名词主语之后,标明语音上的停顿,并有引出下文的作用"②。为了同具有指代作用的结构助词"者"相区别,我们称这种表语气的"者"为"语气助词"。如《列子·汤问》:"北山愚公者,年且九十。"《史记·陈涉世家》:"陈胜者,阳城人也。"很显然,"者"置于名词"愚公"

---

① 王力:《汉语语法史》,商务印书馆1989年版,第68页。
② 何乐士:《古代汉语虚词通释》,北京出版社1985年版。

"陈胜"之后，帮助这些名词主语引出判断。尽管王力先生认为此"者"复指主语，有"这个人"或"这个事物"的意思，但笔者认为，这种指代作用已明显地被其表判断语气的功能所掩盖，若"者"再兼有指代，则其在语译上显得比较啰嗦和重复，因此"者"不当有指代的性质。"者"用在时间名词之后若此。《商君书》："古者未有君臣上下之时，民乱而不治。"《报任安书》："曩者辱赐书。"这里的"古者""曩者"即"古代""往日"，其"者"纯表语气或增补一个音节。同样，用在"数＋名"结构之后的"者"，由于其前有名词作中心语，"者"实表区别、限制语气，亦无指代之作用。试比较有无"者"字的"数＋名"式的用例，《新序·善谋篇》："此四人者年老矣。"《汉书·张良传》作"四人年老矣"。文意不变。《列子·仲尼篇》："子夏避席而问曰：'然则四子者何为事夫子？'"《孔子家语·六本篇》作："然则四子何为事夫子？"有无"者"字，意思完全一样。可见，这些用法的"者"，与具有指代作用的结构助词"者"明显不同，它们仅仅表示语气，无任何的意义指代。

何以区分具有指代作用的结构助词"者"和纯表语气的语气助词"者"呢？笔者认为，可以从以下几个方面进行辨察。首先，具有指代作用的结构助词"者"主要用在动词、形容词、数词之后，构成"者"字结构。"者"字结构相当于名词性词组，在句中作相应的成分。"者"黏附在这些词后不但有结构功能，而且还指代一定的人、事、物。而语气助词"者"主要用在名词（包括时间名词）和"数＋名"结构之尾，起停顿或区别、限制作用，无任何指代。其次，具有指代作用的结构助词"者"用于动词、形容词、数词之后，"者"不能去掉，去掉"者"后文意要受影响。语气助词"者"用于名词或"数＋名"结构之后，去掉"者"字，文意不受影响。最后，"者"作为结构助词，有所指代。若去掉"者"字结构中的"者"字，语法功能必定发生变化。"者"作为语气助词，无所指代，名词后的"者"字在去掉之后，语法功能不会发生变化。因此，两种性质不同的"者"字，在运用中是比较容易区别的。

综上所述，从"者"字的形义来看，"者"本义表"附着"。再由"附着"之本义引申，而黏附在实词之后以显示它的语法功能和词汇意义。附着于动词、形容词、数词之后，构成"者"字词组，"者"有其结构意义，并对相关的人、事、物有所称代。用在名词或"数＋名"结构之后，只是表示纯粹的语气。无论怎样，有一点那就是"者"不能以一个单音词的形式单独出现和独立使用，因为它缺乏独立而又灵活的运用能力。这就是古今汉语中"者"所体现出的词义、语用及语法特征。

第五节 "偶尔"的词化与语用考察

"偶尔"是现代汉语中使用频率较高的一个时间副词，它表示某一事件或状况在单位时间内较少出现或间或地发生，语义上表达的是对出现或发生的时间具有不确定性。对于现代汉语时间副词，学界多是从语法特征、组合功能、语义语用等角度进行分类描写或个案分析，至于其词汇化研究，目前尚未引起足够的关注和重视。就副词"偶尔"的研究情况看，一方面是它的语义语用分析或只言片语、或语焉不详，缺乏具体与深入的探究，另一方面，它的词汇化问题更是无人问津。"偶尔"究竟是怎样演变成词的？它是"偶"与代词"尔"的直接组合、固化？还是"偶"加上已经词尾化的"尔"进行附加式构词？"偶尔"的词汇化动因是什么？发展到现代汉语，"偶尔"的句法功能和语用情况怎样？如何看待"偶尔"在运用中的一些非常规现象？这一系列问题不得不引起人们的深入思考。

汉语副词系统既具有一定的稳定性，同时也处于不断的发展和变化之中。在汉语词汇双音化大背景下，单音副词"偶"因韵律、节奏等原因，已越来越不适应人们的交际需要。因此在"偶"的基础上将其改造并发展为一个双音节词，就显得尤其必要。"偶尔"的词汇化过程，明显受到汉语单音节词向双音节词转化这个规律的影响和制约。"偶尔"的凝结成词，既与单音副词"偶"相关，也与构词语素"尔"有着紧密的联系。因此，要论及"偶尔"的成词过程，须先从"尔"的词尾化谈起。

一、"尔"的虚化及其词尾演变

古汉语"尔"是一个谓词性代词，在句中主要充当句子的谓语。"尔"的副词词尾用法，就是以谓词性代词为基础逐渐演变虚化而成的。语法化是一个连续渐变的过程，每个实词的虚化都有它们各自的诱因和各自的语法化历程。一个实词的虚化过程，大体可以通过考察这个实词因句法位置、组合功能的变化而引起的词义变化。[1] 我们知道，副词的最大功能就是它能充当谓词结构中的修饰成分。因此，一些副词经常会放在谓词性代词"尔"的前面。

---

[1] 江蓝生：《近代汉语探源》，商务印书馆2001年版，第157页。

(1) 王自使人偿之，<u>不尔</u>，是王为恶而相为善也。(《汉书·田叔传》)

(2) 王凝之谢夫人既往王氏，大薄凝之。既还谢家，意大不说。太傅慰释曰："王郎，逸少之子，人才亦不恶，汝何以恨<u>乃尔</u>？"(《世说新语·贤媛》)

(3) 德然父元起常资给先主，与德然等。元起妻曰："各自一家，何能<u>常尔</u>邪！"(《三国志·蜀书·先主传》)

句中"不尔"即"不这样"；"乃尔"谓"竟然这样"；"常尔"言"常常这样"。可见，单音副词"X"与"尔"属于状中式偏正结构。汉语的双音节词很多由短语凝固而来，从短语黏合成双音节词，是双音节词产生的最主要的方式。索绪尔《普通语言学教程》指出："黏合是指两个或者几个原来分开的但常在句子内部的句段里相遇的要素互相融合成为一个绝对的或者难以分析的单位。"① 这样的黏合，实际上就是取消句法结构的分界，使其降格为一个词法结构。当单音副词"X"与"尔"在线性顺序上邻接而又经常在一起出现时，语言的使用者就有可能把它们看成一体来加以整体处理。我们知道，谓词性代词"尔"具有语义表达的回指功能。用"尔"来回指上文出现过的内容，其目的在于避免相同内容在语句中出现，这样就使得语言简洁明快而不至于重复。这种回指虽避免了语义上的重复，但也会导致代词"尔"可及性的降低和弱化。"尔"回指的先行语如果在形式上比较长，那么就会造成回指形式与先行语之间的距离加大。如例（2）"尔"指代前文"谢夫人既往王氏，大薄凝之。既还谢家，意大不说"；例（3）"尔"指代"德然父元起常资给先主，与德然等"。随着先行语与回指语之间距离的增大，实体的可及性也就会逐渐降低。这样一来，人们在理解单音副词"X"与谓词性代词"尔"这个句法结构的时候，很可能不再把"尔"与前文较为复杂的先行语联系在一起，而仅仅把"X 尔"处理为一个整体单位。可见，"尔"的可及性降低与指代功能的弱化，是"X 尔"固化成词的基础。

重新分析是语法化最重要的一个机制。这个机制主要是通过改变或者弱化词语之间的边界来创造一种新的语法标记或者格式。随着"尔"的可及性降低与指代功能的弱化，单音副词"X"与谓词性代词"尔"之间的边界也就逐渐淡化和消失，"X 尔"不仅在形式上被当作一个整体看待，而且在语义上也容易黏着在一起而被作为一个整体来加以理解。"X 尔"的日益凝结固化，也促使

---

① 索绪尔著，高名凯译：《普通语言学教程》，商务印书馆1983年版，第248页。

"尔"进一步走向意义虚化的道路。"意义的语法化最主要的表现是语义的泛化（semantic generalization），即一个语言成分的意义逐步失去其具体的（concrete）、特指的（specific）语义从而变得概括和抽象。语义泛化的直接后果是导致一个特定的语言成分得以进入它以前不能进入的句法环境，从而扩大了这个语言成分的语境类型和语境范围。"[①] "尔"的语义泛化也使得"X尔"作为一个整体可以放在动词谓语之前，中间用一个连词"而"将后面的动词谓语连接起来。

（4）子路率尔而对曰："千乘之国，摄乎大国之间，加之以师旅，因之以饥馑。由也为之，比及三年，可使有勇，且知方也。"夫子哂之。（《论语·学而》）

如果认为例（4）"X尔"还只是具有副词化倾向而不能算作真正的复音副词的话，那么当其置于动词谓语之前，直接限定谓语动词时，"X尔"就已经副词化了。伴随着"X尔"在状语位置上的经常使用，"尔"也就发展演变为一个副词词尾了。

（5）尝因行散，率尔去下舍，便不复还，内外无预知者。（《世说新语·德行》）

（6）夫唯大雅，卓尔不群，河间献王近之矣。（《汉书·景十三王传赞》）

（7）臣尝诵《诗》，至于鸿雁于野之劳，哀勤百堵之事，每喟尔长怀，中篇而叹。（《后汉书·刘陶传》）

（8）问贺："卿欲何之？"贺曰："入洛赴命，正尔进路。"（《世说新语·任诞》）

例（5）~（8）"尔"黏附在单音副词之后，完全只是为了凑足一个音节。这足以说明"尔"已经演变成了一个副词词尾。从这些用例看，大约在汉魏六朝时期，"尔"便走完了它的副词词尾化历程。"尔"变为副词词尾后具有较强的黏附力，不再具有具体的词汇意义，主要作用是使它前面的单音词根复音节化。因此，汉魏六朝以后新出现的"X尔"复音副词，便是在本来就用作副词"X"的基础上，再黏附一个副词词尾"尔"所构成。略举几例如下：

（9）何期今岁兴残害，辄尔依前起逆心。（《敦煌变文集新书》卷五）

[①] 吴福祥：《魏晋南北朝时期汉语名量词范畴的语法化程度》，载沈家煊等主编：《语法化与语法研究（三）》，商务印书馆2007年版，第248页。

(10) 兰叶春葳蕤，桂华秋皎洁。欣欣此生意，自尔为佳节。（张九龄《感遇》）

(11) 掷下拂子，竟尔趋寂。（《五灯会元》第六卷下）

(12) 即时汗出如浆，遂尔安愈。（洪迈《夷坚志·支癸》卷七）

以上复音副词"X 尔"的出现，足以说明附加式构词法在中、近古汉语里已较为常用。"一批副词词尾的正式形成以及由这些词尾构成的附加式合成副词的大量产生，是近代汉语副词在构成形式上的又一个显著特点。"① 来自不同历史断面的"辄""自""竟""遂"等单音副词，在汉语词汇双音化这一历史潮流的裹挟下，滋生出一系列的"X 尔"复音副词。这些新兴副词的产生，不仅给副词系统增加了新鲜血液，而且也更新和发展了汉语的副词系统。

二、"偶尔"的成词与历时考察

汉语合成副词绝大多数都是双音节词，这些合成副词由两个语素构成。如果两个语素都是词根语素，我们把它叫作"复合式的合成副词"；如果是一个语素为词根语素，另外加上一个附加成分构成的，我们称为"附加式合成副词"。我们认为，"偶尔"就是属于由附加式构成的合成复音副词。具体地说，它就是在汉语双音化大背景下，由单音副词"偶"加上一个已经词尾化了的无具体实义的虚语素"尔"所构成。在"偶尔"词汇化以前，"偶"在文献里就已经用来表示与"偶尔"一样的语法意义和词汇意义，并且广泛地运用于交际之中。

《说文》："偶，桐人也。"虚词"偶"有二义，都与本义无关。一是"耦"的假借字，《说文通训定声》："偶，假借为耦。"一是"俄"的假借字，《说文》段注："俗言偶然者，当是俄字之误。"《助字辨略》："凡云偶者，非常然也。""偶"用作副词，表示事实的发生不是经常的，或者说是出乎意料的。举例如下：

(13) 然士亦偶合，贤者多如此二子，不得尽意，岂可胜道哉！（《史记·范雎蔡泽列传》）

(14) 天道偶会，虎适食人，长吏遭恶，故谓为变应上天矣。（《论衡·遭虎》）

(15) 吾直性狭中，多所不堪，偶与足下相知耳。（嵇康《与山巨源绝交书》）

---

① 杨荣祥：《近代汉语副词研究》，商务印书馆 2005 年版，第 28 页。

（16）视其冢上树木，可三十岁，不知此妇人三十岁常生于地中耶？将一朝欻生，偶与发冢者会也？（《搜神记·棺中生妇》）

上例中"偶"放在谓语动词前作状语，其意义相当于后来的复音副词"偶尔"或"偶然"。"偶"用作副词表示事实的发生不是经常的，我们简记作"偶$_1$"，这一意义就由后来的附加式复音副词"偶尔"来负载；"偶"用作副词表示事实的发生是出乎意料的，我们简记作"偶$_2$"，这一意义就由后来的附加式复音副词"偶然"来承接。吕叔湘（1991）《现代汉语八百词》："'偶尔'跟'经常'相对，表示次数少。'偶然'跟'必然'相对，表示意外。"这也是现代汉语"偶尔"与"偶然"在用法上的主要区别。前文述及"尔"在汉魏六朝时期就已经语法化为一个副词词尾。由于汉语词汇双音化的驱动，原来已产生的一些单音节词，为了适应汉语音节、韵律或表达的需要，其自身也在不断地进行改造和调整。在这种情况下，表"间或""有时候"意义的单音副词"偶"，其后添加一个只起语法标记作用的词尾"尔"来构成复音副词"偶尔"，那么也就在情理之中了。其后添加词尾"然"构成"偶然"，类此。不过"偶然"不表时间观念，侧重表情况的一种意外，同时也有副词与形容词的差别。"然"的构词情况，第一章内容有过探讨。"看来，以部分生命力强的单音副词为基础，随着时代的发展，不断构成新的复音副词，是副词由古至今发展的基本特点、基本方法。"[①] 我们通过考察发现，复音副词"偶尔"始现于晋代，唐宋并不多见，到了明清才日益增多，只有五四以后的现当代汉语中，才真正得以广泛地运用。

（17）诸如此者，或有阴德善行，以致福佑；或受命本长，故令难老迟死；或亦幸而偶尔不逢灾伤。（葛洪《抱朴子·内篇》）

（18）野性方自得，人寰何所求。时因戏祥风，偶尔来中州。（孙昌胤《遇旅鹤》）

（19）主人闻故旧，出迎时倒屣。惊迓叙间阔，屈指越寒暑。殷勤为延款，偶尔得良会。（唐彦谦《夏日访友》）

（20）芙蓉出水时，偶尔便分离。自此无因见，长教挂所思。（王贞白《有所思》）

（21）地形偶尔藏险怪，天意未必司阴晴。（王安石《九井诗》）

（22）某本非人类，偶尔为君所收，有子数人。能不见嫌，敢且同处。

[①] 杨伯峻、何乐士：《古汉语语法及其发展》，语文出版社2001年版，第364页。

今如见耻,岂徒为语耳?还我故衣,从我所适。(《太平广记》卷四百二十七)

句中"偶尔"或直接放在动词之前,如例(18)(19)(21);或放在副词之前,如例(17)(20);或放在介宾短语之前,如例(22)。从运用情况看,这些句子中的"偶尔"无不凝固成为一个复音副词。从"偶尔"固化为词的时间看,魏晋时候就已经有了实际的用例。以此观之,《汉语大词典》将陆游《题斋壁》"性懒杯盘常偶尔,地偏鸡犬亦翛然"列为"偶尔"一词出现的最早用例,当值得商榷。

我们通过北京大学汉语语言学研究中心语料库,调查了"偶尔"作为副词在产生以后历代文学作品中的使用情况,现列表如下:

作品类别	出现频次	所占比率
全唐诗	4	2.92%
全宋词	7	5.11%
全元曲	4	2.92%
明代小说	32	23.36%
清代小说	90	65.69%

可见,时间副词"偶尔"成词以后,在清代以前,根本没有得到广泛的运用。冯春田《近代汉语语法研究》说:"词汇替代(包括语法词的替换),应该有其词性、意义或语法作用方面的共同性或相似性,否则就没有替换的基础。以此为前提,语言的时代也是因素之一,即甲词替换为乙词,则乙词相对甲词而言,一般来说在当时语言的系统中是新的或较为新的语言成分,发展了的语言系统往往是以当时较新的语言成分替代旧的语言系统中的语言成分。"[1]"偶尔"成词以后,虽然可以完全替代单音副词"偶",但客观的语言事实是,新的语言成分产生以后,往往与旧的语言成分并行使用。随着新的语言成分使用的逐渐增多,旧的语言成分才慢慢为新的语言成分所代替。这是"偶尔"成词后文献中还继续使用单音副词"偶"的原因,同时也是"偶尔"在明清以后才得以真正运用的缘故。孙锡信先生曾经说过:"拿现代汉语中常使用的时间副词跟中古使用的时间副词两相对比,可以看出副词的使用又经历了一次较大的更迭。

---

[1] 冯春田:《近代汉语语法研究》,山东教育出版社2000年版,第449页。

这更迭是从唐代开始，明清完成的。"① "偶尔"的产生与发展，也正好验证了孙锡信先生的这一论断。复音副词的大量出现，是汉语由单音词向双音词发展的历史必然，无论实词还是虚词的发展，都体现出这一不可抗拒的历史规律。

三、"偶尔"的句法语用分析

时间副词"偶尔"成词以后，主要放在句中作状语。吕叔湘先生（1991）注意到了一些时间副词和谓语动词的顺序；刘月华（1983）在讨论各种状语的先后顺序时也涉及时间副词；张谊生（2000a）指出时间副词位于关联副词之后、频率副词之前；张亚军（2002）讨论过时间名词和时间副词的相对位序。这些研究无疑对我们了解时间副词"偶尔"的句法分布有很大帮助。但是他们的研究，并没有注意到时间副词和主语的前后顺序。通过考察我们发现，有些时间副词只能出现在主语后，有的时间副词出现在主语的前后皆可，如"偶尔"：

（23）a. 他偶尔半天不到办公室，也没有关系。（钱钟书《围城》）

b. 偶尔人家窗户里透出一点灯光。（朱自清《冬天》）

例（23）中 a 句的"偶尔"在主语"他"后，句子成立；b 句"偶尔"在主语"人家"之前，句子也同样成立。"偶尔"出现在主语前、后，是否有条件限制？出现在主语前和主语后有什么不同？下面试就"偶尔"的使用情况做一番考察。

（一）"偶尔"位序是否受制于不同性质的主语

1. 主语为名词性成分

"偶尔"既能出现在主语的后面，也能出现在主语的前面。

（24）a. 它没有固定的住处，平时主要生活在树上，偶尔也下地活动，靠吃树皮、树叶、嫩芽、花冠、野果和籽实等为生。（《中国儿童百科全书》）

b. 偶尔在站台上，你会被一阵悦耳的琴声所吸引。（《人民日报》）

2. 主语为数量（名）成分

"偶尔"可以出现在主语前或主语后。

---

① 孙锡信：《汉语历史语法要略》，复旦大学出版社1992年版。

(25) a. 直到不久前，几位北京来的专家偶尔涉足这里，不由不惊叹五尖山的美妙……（《人民日报》）

b. 偶尔一两道闪电灿然击过，我便清晰地看到了父亲的脸。（《读者》）

3. 主语为疑问代词

"偶尔"一般也可以出现在主语的前后。

(26) a. 舌误是弗洛伊德讲叙最多的一个问题，也可能是因为它在日常生活中更普遍，谁没有过偶尔讲出几句不该讲或不愿讲的话的经验呢？（《读书》）

b. 好在彼此都不遗憾，偶尔谁解释一句，"还是不系那玩艺儿好，舒服、随便"，准保附和声鹊起。（《读者》）

如此看来，不管句子的主语属于哪种性质，"偶尔"既可以位于主语前，也可以位于主语后。说明其放在主语前后不受任何条件限制，这跟其他的时间副词有很大的不同。

（二）位序不同，凸显的内容不同

那么，位于主语前、后的"偶尔"有什么不同呢？我们认为，"偶尔"位于主语后是常规位置，位于主语前是非常规位置。人们之所以打破常规而把"偶尔"放在主语之前，其主要目的是为了突出或凸显时间副词。试比较前面例(23) a、b 两个句子，a 句的"偶尔"在主语后，b 句的"偶尔"在主语前。两相比较可以发现，b 句的"偶尔"无论在视觉上还是听觉上，都比 a 句要突出。如果说以上例子还不够明显的话，下面的用例也许更能说明问题：

(27) 偶尔，有人有意无意敲门进来，见一老一少在下棋，搭讪几句就走了。（莫怀戚《陪都旧事》）

(28) 偶尔，他也回身冲我们微笑一下，但谁都很难说清楚这微笑的复杂内涵。（《潘虹独语》载《作家文摘》）

上例中"偶尔"不但位于主语前，而且还用逗号与主语分开。这样，无论是听起来还是看起来，都显然比位于句中要突出得多。心理实验证明，最容易引起受话人注意的是句首成分，所以在对话中，由于时间有限，把最重要的信息放在句首，是说话人直接的心理反应，也是引起受话人注意的便捷手段。[1]

---

[1] 张伯江、方梅：《北京口语易位现象的话语分析》，载中国语文杂志社编：《语法研究和探索》，商务印书馆 1995 年版。

因此，时间副词放在主语前，其主要目的是为了凸显时间副词。具体地说，"偶尔"一般被认为其语义指向是对准谓语中心成分的。如果"偶尔"用在句中并靠近谓语中心词，那么它自然会与谓语中心词结合，共同说明句子的主语。若将"偶尔"置于句子的主语之前，它却不会与句子的主语结合。语义指向发生了变化，对整个句子有了修饰或说明的意义。

（三）位序不同，辖域也不一样

张谊生（2000a）指出，语气副词放在主语前是全幅评注，放在主语后是半幅评注。例如：

（29）a. 所以过了几天，掌柜又说我干不了这事。幸亏荐头的情面大，辞退不得，便改为专管温酒的一种无聊职务。（鲁迅《孔乙己》）

b. 我们楚国幸亏有三闾大夫，平常我们的国王也很听信三闾大夫的话。（郭沫若《屈原》）

张先生认为例（29）a句"幸亏"是全幅评注，这有利条件是对句外因素"我"而言的；b句是半幅评注，这有利条件是对句内话题"楚国"而言的。齐沪扬（2002）认为语气副词占据句首位置的为"高位位置"，因此具有高位功能，即语气副词管辖范围是全句，是对整个命题进行表述；占据句中位置的为"低位位置"，因此具有低位功能，即语气副词管辖范围是述题部分，是对述题部分进行表述。我们认为，时间副词"偶尔"位于主语前后也有类似区别。试比较：

（30）a. 偶尔，一辆早班车载着打瞌睡的售票员和乘客驶过。（王朔《浮出海面》）

b. 一辆早班车载着打瞌睡的售票员和乘客偶尔驶过。

例（30）a句"偶尔"位于主语前，是对"一辆早班车载着打瞌睡的售票员和乘客驶过"的限定，即表示的是事件发生的时间；b句"偶尔"位于主语后，限定的是"驶过"，表示的是动作发生的时间，二者辖域显然不同。可见，"偶尔"位于主语前，它是对整个事件加以限定，表示整个事件发生的时间；而"偶尔"位于主语后，是对动作加以限定，表示动作发生的时间。也就是说，出现在主语前后的位序不同，时间副词辖域也就不一样：出现在主语前，其辖域较广；出现在主语后，其辖域较窄。①

四、"偶尔"的非常规功能

副词典型的语法功能是充当句子的状语，但经常充当状语并不意味着只能充当状语。我们通过查检语料发现，"偶尔"除了充当句子的状语外，还可以作定语。如：

（31）阿黛勒表示热烈附加，这使我想起自己的童年时代，<u>偶尔的假日</u>显得有多可贵。（翻译作品《简•爱》）

（32）在一片寂静里，可以听到家畜那带着浓浓的倦意的哞叫声，以及<u>偶尔的一两句的人们的呼叫声</u>。（翻译作品《母亲》）

（33）生命，在她的长久的持续与发展里，于我是重要的，但是与人发生的<u>偶尔关系</u>，特别是那<u>偶尔的性的关系</u>，有什么重要呢？（翻译作品《查泰莱夫人的情人》）

如何看待句中"偶尔"的定语功能呢？我们认为，不能因为"偶尔"在这些句子里用作了定语，便认为它不是时间副词而把它判作是形副兼类词。诚然，"偶尔+（的）+NP"结构不管是否带有"的"标记，一般都将"偶尔"认定为是作定语。但这种结构里的"偶尔"其后实际上隐含了相关的动词。"一般说来，一个句子都应该有其动核，尽管它们有时在句型结构和句模结构中是隐含的，但在动核结构中是可以找出来的，否则这个句子是不能生成的。"② 同样，"偶尔+（的）+NP"结构也可以补出被隐却了的相关动词。如例（31）表示的是"偶尔（出现）的假日显得有多可贵"。例（32）表示的是"可以听到人们偶尔（发出）的一两句呼叫声"。例（33）意思是"与人偶尔发生关系，特别是那偶尔（发生）的性的关系有什么重要呢"？从这个意义上讲，"偶尔"限定和修饰谓词的主要功能仍然没有改变。我们认为，现代汉语"偶尔+（的）+NP"结构是从"偶尔+V+（的）+NP"结构变化而来的，并且"偶尔+（的）+NP"组合在句法上是有限制的。能放在这种组合中的时间副词，类似的还有"从来、曾经、经常、迟早、随后、永远"等。如：

（34）<u>从来的文艺作品</u>都是写光明和黑暗并重，一半对一半。（毛泽东

---

① 杨德峰：《时间副词作状语位置的全方位考察》，载《语言文字应用》2006年第2期，第69~75页。

② 刘顺：《现代汉语名词的多视角研究》，学林出版社2003年版，第85页。

《在延安文艺座谈会上的讲话》)

(35) 曾在降价风潮中屹立不倒的企业，不能冀望<u>曾经</u>的幸运再次眷顾，或多或少都应表现一种姿态。(童娜《2003：中国汽车价格猜想》，人民网 2003/1/14)

(36) 我们预期，随着美国<u>经常</u>账户逆差的扩大，美元贬值已经成为一个长期性的趋势，来自美国和其他国家的要求人民币升值的压力会不断出现。(何帆《警惕美国的"汇率武器"》，《南方周末》2005/5/5)

其实，我们也可以用原型理论来解释"偶尔"作定语这一非常规句法现象。汉语的词类，应该是一个原型范畴，即各词类之间并没有严格的界限。正因为如此，所以各词类的边缘成员便会出现功能上的交叉。袁毓林认为，词类是原型类，一个类的典型成员共有一些其他词类所没有的分布特征，而非典型成员的分布特征并不完整，但可以根据与典型成员的相似性，把非典型成员吸收进来归为一类。[①] 比如"极"一类词可以作状语和补语，可以比照只能作状语的典型副词"太"把"极"一类词归入副词。张谊生、陈昌来、齐沪扬等先生对近八百万字的当代新闻体语料进行检索，发现"曾经、经常"等时间副词充当定语的分布频率为："曾经"0.8%、"经常"1.2%、"向来约"0.3%、"历来"不到0.2%。[②] 从这些数字中我们也可以看出，这些时间副词充当定语的能力还相当弱，更谈不上具有普遍性和类推性。从原型范畴来看，一类词内部的典型成员在功能上表现出较强的稳定性，而非典型性成员在功能上就会表现出一定的游移性。因为非典型成员应该是远离核心的边成员，所以它们受到的内部约束相对来说就少一些，在其他因素的诱发下就容易游移出受约束的框架而产生新的用法（张言军，2006）。副词功能的游移现象在语言运用中虽然客观存在，但毕竟不影响其主要的句法功能。"偶尔"的主要句法功能是作状语，其典型特征决定了时间副词的性质。我们认为"偶尔"间或作定语是其作为时间副词非常规功能的一种表现，并不影响其在副词系统中的地位。

通过以上分析，最后我们可以得出以下几个方面的结论：

(1) "偶尔"并非由单音副词"偶"与谓词性代词"尔"直接组合而凝结成词，而是由"偶"加上已经词尾化了的无具体实义的虚语素"尔"所构成。

[①] 袁毓林：《词类范畴的家族相似性》，载《中国社会科学》1995 年第 5 期，第 154~170 页。

[②] 张谊生等著：《现代汉语虚词研究综述》，安徽教育出版社 2003 年版。

"偶尔"的成词过程，完全符合汉语复音副词孳乳发展的基本规律。以单音副词为基础不断构成新的复音副词，是副词由古至今发展的一个基本特征。

（2）附加式双音构词词法之所以运用于魏晋及其以后时期，一方面源于汉语词汇双音化的大背景，另一方面，汉语词汇经由上古时期到中古时期，由于词义的语法化而产生了不少的可供构词的虚语素——词尾。"尔"的词尾化促成一批"X 尔"复音副词的产生，丰富了汉语副词系统。

（3）"偶尔"萌芽于魏晋时期，唐宋诗词中偶有所见，明清小说里不断增多，大量的运用当在现当代时期。它主要用作句子的状语，其在主语前后的位序不同，所凸显的部分以及辖域也不尽一样。虽偶有非常规的功能出现，但并不改变其时间副词的性质。

第六节 如何运用成语把握古汉语知识

成语是人们语言交际中的重要工具，它一向以言简意赅、形象生动而为人所乐用。成语多是对历史典籍中寓言故事、历史事件所进行的提炼概括以及对文章原句的摘录缩写，因而成语体现了丰富的古汉语知识，也反映了古代先民在语言运用上的许多特点。利用成语分析比较古今汉语差异，对于扫清因相隔久远给人们带来的语言理解障碍，克服现代人学习古汉语的畏难情绪和困难，从而更好地掌握古汉语知识，无疑具有十分重要的意义。这里依照我们对成语的粗浅认识，将成语中所揭示的古汉语特点进行归纳梳理。不当之处，尚望同行不吝赐教。

一、古书中的用字问题

汉字有几千年的历史，由于使用汉字的人多，涉及的地域较广，因而在发展过程中会出现一字写多词或一词用多字的复杂情况。大量的古今字、通假字，给我们阅读古书带来了一定困难，而这些字在成语中还一定数量地保存着。利用成语帮助认识和积累这些古书中的用字，便显得十分便捷。

（一）古今字

古今字是指在某一意义上相同（其他意义并不相同）而先后产生的不同形体的字。产生在前的称为古字，产生在后的称为今字，古字与今字合称为古今字。比如成语"不得要领"，其中"要"，即古"腰"字。旧时长衣服若提起腰和领，其襟袖则自然平贴，所以后来就用"要领"来比喻事物的关键。很显然"要"与"腰"就构成了一对古今字。以下这些成语中，括号前的用字与括号内的字就属于这种古今字的关系。

图穷匕见（现）、一坐（座）皆惊、休戚（感）相关、一暴（曝）十寒、被（披）发文（纹）身、再接再厉（砺）、反（返）水不收、善贾（价）而沽

（二）通假字

通假字是人们书写时本有其字而不用，却借用一个音同或音近的字来替代。其形体与意义的结合往往临时而不固定，只有在具体语句中，才具有作为通假字的音义关系。下列成语中括号前的字与括号内的字就构成声音相同或相近的通假。

矢（誓）口否认、厝（措）火积薪、信而有征（证）、车殆（怠）马烦、批郄（隙）导窾、持筹握算（算）、伊于胡（何）底、丝丝入扣（筘）、不敢旁骛（务）、幡（翻）然悔悟、伏而咶（舐）天、鹿死不择音（阴）

二、单音词

从词语的构成与词语的形式方面看，古今汉语存在着较大的差别。古汉语单音词占绝对优势，复音词偏少；现代汉语复音词占优势，其中以双音节词语较为普遍。就单音词讲，从古到今因词义的发展变化，或扩大或缩小或转移，致使古今词义差异很大。我们在学习古汉语时要随时留意古今词义的不同，千万不能以今说古，以今义去释古义。我们可以通过成语来把握古今词义的差异，如"谈笑封侯"，其"侯"不是"诸侯"的意义，而是指古代公、侯、伯、子、男五等爵位中的第二等爵位；"一概而论"之"概"，是古代量米麦时用以刮平斗斛的量具，而不是今义的"大概"。注意这些差异，对于阅读古书尤有帮助。请看下面所列出的成语，并注意带点词语在括号里所注明的意思与今义的差别：

百读不厌（满足）、百发百中（把箭射出去）、抱恨终天（遗憾）、跋山涉水（淌水过河）、走马观花（跑）、差强人意（稍微）、抱关击柝（门）、不假思索（依靠）、吉人天相（辅佐）、若即若离（靠近）、比肩继踵（比并）、不刊之论（削除）、不肖子孙（像）、残羹冷炙（肉汁）、陈陈

相因（沿袭）、陈言务去（努力）、适逢其会（时机）、赴汤蹈火（开水）、风马牛不相及（放逸）、功败垂成（接近）、驾轻就熟（走近）、见机而作（起）、金城汤池（护城河）、引而不发（开弓）、麟角凤距（爪）、名不副实（相称）、将伯之助（请求）、人给家足（富足）、求全责备（求）、任劳任怨（承担）、乳臭未干（气味）、杀人越货（抢劫）、少不更事（经历）、头童齿豁（秃）、势均力敌（力量相等）、献可替否（废止）、枉尺直寻（古量名，八尺）、形格势禁（阻碍）、休戚相关（喜乐）、救火扬沸（阻止）、以身作则（榜样）、义薄云天（迫近）、亦步亦趋（快步走）、有的放矢（箭靶）、缘木求鱼（攀援）、运斤成风（斧头）、正襟危坐（端直）、相机行事（观察）、班荆道故（铺开）

三、复音词

古汉语虽然是以单音词占优势，但复音词的数量也还是较为可观。根据词的组合方式，复音词可分为复合词与单纯词两类，人们在语言交际中习用的成语，无不体现出复音词的一些构词特征。

（一）复合词

1. 专名复词

这类词多属人名、地名、国名、官职名等，如：

庐山真面、名落孙山、暗度陈仓、金吾不禁、相惊伯有、夜郎自大、再作冯妇、叶公好龙、桑榆暮景、向平之愿、吴下阿蒙、曾参杀人、青州从事、夸父追日、东施效颦

成语中带点部分的专名复词具有指物的单一性，我们不能按语法关系去做相应理解。

2. 加缀复词

这类词的其中一个语素表示概念，另一个语素黏附在实词语素前后，充当词的前缀或后缀，它只是为合成复音词而增添一个音节，并不表实在的意义。如：

庞然大物、浑然一体、怡然自得、大义凛然、处之泰然、兴味索然、安然无恙、轩然大波、岿然不动、迥然不同、依然如故、索然寡味、昭然若揭、哑然失笑、恍然大悟、焕然一新、惠然肯来、道貌岸然、漠然处之、蔚然成风、嫣然一笑、豁然开朗、黯然失色、巍然屹立、浩然一气、率尔

操觚、卓尔不群、神乎其神、吴下阿蒙、言归于好、载歌载舞、空空如也

这些成语中的"然""尔""乎""阿""言""载""如"等，都是黏附在实词语素前后的附加成分，在构词中充当一个音节。其不能按字面理解，拆开后毫无意义可言。

3. 同义复词

由两个意义相同或相近的语素构成。它们在凝结成同义复词之前，本是能独立运用的单音词。凝结合成后，其词义以一个语素的意义为主，另一语素起着补充或强化的作用。如"恶贯满盈"，满即盈，盈为满，同义，构成复音词。以其中一个语素"满"的意义为主，另一语素"盈"对"满"进行补充和强化。比如下列成语中带点部分的语词，皆属于这里所说的同义复词。

无关痛痒、不可逾越、粉墨登场、脍炙人口、事必躬亲、斗志昂扬、艰难险阻、不分畛域、不爽毫发、不识抬举、关山迢递、阿谀逢迎、耳根清净、鳏寡孤独、波澜不惊、馨香祷祝、宽宏大量、不失毫厘

(二) 单纯词

1. 叠音词

叠音词是重叠两个相同音节而构成的双音词，主要功能是模拟声音和描绘状貌。这种叠音词在成语中运用得较为普遍。侃侃而谈：侃侃，叠音词，从容不迫的样子。大腹便便：便便，肥大的样子。像以下成语中的叠音词，无一不是模拟事物的声音，或对事物的性质、状态等进行描绘。

栩栩如生、栗栗危惧、惺惺作态、茕茕孑立、咄咄逼人、谦谦君子、姗姗来迟、喋喋不休、岌岌可危、拳拳服膺、气势汹汹、人言啧啧、大名鼎鼎、亭亭玉立、众目睽睽、神采奕奕、含情脉脉、文质彬彬、兴致勃勃、振振有词、逃之夭夭、谆谆告诫、芸芸众生、惴惴不安、得意扬扬、历历在目、杀气腾腾、娓娓动听、滔滔不绝、莘莘学子

2. 联绵词

所谓联绵词，就是指由两个字连缀在一起组成一个不可分割的整体，而共同表示一个意义。比如：

流连忘返、首鼠两端、逍遥自在、跳梁小丑、望洋兴叹、虚与委蛇、扬长而去、犹豫不决、参差不齐、仓皇逃窜、辗转反侧、声名狼藉、蹉跎岁月、踌躇满志、五彩缤纷、扶摇直上

在这些成语中，带点部分的两个音节就声韵情况看，有的是双声关系，如"参差""流连"；有的是叠韵关系，如"蹉跎""仓皇"；有的是双声兼叠韵，如"缤纷""辗转"；有的既非双声亦非叠韵，如"扶摇""狼藉"。它们是纯粹的声音组织，是一个不可分割的整体，因而不能将其拆开并按字面意思来解释。如"望洋"是仰视的样子，不是"望着海洋"。如作"望着海洋"的意义来理解，则完全背离了"记录联绵词的字与联绵词意义无关"这个基本的常识。正因为联绵词是纯粹的声音组织，因而它常常具有多种多样的书写形式。如"望洋"可写成"望羊""望阳""盰羊"。记录联绵词的字形不管发生怎样的变化，都改变不了其符号的性质，因此我们在理解这些联绵词时，切忌望文生训。

由于汉语词汇是由单音节词为主向着以多音节词为主发展，因而就有可能造成古汉语连用的两个单音词，从形式上看完全与现代汉语的复音词相同。这时候，我们就要注意它们相同形式的背后所体现出的古今意义、用法等方面的差别，千万不能把古汉语连用的两个单音词，当作现代汉语的一个复音词来理解。如以下成语：

身体力行；奉行故事；令行禁止；发踪指示；忘乎所以；具体而微；理所当然；盛名之下，其实难副；不以规矩，不成方圆；十年树木，百年树人

这些成语中两个连用的单音词，从形式上看完全跟现代汉语的一个复音词相同。我们不能把带点的"身体"当作表示"身体健康"之"身体"那样作为复音词来理解，其应是一个偏正词组表示"躬亲实践、亲自体验"的意思；也不能把"所以"理解为现代汉语表因果关系的连词，其应该是一个介词结构，此谓一切事情；更不能把"树木"理解为一个名词指代树的总称，而应该是动宾词组，表示"栽种树木"的意思。

四、宾语前置

现代汉语的词序一般是：主语在前，谓语在后；动词在前，宾语在后。但在古汉语里除了与现代汉语词序相同的规则之外，宾语在一定条件下也可以放在动词的前面。很多成语也反映了古汉语宾语前置这一特点，我们可以利用成语来把握宾语前置的规律与类型。

（一）宾语是疑问代词

疑问句中，疑问代词作宾语，一般放在动词或介词前面。成语"谁为为

之","谁为"即"为谁",疑问代词"谁"作介词"为"的宾语而前置,"谁为为之"即为了谁而做事情呢?这种用法还反映在以下的一些成语中:

何去何从、不死何为、童子何知、何为叹羡、何为而来、何患无辞、毛将焉附

(二) 否定句中代词作宾语

否定句中代词作宾语,宾语常常置于动词之前、否定词之后。比如"不吾假道"即"不假吾道",在否定句中代词"吾"作动词"假"的间接宾语而前置,意思是不给我借路。成语"莫予毒也"即没有谁毒害我。类似的成语还有:

人莫予毒、时不我待、时不我与

(三) 用"是""之"等助词标志

有些宾语(如名词、名词性短语或代词等作宾语),依靠标志助词"是""之"等而提于动词之前。"唯命是从",其中"命"作动词"从"的宾语,靠标志助词"是"来帮助提前,"唯命是从"即"唯从命",谓只听从(你的)命令。再如下列成语,皆属此类:

马首是瞻、唯利是图、何罪之有、唯你是问、不此之图

在这些成语中,"马首""利""何罪""你""此"等宾语都是通过标志助词"是"或"之"而提前的。

(四) 介词"以"的宾语

"以"的宾语不管是名词、代词或其他体词性词语都可以提前,如:

文以载道、夜以继日、一言以蔽之、一以当十、一以贯之

其中"文""夜""一言""一"分别作介词"以"的宾语而放到了"以"的前面。理解这些成语时,当释作"以文载道""以夜继日""以一言蔽之""以一当十""以一贯之"。

五、双宾语

古今汉语双宾语的共同特点是,动词常常含有"授予""取夺"或"问询"等意义,其结构形式一般为:间接宾语在前,直接宾语在后。这种句法结构在成语中也运用得较为常见。"天夺之魄","夺"的直接宾语是"魄",间接宾语是代词"之",意思是上天向他夺走了魂魄,比喻将死;"分我杯羹",代词

"我"是"分"的间接宾语,直接宾语是"杯羹",谓分给我一杯肉汁。古汉语双宾语结构中若直接宾语是代词"之"充当,其可置于间接宾语之前。比如下列成语中直接宾语"之",都是放到了间接宾语前面:

置之度外、束之高阁、失之交臂、付之东流、置之死地、付之一炬

当然,直接宾语如果是由名词充当,也有置于间接宾语之前的情况,如成语:

学步邯郸、置身事外、委肉虎蹊

其中的"步""身"和"肉"便是充当直接宾语,而放到了间接宾语的前边。

古汉语带双宾语的动词,也有不含"授予""取夺"或"问询"等意义的一般动词。一般动词跟双宾语时,动词与间接宾语的语义关系,往往不同于一般的动宾关系。如"树之风声","树"的目的物是"风声",属于直接宾语,"树"与间接宾语"之"构成"为动"关系,即"为之树"的意思。"树之风声"意谓:为此建立好的教化,宣扬好的风气。再如"示之知微","示"的目的物是"知微"这件事,是直接宾语,"示"与"之"之间是"为动"关系,整个成语即"为之示知微",意思是向他表示了知道他的隐微。

六、被动式

被动式的谓语不表示主语的行为变化。相反地,主语却是谓语行为的受事者。古汉语被动式同现代汉语比较既有相同之处,也有自己的一些特点:

(一)没有结构标志的被动式

这类被动式在动词的前后没有任何的标志,只是在主语和谓语的内容及语义关系上表示被动,理解时一般要在动词前加"被"字。成语"草薙禽狝"即野草被除掉,禽兽被捕杀,形容无所顾惜。"骑者善堕"意思是,惯于骑马的人常常被马摔下来,比喻擅长某一事物的人,往往容易疏忽大意,反而失败。像"近朱者赤,近墨者黑""归之者昌,逆我者亡"中带点的词与主语间的语义关系,都应理解为表被动。

(二)有结构标志的被动式

这类被动式在动词之前有表被动的标志词,如使用"见""为""所""被"等词语来表被动。例如成语:

不为所动；见笑大方；秋扇见捐；精诚所至，金石为开

在理解的时候，这些表被动的标志词都应译为"被"，"秋扇见捐"即秋天的扇子被搁置起来，比喻妇女被丈夫遗弃。

七、述宾关系

古今汉语中，述语与宾语之间如果是支配关系，其动宾之间的意义比较容易理解。但古汉语在某些情况下，宾语不是动词支配的对象，动词与宾语之间的关系比较特殊，这就是所谓的特殊动宾关系。成语就反映了多种多样的动宾关系：

（一）使动用法

述语所表示的动作行为不是直接出自主语，而是主语使宾语发生这种动作行为。成语"既来之，则安之"，其中"之"是"来""安"所表动作的施事者，即已经使远方的人来了，就应该使他安下心来。"起死人，肉白骨"即把死人救活，使白骨长出肉来，比喻给人以极大的恩惠。这里"起""肉"都用为使动。使动关系中充当述语的词语主要有内动词、活用作动词的名词、形容词、数词以及少量的外动词。下列成语中带点的词都是用作了使动：

卑躬屈膝、翻天覆地、沉鱼落雁、飞鹰走狗、存亡绝续、粉身碎骨、破釜沉舟、销声匿迹、发聋振聩、汗牛充栋、生死肉骨、闭月羞花、富国强兵、强干弱枝、良药苦口、穷形尽相、自圆其说、曲突徙薪、正本清源、赏心悦目、灾梨祸枣、祸国殃民

（二）意动用法

形容词活用作动词后，动词表示对宾语的认识。可用"以……为……"的语言形式去理解，可语译为"认为宾语怎么样"。"善善从长"，善善，即以善为善，称赞善事，此谓称赞好的事情，遵从别人的长处。"是古非今"，即以古为是，以今为非，意思是认为古代的正确，今天的不对。现指对古代的事物采取全盘肯定的态度，对现代的事物采取全盘否定的态度。下列成语中等带点的词，都是这种用法：

不耻下问、厚此薄彼、善善恶恶、贵耳贱目、羞与为伍

（三）处动用法

名词用作动词后，动词表示对宾语的处置或对待。也可用"以……为……"

151

的语言形式去理解，语译成"把宾语当成什么"或"把宾语怎么样"。"草菅人命"即把人命当作草菅一样看待，比喻统治者滥施淫威，随意残害人命。"带砺河山"即把黄河当作衣带，把泰山当作磨刀石，比喻时间久长，任何动荡也决不变心。再如下列成语中带点的词语，都是名词用作动词以后，与其后的宾语构成了这种处动关系：

幕天席地、枕戈待旦、尺幅万里、友风子雨、侣虾友鹿、桂薪玉粒

（四）为动等其他用法

宾语或者是主语的服务对象，或者是主语发出动作行为的目的、原因、比较对象，或者是主语对宾语施行某种动作行为等，可用"为、因、与、对、像"等介词来分别加以语译。如成语：

相知恨晚、著作等身、举案齐眉、山鸡舞镜、罚不当罪、礼贤下士、下车泣罪、笔走龙蛇、信笔涂鸦

这些成语中，"相知恨晚"是因彼此了解得太晚而遗憾；"著作等身"即作品数量不少，堆积起来与身高差不多；"山鸡舞镜"谓山鸡对着镜子而舞，比喻顾影自怜；"信笔涂鸦"意思是随便书写，涂抹得像老鸦那样难看，形容书法拙劣或胡乱写作。

八、名词作状语

古汉语中名词用在动词前，经常充当主语，构成主谓关系。但也有一些名词对动词起修饰或限制作用，充当了状语，于是就构成状中式偏正关系。

（一）普通名词作状语

它所表示的意义和所起的作用大致有以下几种：

1. 表处所

用名词所指，说明行为发生的地点、场所。有时意思较实，相当于"在……地方"；有时意思较虚，相当于"当着……""在……场合"。"风雨同舟"指在狂风暴雨中同乘一条船，比喻共同经历患难。"山盟海誓"即对着山海发誓，表示爱情要像山海一样永恒不变。以下成语中加点的词，都是名词作状语表示处所：

草行露宿、道听途说、风雨飘摇、腹诽心谤、道不拾遗、岩居穴处、山栖谷饮、风餐露宿、夙兴夜寐、朝令夕改、耳提面命、百步穿杨、阳奉

阴违、班门弄斧

2. 表凭借

名词所指，表示主语指称的人或物发出动作的依据，意思是"按……""以……"。下列成语中带点的词都是名词作状语表凭借，理解时可前加"按"或"以"语译：

成败论人、义不容辞、不可理喻、义无反顾、规行矩步、公报私仇

3. 表工具

用名词所指，来说明行为动作所使用的工具或原料，这一类名词状语表示的意义比较具体。"肝脑涂地"即以肝脑涂抹满地，形容惨死。又如：

口诛笔伐、长绳系日、刀耕火种、眼泪洗面、驴驮马载、颐指气使、耳闻目睹、耳食之谈、手挥目送、尘饭涂羹、肝胆相照、瓮牖绳枢、粉妆玉琢、狗血喷头、牛刀小试、头会箕赋

4. 表状态

以作状语的名词所指称的那个事物常有的行为特征，来比喻、描写被修饰者的行为状态。"鹅行鸭步"，即像鹅一样行走，像鸭一样走路，形容行走迟缓；"延颈鹤望"即伸长脖子像白鹤那样张望着。这种用法还有如下一些成语：

蜂拥而至、风靡一时、雷厉风行、风驰电掣、狼吞虎咽、冰清玉洁、亭亭玉立、蚕食鲸吞、蛇盘龟息、席卷天下、神出鬼没、鬼哭狼嚎、冰解冻释、抱头鼠窜、凫趋雀跃、篝火狐鸣、星罗棋布、狼奔豕突、蜗行牛步、鹤立鸡群

（二）方位名词作状语

方位名词直接作状语，在古代汉语中使用得较为普遍。它既可表示行为的处所，也可表示行为的方向。如以下成语中带点的词就是方位名词作状语：

左顾右盼、东张西望、南来北往、上蹿下跳、东游西荡、东奔西走、上漏下湿、左萦右拂、中饱私囊、大江东去、东涂西抹

（三）时间名词作状语

时间名词用在动词前作状语，表示行为变化的时间。它既可以表示动作经常发生，表示"每天"；也可以表示情况的逐渐发展，表示"一天天"的意思；还可以表示追溯过去，相当于"往日""以前"的意思。如成语：

日新月异、日积月累、心劳日拙、日行千里、江河日下、日削月朘、世风日下、日无暇晷、日理万机、日就月将

九、实词活用

古汉语中一些实词常常按照一定的语言习惯而灵活运用，在句中改变其语法功能，充当了其他类词语才能充当的句子成分。

（一）名词用作动词

名词在一定的语法条件下活用作动词，临时具备了动词的一些语法功能，意义也发生了某些变化。在原有意义的基础上，产生了相应的适合于特定语境的行动性联想意义。成语"无所事事"，前一个"事"字用为动词"做"的意思，此谓闲着不做任何事情。"夏雨雨人"，后一个"雨"字作动词用，雨下在人身上，比喻加惠于人，或给人以帮助和教育。以下成语中带点词都用作动词：

兵不血刃、不胫而走、不药而愈、不桃之祖、不情之请、洞烛其奸、春风风人、密云不雨、不经之谈、莫名其妙、巧不可阶、自相鱼肉、不毛之地、不日不月

（二）形容词用作动词

形容词在一定的语法条件下活用作动词，就临时具备了动词的一些语法功能。而且在形容词原有的表性质、状态的意义之外，临时产生了切合具体语境的行动性意义。"苗而不秀"意思是庄稼生长了，却不吐穗扬花。比喻虽有好的本领，却没有什么成就，也比喻虚有其表。这里"秀"用作动词。又如：

不白之冤、未可厚非、食言而肥

（三）数量词用作动词

所谓数量词活用作动词，通常是指表数目多少的基数词，或基数词和量词一起在一定的语法条件下临时用作动词。如下列成语中带点的词，都具有了动词意义。

誓死不二、人一己百、一日千里、一字千金、二三其德

（四）动词用作名词

如果一个动词用在另一个动词后面作宾语，充当前一个动词所表示的动作行为的对象，那么这后一个动词就用作名词。如"为人作嫁"，"嫁"放在动词

"作"之后，用如名词。原意是贫女没有钱置办嫁衣，却年年替别人缝嫁衣，后来就用它来比喻徒然为别人忙碌或在别人手下混生活。又如成语：

路不拾遗、追亡逐北、养生送死、如释重负、围城打援、望而生畏、入境问禁、悼心失图（图谋）

(五) 形容词用作名词

形容词在句子中处于名词的位置，并且具有名词的语法特点，这就叫形容词用作名词。如"乘坚策肥"：坚，坚固的车子；肥，指肥壮之马。意谓高官富商的豪华生活。"纷红骇绿"：红，指红花；绿，指绿叶。意思是纷披的红花，散乱的绿叶，形容花叶随风摆动。又如：

分甘共苦、除旧布新、锄强扶弱、扶危济困、扶老携幼、知白守黑、批亢捣虚、披坚执锐、挑肥拣瘦、去伪存真、扶弱抑强、推陈出新、取长补短、绿肥红瘦、忆苦思甜、嘘寒问暖、抱残守缺、说长道短、看朱成碧

十、其他

通过仔细研读成语，我们还发现某个常用词的古代用法仍然保留在成语之中。利用成语来掌握这些词义，往往会收到事半功倍之效。请注意下列成语带点词在括号里的意义，并与今义比较：

一（竟然）寒如此、防患未然（这样）、公诸（之于）同好、语焉（于之）不详、莫（没有谁）名其妙、何苦乃（竟然）尔、居心叵（不可）测、苟且偷（苟且）安、党同伐（偏袒）异、盛筵难再（两次）、舍我其（语气词）谁、轻于（比）鸿毛、生死攸（所）关、闻所（辅助性代词）未闻

以上是笔者研读成语时的点滴所得。利用成语材料对古汉语知识进行归纳和揭示，目的就是让古汉语课程学习者更好地去理解和把握相关的知识。由于现代交际中人们仍在不断地使用成语，所以利用自己身边熟悉的语言材料去理解和把握古汉语词汇、语法方面的特点，不但易于接受、方法实用，而且效果突出。不仅如此，如果我们能从古汉语知识的角度对成语进行分析训练，那么对我们正确把握成语含义，并做到恰当使用成语，从而丰富我们的日常表达和提高语言交际水平，都将具有重要的实践价值。

第四章

训释篇

引　论

　　词语的训释，既是传统语言学研究的一个重要内容，也是词汇学、语义学主要关注的对象。古文的教学，离不开训诂。现代语言教学，更离不开对词语的训释。每一位古文教学者是当然的训诂工作者。古文教材中并不是处处有注，需要教师随时补注；即使书中有注，有时候也需要教师订讹纠谬。同样，现代语言工作者也是当然的词语训释者，一个词语放在具体的语境中，结合具体的字典辞书如何给以确切的解释，是摆在每一位语言工作者面前的首要任务和基本职责。因此，词语训释显得尤其重要。本章择取汉语里一些常见的词语，从训释的角度来加以讨论。

　　"之所以"是交际中较为常用的语言单位。学界不少论者曾先后撰文讨论过其意义和用法，但至今意见仍不统一。一种观点认为，"之所以"就是"的所以"，"之"是结构助词，因而"之所以"是不能用于句首的；另一种观点则认为，虽然"之所以"是"的所以"的意思，但在交际中它又是可以放在句首的。这两种不同的观点，孰是孰非？这就涉及对"之所以"这个语言单位的理解与训释问题。

　　词义的训释，最忌讳的是望文生义。比如我们读唐诗，对于诗中所出现的一些常用字，一方面一些唐诗读本本来就没有相应的注释，另一方面人们又多以常用意义来加以理解，这样一来就可能会造成表面意思讲通了，而实际上却根本没得其要旨，犯了望文生训的毛病。笔者在读唐诗的时候，写了关于词义训释方面的一点心得体会，即体现在本章第二节"试说唐诗中几个常见的比喻词"中。文中对相关词语的理解正确是否，祈望同行专家予以批评指正。

　　不但读诗歌如此，读古文更是常常遇到词义的训释问题。这里我们不妨引

几个例子:

(1) 太祖悦,谓禁曰:"水之难,吾<u>其</u>急也,将军在乱能整……何以加之!"(《三国志·魏志·于禁传》)

(2) 夫物之不齐,物之情也……从许子之道,<u>相率</u>而为伪者也,恶能治国家?(《孟子·滕文公上》)

(3) 当二公之初守也,<u>宁能</u>知人之卒不救,弃城而<u>逆遁</u>?苟此不能守,虽避之他处何益?(《〈张中丞传〉后叙》)

(4) 夫如是,<u>故</u>远人不服,则修文德以来之。既来之,则安之。(《论语·季氏》)

引例(1)吴金华注曰:"审其辞气,'吾其急也'当作'吾甚急也','其'疑'甚'字之残。""其"是"甚"字之残,还是本身就有表程度的用法?引例(2)中的"相率",郭锡良《古代汉语》释作"彼此带领着";朱振家《古代汉语》将其解为"互相率领"。"互相率领"是何意思?我们不得其解。引例(3)中的"宁能",该如何解释?其"能"是愿词,还是反诘副词?"逆遁"之"逆",是不是"预度、预先"的意义?"逆遁"是不是"预先退逃"?引例(4)中的"故",有人将其当作表因果关系的连词,又有人认为此"故"不表因果关系,而是承接上文,相当于今天的"就""便"。那么到底怎样理解才算正确?针对这些词语的训释问题,笔者提出了自己的主张和看法。训释未必恰切,姑作抛砖引玉。

第一节 "之所以"的理解与训释问题

现代汉语"之所以"的用法不时为人们所关注。《中国语文》2006年第6期所刊肖奚强、王灿龙先生《"之所以"的词汇化》[①]一文,对现代汉语"之所以"的演变成词进行了深入的分析和讨论,认为"之所以"跟其他许多连词一样,是由句法单位词汇化而成。特别是文章对"之所以"的句法功能、语用语义、表达效果及词汇化过程等所做的具体阐释和描述,进一步加深了人们对"之所以"这个语言单位的认识与理解。不过,笔者以为,在其分析"之所以"这个跨层非短语结构是如何演变成连词的过程中,个别地方尚有待商榷。文章

---

① 为了行文中称说的方便,我们在后文里简称该文为"肖文"。

的引言部分有这么一段话:"在古代汉语中,'所'和'以'可以分别用作代词和介词,它们结合起来与后面所接的动词短语共同构成一个复杂结构,即'所以VP'(VP代表动词和动词短语)。该结构仍然具有谓词性,常常充当句子的谓语。因此,只要在它前面加上主语(S),它们就成了一个独立的小句或句子。但有时需要取消这种句子的独立性,为了达此目的,人们便用助词'之'来承担该功能。这样一来,便有了下面的句法形式:S+之+所以VP。"①这里所涉及的问题是,"所以VP"结构究竟具有谓词性还是具有体词性?在句法形式"S+之+所以VP"中,助词"之"的用法是取消句子的独立性,还是放在偏正结构之中?"S+之+所以VP"是不是现代汉语"之所以"的唯一来源?现代汉语"之所以"的词汇化,是否还有其他途径?从现代言语交际的具体运用来看,用作起领句子的"之所以"是否又符合现代语言规范?而这些正是我们这里力图探讨并企望解决的问题。

一、关于"所以VP"结构的词性问题

"所以VP"结构,究竟具有谓词性还是具有体词性?要回答这个问题,我们不妨先看看学界对"所以"词组的理解。王力先生曾说:"'所以'这个词组,原来是介词'以'加宾语代词'所'(提前)。'所以'结构,往往用来追问原因或解释原因。"②《古代汉语虚词词典》在分析"所以"结构时认为,其"本是介宾结构,由介词'以'和代词'所'构成"。由此形成的"所以",再与后面所接的动词短语又可以共同构成"所以VP"结构。从"所以VP"结构的性质看,我们认为其并非肖文所说的具有谓词性特征,而应属体词性结构。因为"所+以+动词"中的"所以",其作用是与后面的动词构成"所"字结构,而"所"字结构当是一个名词性的短语,怎么会是一个谓词性结构呢?杨伯峻、何乐士曾指出:"'所'和介词结合也可构成名词性短语,表示与动作行为有关的工具、方法、原因、处所、时间或对象等。其变化规则为:'所+介词→名词性短语'。如果'所'后有介词也有动词时……它先与介词结合,然后'所介'再与动词结合。其变化规则和内部结构为'所+介词+动词→名词性短语'。最常见的'所介'是'所以',它可以表示动作行为赖以施行的工具或方法。"③《汉语大词典》"所以"词条云:"'所以'可与形容词或动词组成名词性词组,

---

① 肖奚强、王灿龙:《"之所以"的词汇化》,载《中国语文》2006年第6期,第531页。
② 王力:《汉语语法史》,商务印书馆1989年版,第159页。
③ 杨伯峻、何乐士:《古汉语语法及其发展》,语文出版社2001年版,第488页。

表示原因、情由。"荆贵生先生亦谓:"'所'字用在介词'以''从''为''与'的前面,指示和称代介词介绍的对象。……'所'字与介词以及介词后面的动词或动宾词组结合起来组成的词组具有名词性。"[1] 张双棣等在论及"所"字结构时说:"'所'附于动词性成分之前,构成'所'字结构。'所'字结构有三种类型,都表示转指,因而都是名词性结构。"[2] 其在讲到"所"字结构第二种类型时,亦列举了具有"所以VP"结构的两例——《荀子·议兵》:"彼兵者,所以禁暴除害也。"《晏子春秋·内篇杂下》:"此婴之所以不敢受也。"我们认为,即便是"所以VP"结构在这些引例中作谓语,也是限于名词谓语句。正如肖文所云,"所以"用于名词谓语句中,"整个句子具有一定的判断性,它主要用于表达对凭借、方式等的判断,因此,不妨归入判断句"。因而"所以VP"结构无论是从语义角度还是从功能方面考察,其明显体现出体词性特征,而不应当是肖奚强、王灿龙两位先生在文章里所主张的那样——"该结构仍然具有谓词性"。

二、"S + 之 + 所以 VP"中"之"的用法

既然"所以VP"结构是体词性结构,那么由其所形成的句法形式——"S + 之 + 所以VP",其"之"的作用便不是放在主谓之间取消句子的独立性。王力先生讲到句子的仂语化问题,曾提到古汉语"句子仂语化"的两种结构形式:"第一是在主语和谓语中间插入介词'之'字,使它变为名词性仂语;第二是在主语和谓语中间插入'所以'。使它变为名词性仂语。"[3] 由于"所以"插入主谓结构之中已经使主谓结构变成了名词性仂语,亦即是说"所以"的功能作用就相当于第一种结构形式中的"之",那么又何须在已经变成了名词性仂语的"S + 所以VP"中,再插入"之"来取消句子的独立性呢?这样似乎是解释不通的。我们认为,当"所以"插入句子的主谓之间,一方面使句子变成了名词性仂语,另一方面因"所以"的插入而使原来的整个主谓结构发生了根本性改变,"所以"与谓动词一起构成了名词性词组,而原来主谓结构中的主语又与这个名词性词组形成了修饰、限定与被修饰、限定的关系。即"S + VP"原本是主谓结构,而一旦"所以"插入其间所形成的"S + 所以 + VP",就再不是主谓结构而应是偏正结构了。在"S + 所以 + VP"中,领属词语S(我们姑且仍用S来表示

---

[1] 荆贵生:《古代汉语》,武汉大学出版社2005年版,第385页。
[2] 张双棣等著:《古代汉语知识教程》,北京大学出版社2002年版,第312页。
[3] 王力:《汉语史稿》,中华书局1980年版,第393页。

领属词语）起着重要的定性作用，即 S 与"所"字词组之间在语义上形成的领属关系，正是定语与名词性中心语之间典型的语义关系。而正是由于形成了这种偏正结构关系，因而在"S"与"所以 VP"之间有时是可以加"之"的，所以王力先生说："当'所以'插入句子形式的时候，前面还可以加'之'字。"[①]既然是可以加"之"，那也有一定不加"之"的时候。这种"之"的加与不加，并不影响人们对其偏正关系的认识和理解。如肖文所列举的几个在"S＋所以＋VP"中不插入"之"的例子：

(1) 晋所以霸，师武、臣力也。(《左传·宣公十二年》)

(2) 小所以事大，信也；大所以保小，仁也。(《左传·哀公七年》)

(3) 人所以谓尧贤者，以其让天下于许由，许由必不受也，则是尧有让许由之名而实不失天下也。(《韩非子·外储说右下》)

(4) 吾所以有大患者，为吾有身，及吾无身，吾有何患？(《老子·十三章》)

(5) 昔者君王辱于会稽，臣所以不死者，为此事也。(《国语·越语下》)

引例 (1) 中，"晋所以霸"也好，或在其间加"之"而形成"晋之所以霸"也罢，都是偏正结构作主语，"晋"是"所以"所强调指出的（不是别的国家，而是晋国）；引例 (2) 中，"小"与"所以事大"之间、"大"与"所以保小"之间加或不加"之"一样，都表示偏正关系，"小"和"大"都是"所以"所要强调的。余几例同此。我们再补如下几例。《庄子·外物》："圣人之所以骇天下，神人未尝过而问焉；贤人所以骇世，圣人未尝过而问焉；君子所以骇国，贤人未尝过而问焉；小人所以合时，君子未尝过而问焉。"[②]《史记·魏公子列传》："胜所以自附为婚姻者，以公子之高义，为能急人之困。"赵晔《吴越春秋·勾践伐吴外传》言"异日，种谏曰：'臣所以在（早）朝而晏罢若身疾作者，但为吴耳'"！"所以"之前加"之"与不加"之"效果一样。可见，S 后的"所以 VP"与"之所以 VP"二者的表达功能相同。正因为如此，肖文在其附注⑥也举例指出，句子中的"所以 VP"也同样具有"之所以 VP"

[①] 王力：《汉语史稿》，中华书局 1980 年版，第 397 页。
[②] 《庄子·外物》的这段话里，"圣人之所以骇天下"与"贤人所以骇世""君子所以骇国""小人所以合时"句法结构完全相同，前一句式插入了"之"，而后面几个皆弃"之"而不用。如果从句式对整的角度考虑，后面几个句式理应再置入"之"。但句中有无"之"字，其句意和表达丝毫不受影响。

一样的表达功能。我们试着将句法形式"S+之+所以VP"中的"之"予以删除,将肖文中(1)~(22)例"之所以"的"之"或文献中类似句子的"之"都去掉不要,其体词性特征仍然未变,而语法功能或句意的表达根本不受任何影响。这就进一步说明"S+之+所以VP"中的"之"不是取消句子独立性的用法,而是放在偏正结构之中表示修饰与被修饰的关系。正是由于"之"具有这种属性和作用,所以叶圣陶先生(1978)就曾指出:"'之所以'没有资格处于语句开头的位置,它注定得跟在什么东西后头。如果写成书面,它前头必得是文字而不该是句号、逗号或旁的符号。"吕叔湘、朱德熙(1952)也同样认为:"'之所以'只用在句子中间,不用在句子头上。"王国璋、安汝磐在谈到"之所以"的用法时也说:"那种没有主语而以'之所以'开头的句子是不规范的。"① 他们正是认清了"之"在"S+之+所以VP"这一偏正结构中的语法性质。

三、对"之所以"来源的再认识

关于"之所以"中的"之",学界不外乎有两种看法。第一,"之"没有实在意义,或认为"之"放在主谓之间取消句子独立性,如肖奚强、王灿龙等;或认为是结构助词,可以不译。如叶圣陶、吕叔湘等。第二,"之"含有比较具体而实在的意义,认为"之"是代词,相当于"它",如杨树达、孙汝建等。这两种不同的观点都有其合理的成分。我们一方面承认,"之所以"来源于"S+之+所以VP"句法形式,其"之"是结构助词。然而来源于这种句法形式的"之所以"显然是不能起句的,如叶圣陶(1978)所说:"'之所以'就是'的所以',一句话要用'的所以'开头,谁都知道没法说。"而另一方面,尽管如肖文附注⑧所说,他们"通过对较大规模的语料库的调查,发现'之所以'用于小句主语之前的情况非常少,几近罕见"。但我们却认为,这"几近罕见"的情况毕竟在语言的使用中客观存在,因此又不得不正视以"之所以"来起领全句的这一现象和事实。在文献中我们检得以下用例:

(6)立身则从佣俗,事行则遵佣故,进退贵贱则举佣士,<u>之所以接下之人百姓者</u>,则庸宽惠,如是者则安存。(《荀子·王制》)

(7)立身则轻楛,事行则蠲疑,进退贵贱则举佞悦,<u>之所以接下之人百姓者</u>,则好取侵夺,如是者危殆。(《荀子·王制》)

---

① 王国璋、安汝磐:《常用词用法例释》,中国人民大学出版社1980年版,第312页。

（8）立身则憍暴，事行则倾覆，进退贵贱则举幽险诈故，之所以接下之人百姓者，则好用其死力矣，而慢其功劳，好用其籍敛矣，而忘其本务，如是者灭亡。（《荀子·王制》）

（9）之所与为之者，之人则举义士也；之所以为布陈于国家刑法者，则举义法也。（《荀子·王霸》）

（10）之所以不暗中盗取，只因方才听得小姐大有改邪归正之心，而且怀念徐鸣皋⋯⋯（唐芸洲《七剑十三侠》）

（11）之所以我们没有立即去外乡，是因为担忧您们舍不得女儿，心存留念。（曹绣君《古今情海》）

上例中这些用来起领句子的"之所以"，显然不同于来自句法形式"S+之+所以VP"的"之所以"。叶圣陶（1978）曾经说过："'之'相当于'的'之外，又相当于'它''他''她'，是确实的。可是有个限制，'之'只相当于例如'敬他'的'他'，'爱她'的'她'，'喜欢它'的'它'，而不相当于例如'他看见⋯⋯'的'他'，'她考虑⋯⋯'的'她'，'它存在⋯⋯'的'它'。"在我们看来，例（6）~（11）中的"之所以"，其"之"应该具有实在的意义，它既不是"的"的意思，也不是表主格或宾格"他""她""它"的意思，而是指示代词"之"用作定语。王力先生说："'之'字用于指示的时候，是用作定语的（所谓"指示形容词"），它是近指的指示代词，等于现代的'这'。"① 如《诗经·周南·桃夭》："之子于归，宜其室家。"《庄子·逍遥游》："之二虫又何知！"我们知道，古汉语中的"所以VP"结构具有名词性，而指示代词"之"作定语完全可以修饰和限定这个名词性结构。杨伯峻、何乐士指出："'之'是指示代词，作定语，修饰后面的名词短语（"所"字结构），相当于'彼''此''那''这'一类意思，有加强语气的作用。"② 可谓见解精辟，堪为称道。"之"修饰限定"所以VP"这个名词性短语而形成的"之+所以VP"，我们可以理解为"这用它来⋯⋯"或"这凭借它⋯⋯"这样所形成的"之所以"并非形成于"S+之+所以VP"中的"之所以"。为了以示区别，我们把形成于"S+之+所以VP"中的"之所以"简记作"之所以$_1$"，把由指示代词"之"修饰限定"所以VP"而形成的"之所以"简记作"之所以$_2$"。由句法形式"S+之+所以VP"所产生的"之所以$_1$"显然不能起句，而由指示代词"之"

---

① 王力：《汉语史稿》，中华书局1980年版，第277页。
② 杨伯峻、何乐士：《古汉语语法及其发展》，语文出版社2001年版，第127页。

修饰限定"所以VP"而形成的"之所以₂"却能起领句子,如前所举例文。王引之《经传释词》在"之"训为"其"之下引《荀子·王霸》之例后云:"之所以,其所以也。"认为"之"可训为"其","其"亦可训为"之"。杨树达先生也认为这种"'之'字用与'其'字同"。我们比较认同这种观点。下文拟就用于起领句子的"其所以"与"之所以",做一定的分析比较和具体说明。

四、用于起句的"之所以"和"其所以"

"其所以"与"之所以"一样,都是由表称代意义的代词"其"或"之"修饰限定后面的"所以VP"而形成的偏正结构,它们以名词性短语的形式作主语。由于整个名词性短语置于句首,给人造成"其""之"放在句首作主语的假象,因而人们常常将"其""之"理解为单独作句子的主语,这显然是不恰当的。"其""之"作偏正结构中的修饰限定成分,指代其前出现过的话题内容,皆可理解为"彼""此""那""这"的意思。二者所不同的是,"其"主要用于远指,"之"则主要用于近指。"其"除作指示代词外,还可以作人称代词。我们发现以"其所以"打头的句子,在文献中较为习见,下引部分其例:

(12) 是以鬼神用飨,国受其福,祝史与焉。其所以蕃祉老寿者,为信君使也,其言忠信于鬼神。(《左传·昭公二十年》)

(13) 虽然,其所以得免于人害者,以其信也。(《韩非子·外储说左下》)

(14) 其所以起者,以不相爱生也。(《墨子·兼爱中》)

(15) 夫秦非不利有齐而得宋地也,然其所以不受者,不信齐王与苏秦也。(《战国策·魏策一》)

(16) 其所以四月死者,诊其人时愈顺。(《史记·扁鹊仓公列传》)

(17) 小人殉财,君子殉名。其所以变其情,易其性,则异矣;乃至于弃其所为而殉其所不为,则一也。(《庄子·盗跖》)

(18) 舜之居深山之中,与木石居,与鹿豕游。其所以异于深山之野人者几希。(《孟子·尽心上》)

(19) 口之宣言也,善败于是乎兴,行善而备败,其所以阜财用,衣食者也。(《国语·周语上》)

(20) 自鲁隐公以至哀公十有二世,其所以得之,所以失之,其术一也:得贤人,国无不安,名无不荣;失贤人,国无不危,名无不辱。(《吕氏春秋·慎行》)

例（12）~（20）中的"其所以"都是用于句子开头。其中例（12）~（16）是以"其所以"引领结果，然后由结果来探索原因；有的句子甚或在"其所以"之后，还有表原因的"为""以"等作标志，这种情况之下的"其所以"也就相当于现代汉语由果溯因的"之所以"。例（17）~（20）的"其所以"尽管表示凭借或方法，但由于"其"对前文出现过的内容进行回指，因而"其"仍然具有实在的意义。我们认为，现代汉语置于句前的"之所以"，其用法似同于上引各例中的"其所以"；在"之所以VP"中，相当于"这"的"之"不是作主语，而是起领属和限定的作用。这种起领句子的"之所以"，显然不是来自句法形式"S+之+所以VP"，而是因指示代词"之"修饰限定"所"字词组而形成，它与"S+之+所以VP"的"之所以"仅仅是形式上相同而已。事实上现代一些语言学者在其著述里也经常使用由此所形成的"之所以"，以"之所以"形式起领全句。例如：

（21）<u>之所以</u>出现这些问题，是因为经典约束理论只讨论句法问题，把这两个约束原则都处理成在句法结构上运作的条件。（胡建华、石定栩：《约束B原则与代词的句内指称》，载《中国语文》2006年第1期，第3页）

（22）句中"曰"原作"恩"，<u>之所以</u>有此误，概因"曰"先误作"（因）"，后误作"恩"。（刘传鸿：《读〈敦煌变文校注〉札记三则》，载《中国语文》2006年第2期，第176页）

（23）概而言之，<u>之所以</u>是B+C类推A+C，是因为它符合类推的基本原则。（胡敕瑞：《"去"之"往/至"义的产生过程》，载《中国语文》2006年第6期，第523页）

（24）<u>之所以</u>选择这两部书，是因为它们具有较好的代表性和可比性。（汪维辉：《六世纪汉语词汇的南北差异》，载《中国语文》2007年第2期，第175页）

（25）<u>之所以</u>强调是词语，是因为它并不是一种独立的语言。（王希杰：《黑话说略》，载《汉语学习》1989年第5期）

（26）<u>之所以</u>不能随便扔，是因为纸上有了"字"（书面上的语言）。（陈原：《语言与社会生活》，生活·读书·新知三联书店1980年版，第39页）

（27）也就是，<u>之所以</u>能避免某种不如意的结果，得归于某种原因。（邢福义：《试论"A，否则B"句式》，载《中国语文》1983年第6期）

(28) 法国引以为荣的名画《"蒙娜丽莎"的微笑》，<u>之所以</u>被说成谜，几百年扣住人们的心，是由于她的微笑的缘故吧。（［日］石川弘义著，周逸鸣译：《如何说"不"——拒绝别人的语言艺术》，西北大学出版社1987年版，第17页）

特别是当今各种报刊及网络传媒，以"之所以"起领句子的用法，更是屡见不鲜、日益习见。兹举少数用例便可明之：

(29) 张鸣还补充说，<u>之所以</u>把这事在博客上登出来，"不是申冤，也不是想炒作"，只是想说明高校目前行政化官僚化的程度。（《人大系主任被撤续 知情者被告知不要站错队》，凤凰网2007/3/22）

(30) 从个股表现来看，沪市丝毫不弱于深市，<u>之所以</u>出现沪综指弱深成指强的情形，主要还是在于沪综指受到了权重股的拖累。（楼栋：《轻大盘重个股》，载《中国证券报》2007/5/9）

(31) <u>之所以</u>称它为"阳光评税"系统，是因为系统中的每一项调整因素和指标都是根据区域特点，通过同行业综合分析计算得出的，具有较强的科学性和合理性。（谷田：《北京西城区国税局"阳光评税"效果好》，载《中国证券报》2007/5/9）

(32) 社会学视野中的"心理问题"，是一个比"心理疾患"或"心理障碍"内涵更丰富、外延更广大的概念。它包括社会成员在价值观层面、人格层面和社会适应能力层面等出现的障碍性症状。<u>之所以</u>称其为一种问题，是因为这种障碍性症状所产生的负面效应，不仅会被当事者个体所感知，而且也会被社会有关方面所感知。（《我国社会正在急剧转型 大量心理问题日渐凸显》，新华网2007/2/25）

(33) 史晋川则表示，<u>之所以</u>有这些争议，一是学校的方案解释力度不够，准备不充分，尽管有5个月时间讨论，但多在校院层面；二是一些学院没有召开导师大会来解释答疑；三是一些导师平常自己不关心，等方案成形后却破口大骂；四是对学生意见征求得不够。（《浙大规定导师招生要交助研经费 一教授声明拒招》，搜狐新闻2007/3/23）

以上众多的语言事实说明，以"之所以"起句并非"没法说"，也不是叶老所说的这种"之所以"就是"的所以"的意思。它之所以能在语言交际中较为普遍地使用，是因为这样的使用仍然符合汉语的语法规范。只是由于人们把这种用法的"之所以"误认为是来源于"S＋之＋所以VP"的"之所以"，因而才导致将"之所以"置于句子开头的这一种用法视为不合语法的非规范性表达。

综上所述，我们认为现代汉语的"之所以"来源有两种情形。一是来源于句法形式"S+之+所以 VP"，简记作"之所以$_1$"。这种"之所以"的"之"，是结构助词，它并非放在主谓之间取消句子独立性，而是放在领属与被领属之间表示偏正关系。这种"之所以"不能起领句子，它只能置于一定的词语之后，其作用相当于不带"之"的"所以 VP"。二是来源于指示代词"之"修饰后面的名词性词组——"所以 VP"，简记作"之所以$_2$"。这样所形成的"之所以"可以用于起领句子，其"之"有具体实在的意思，它指代前文出现过的话题内容，相当于现代汉语中的"这"，用法与古汉语的"其所以"相似。毋庸置疑，现代汉语里的"之所以"应该有"之所以$_1$"和"之所以$_2$"两个，它们仅仅是形式上相同，而各自来源不同，用法也不一样。由于不明现代汉语里的"之所以"有"之所以$_1$"和"之所以$_2$"的区别，人们常常出现理解或使用上的混淆，也引发了学界对"之所以"用法的不断纷争与讨论。

第二节　试说唐诗中几个常见的比喻词

唐诗是我国文学史上一颗璀璨的明珠，千百年来一直为世人所传诵。然而人们在阅读和鉴赏唐诗的时候，对一些词语总是以其常义加以训释和理解，有时竟穿凿附会而不得要旨。这里试从汉语修辞的角度拈出一些常见的比喻词，谈一谈这些词语在唐诗中所体现出的词义特征和所起的修辞作用。并以此提请注意，千万不可将它们按现代意义做想当然的解释。它们是"疑、学、类、欲、想、以、成、胜、状、方、作"，下面对其逐一论列。不逮之处，恳望斧正。

一、"疑"

在唐诗中常常用"疑"这个词语来表示比喻。《辞海》释"疑"谓："疑莫能明，每因相类，故疑又训似。"陈子昂《酬李参军崇嗣旅馆见赠》："白璧疑冤处，乌裘似入秦。"沈佺期《兴庆池侍宴应制》："汉家城阙疑天上，秦地山川似镜中。"苏颋《奉和春日幸望春宫》："山光积翠遥疑逼，水态含青近若空。"张蠙《登单于台》："沙翻痕似浪，风急响疑雷。"以上诗行，"疑"与"似"、"疑"与"若"相对为文，"疑"即"似"，即"若"也。又观杜甫《梦李白》：

"落月满屋梁,犹疑照颜色。"李商隐《筹笔驿》:"猿鸟犹疑畏简书,风云常为护储胥。"两诗之"犹疑",非联绵词训"迟疑,拿不定主意",而是"犹疑"连文——"犹",似也;疑亦为"似"。韩愈《春雪间早梅》:"那是俱疑似,须知两逼真。""疑似"并连而陈,谓事物表面形态相近似而是非难辨。可见,"疑"可训"似"。王勃《郊园即事》:"断山疑画障,县溜泻鸣琴。"谓断山似画障一般。李白《梁园吟》:"平头奴子摇大扇,五月不热疑清秋。"言五月不热,如清秋凉爽宜人。杜甫《天池》:"直对巫山峡,兼疑夏禹功。"状夔州之天地就像巫山峡,又似夏禹所凿。李白《静夜思》:"床前明月光,疑是地上霜。"谓透过窗户射到床前的皎洁月光,好像是地上铺了一层白皑皑的浓霜。李白《望庐山瀑布》:"飞流直下三千尺,疑是银河落九天。"云巍巍香炉峰藏在云烟雾霭之中,遥望那如从云端飞流直下、临空而落的瀑布就好比一条银河从天而降。孟浩然《舟中晓望》:"坐看霞色晓,疑是赤城标。"意即朝霞映红的天际,是那样的璀璨美丽,好像就是赤城山的尖顶所在。张谓《早梅》:"不知近水花先发,疑是今冬雪未消。"曰一树洁白如玉的寒梅因"近水"而先发,好比是经冬未曾消融的冰雪……从这些诗句来看,以"疑"表比喻,不仅生动形象,而且极为传神。若以"怀疑"释之,不仅比之黯然失色,而且如是理解,尚有佶屈聱牙之嫌矣。

二、"学"

一般多将"学"理解为动词"学习"。但在唐诗中,"学"却常用来表比喻,犹比喻词"如"。"学"犹"如",不难从其词义的引申演嬗中看出。《广雅·释诂三》:"学,效也。"学习就在于去仿效、模仿,因而"学"就有"模仿"之意。《墨子·贵义》:"贫家而学富家之衣食多用,则速亡必矣。"《晋书·戴逵传》:"是犹美西施而学颦眉。"杜甫《北征》:"学母无不为,晓妆随手抹。"又《数陪李梓州泛江有女乐在诸舫戏为艳曲二首赠李》:"使君自有妇,莫学野鸳鸯。"是其证。而"模仿"之结果,则在于其许多地方相类相像,因此"学"就有"好比""如像"的词义。杜甫《瀼西寒望》:"猿挂时相学,鸥行炯自如。"皮日休《虎丘寺殿前古杉》:"劲质如尧瘦,贞客学舜霉。"张文潜《赠刘淑女》:"未说蜻蛚如素领,固应新月学娥眉。"以上皆"如""学"互文,是"学"犹"如"也。晚唐贯休《阳春曲》:"为口莫学阮嗣宗,不言是非非至公;为手须似朱云辈,折槛英风至今在。""学""似"互文,"似"犹"如",是"学"亦犹"如"也。裴迪《送崔九》:"莫学武陵人,暂游桃源里。""莫学武陵人",谓莫如武陵人也。刘长卿《过裴舍人故居》："孤坟何处依山木，百口无家学水萍。"云百口无家如水萍。韩愈《和工部送僧约》："早知皆是自拘囚，不学因循到白头。"谓不如因循到白头。张籍《大和》："含情少妇悲春早，多是良人学转蓬。"言多是良人如转蓬。李贺《天上谣》："天河夜转漂迴星，银浦流云学水声。"即银浦流云如水声。柳宗元《柳州城西北隅种甘树》："方同楚客怜皇树，不学荆州利木奴。"曰不如荆州利木奴。杜甫《复愁》："月生初学扇，云细不成衣。"谓初生月像扇子一样。又《喜晴》："焉能学众口，咄咄空（一作"同"）咨嗟。"谓焉能如众口，咄咄同咨嗟。又《从驿次草堂复至东屯茅屋》："筑场看敛积，一学楚人为。"一如楚人为也。这些诗句中的"学"字，皆不能理解为动词"学习"，而只能看成比喻词。类似用法在唐诗里还很多，不赘。

三、"类"

《广雅·释诂四》："类，象也。"《集韵·术韵》："类，似也。"《正字通·页部》："类，肖似也。"都指明了"类"具有"好像""似若"的词义。"类"作比喻词，起于先秦。《易·系辞下》："于是始作八卦，以通神明之德，以类万物之情。"言以似万物之情也。《左传·庄公八年》言"杀孟阳于床，曰：'非君也，不类'"。谓孟阳不是国君，样子不像。"类"的这种用法，在后来的诗文中被广泛地使用。《后汉书·马援传》："效季良不得，陷为天子轻薄子，所谓画虎不成反类狗者也。"即画虎不成反若狗。萧纲《卧疾》："沉痾类弩影，积弊似河鱼。"颜延之《五君咏——阮步兵》："沉醉似埋照，寓辞类托讽。"肖贲《长安道》："城形类北斗，桥势似牵牛。"诗行中皆"类""似"互文。不仅如此，"类"与"如""若""像""犹"亦分别对文同义，试分别各举一例如下。庾信《奉和赵王喜雨》："白沙如湿粉，莲花类洗杯。"徐陵《和简文帝赛汉高帝庙》："山宫类牛首，汉寝若龙川。"鲍照《过铜山掘黄精》："既类风门磴，复像天井壁。"据此，杜甫《遣闷》："倚着如秦赘，过逢类楚狂。"韩愈《咏雪赠张籍》："岸类长蛇搅，陵犹巨象豗。"柳宗元《披沙拣金赋》："皎如珠吐，类剖蚌而乍分；粲兮星繁，似流水之初卷。"等诗行中的"类"，词义当如"似""若""像""犹"，与前已述及的"疑""学"等词一样，同用作比喻。

四、"欲"

"欲"作比喻连词，犹"若"，在诗歌中亦较为常见。萧纲《石桥》："写虹便欲饮，图星逼似真。""欲""似"互文，"欲"犹"似"也。庾肩吾《咏同泰寺浮图》:"天衣疑拂石,风翅欲凌空。"韦渠牟《步虚词十九首》:"云行疑带雨,星步欲凌风。"皆"疑""欲"互文,"欲"犹"疑","疑"如"似"也。江总《别袁昌州二首》:"徂年若惊电,别日欲成秋。"温庭筠《江南曲》:"凤管悲若咽,鸾弦娇欲语。""若""欲"亦对文义同,是"欲"犹"若"矣。杜牧《清明》:"清明时节雨纷纷,路上行人欲断魂。"谓路上行人若断魂。来鹄《云》:"无限旱苗枯欲尽,悠悠闲处作奇峰。"犹无限旱苗枯若尽也。王维《辋川别业》:"雨中草色绿堪染,水上桃花红欲燃。"言水上桃花红若燃。杜甫《假山》:"望中疑在野,幽处欲生云。"幽处若生云也。白居易、刘禹锡、王起《会昌春连宴即事》:"怪石云疑触,夭桃火欲燃。"云桃若火燃。如下诗句中"欲燃"皆犹"若燃"也。李白《寄韦南陵冰,余江上乘兴访之,遇寻颜尚书,答有此赠》:"月色醉远客,山花开欲燃。"杜甫《绝句二首》:"江碧鸟逾白,山青花欲燃。"周繇《咏萤》:"微雨洒不灭,轻风吹欲燃。"薛逢《镊白曲》:"长安六月尘亘天,池塘鼎沸林欲燃。"刘禹锡诗:"红袖花欲燃,银灯昼相似。"这些"欲"字,如若按"将要""想"等词义去理解,则不得其要义。只有将其认作比喻词,前后文意才会变得畅达。

五、"想"

李白《清平调词三首》之一:"云想衣裳花想容,春风拂槛露华浓。"两"想"字,人们多按其常义"料想""想象"去理解。如上海辞书出版社出版的《唐诗鉴赏辞典》认为,"想"字有正反两面的理解,可以说是见云而想到衣裳,见花而想到容貌,也可以说把衣裳想象为云,把容貌想象为花,这样交互参差,七字之中就给人以花团锦簇之感。按,此"想"似作"如同""好像"讲,是一个比喻词。"云想衣裳花想容"即"衣裳似云,容貌如花"。"想"之所以能有"似""像"之义,用以表比喻,是由其词义引申而来。《说文解字·心部》:"想,冀思也。"人们由此物连及想到彼物,盖因二物之间有某些相同、相似的地方,没有这些相似的特质,是难以进行"想象"的。就"想象"这一词语内部构成来看,亦是由两个同义语素凝固而成,"想"即"象","象"即"想"也。"想"训"象",还能从声音上找到线索。在《广韵》里,"想"与"象"都在上声"养"韵,"想"为"息两切","象"为"余两切",仅声母有细微差异:"想"属"心"母,"象"属"邪"母。但二者皆为"齿音",可以构成准双声。因此,"想"与"象"不仅读音相近,而且意义可通。萧纲《大同十年十月戊寅》:"云飞乍想阁,冰结远疑纨。"高适《同薛司直诸公秋霁曲江俯见南山》:"若临瑶池前,想望昆仑丘。"韩愈《咏雪赠张籍》:"磴迥疑浮地,云平想辗雷。""想"与"疑"同义相对,"疑"即"似""若","想"即"似""若"也。杜甫《东屯月夜》:"数惊闻雀噪,暂睡想猿蹲。"谓暂睡似猿蹲。还有白居易《秋霖即事联句》:"苔色侵三径,波声想五弦。"言波声像音乐。李群玉《洞庭风雨》:"鱼龙方簸荡,云雨正喧阗;想赭君山日,秦皇怒赫然。"温庭筠《宿澧曲僧舍》:"沃田桑景晚,平野菜花香;更想严家濑,微风动白苹。"欧阳修《秋怀二首寄圣俞》:"群木落空原,南山高隆嵷,巉岩想诗老,瘦骨寒愈耸。诗老类秋虫,吟秋声百种。"细玩这些诗中的"想",其所表"似若"意义更为显明。

六、"以"

"以"犹"如",同"似",如"若",亦可用作比喻词。不明此,有时则对一些诗句难以解释,甚至误入歧途,不知何意。谢朓《阻雪连句遥赠和》:"饮春虽以燠,钦贤纷若驰。""以""若"互义。古诗《四坐且莫喧》:"请说铜炉器,崔嵬象南山,上枝以松柏。""象""以"互文。谢庄《怀园引》:"咏零雨而卒岁,吟秋风以永年。"《艺文类聚》《初学记》"以"作"似"。刘绘《巫山高》:"出没不易期,婵娟以惆怅。""以"一作"似"。吴均《大垂手》:"讵以长沙地,促舞不回腰?""以"一作"似"。《古诗十九首》:"以胶投漆中,谁能离别此?""已"同"以","以"犹"似",谓似胶投漆中,谁能离别此?齐王秀之《卧疾叙意》:"循躬既已兹,况复岁将暮?""已"同"以","已兹"即"以兹",似这,如此也。我们读唐诗,如杜甫《梦李白二首》之一:"君今在罗网,何以有羽翼?""以"一作"似",云何似有羽翼也。白居易《昆明春》:"天涯地角无禁利,熙熙同以昆明春。"言熙熙同似昆明春也。柳宗元《天对》:"地之东南,亦已西北。""已"同"以","以"犹"似",谓地之东南,亦似西北也。"以"之能表"似",当是二者之间通用。朱骏声《说文通训定声·颐部》:"似,假借为以。"《老子》第二十章:"而我独顽似鄙。"俞樾平议:"似,当读为以,古以、似通用……"《集韵·止韵》:"佀,或作似,亦省。"《庄子·马蹄》:"夫赫胥氏之时,民居不知所为,行不知所之,含哺而熙,鼓腹而游,民能以此也。"成玄英疏:"此至淳之世,民能如此也。"《汉书·高帝纪上》:"乡者夫人儿子皆以君。"颜师古注引如淳曰:"以或作似。"按,《史记·高祖本纪》作"皆似君"。可见,"以"在诗中有时用如"似",作比喻。

七、"成"

曹植《七咨》："素冰象玉，难可磨荡；结土成龙，遭雨则伤。"谢朓《晚登三山还望京邑》："余霞散成绮，澄江静如练。"又《后斋回望》："夏木转成围，秋荷渐如盖。"众"成"字皆犹"如"。萧纲《乌栖曲四首》："浮云似帐月成钩。""成"一作"如"。阴铿《闲居对雨》："山云遥似带，庭叶近成舟。"何逊《折花联句》："日照烂成绮，风来聚疑雪。""成"与"似""疑"等同语位相对，"成"之词性和意义当与诸词相同。吴均《和萧洗马子显古意六首》："非独泪成珠，亦见珠成血。"谓非独泪如珠，亦见珠成血。李白《将进酒》："君不见高堂明镜悲白发，朝如青丝暮成雪。"言朝如青丝暮若雪也。杜甫《奉赠李八丈曛判官》："真成穷辙鲋，或似丧家狗。"曰真如穷辙鲋，或似丧家狗。又《上牛头寺》："无复能拘碍，真成浪出游。"即真如浪出游。又《送郑十八虔贬台州司户》："郑公樗散鬓成丝。""成"一作"如"。韩愈《过鸿沟》："谁劝君王回马首，真成一掷赌乾坤。"言真如一掷赌乾坤也。可见，"成"在唐代的一些诗歌中也应理解为比喻词。

八、"胜"

"胜"犹"拟"，犹"似"，比喻连词。萧纲《美女篇》："粉光胜玉靓，衫薄拟蝉轻。""胜""拟"互文。"拟"，比也，"胜"，似也。萧统《晚春》："石蹲还似兽，萝长更胜衣。"徐陵《杂曲》："舞衫回袖胜春风，歌扇当窗似秋月。"相和歌辞："谁怜颊似桃，孰知腰胜柳。"刘禹锡《秋斋独坐寄乐天兼呈吴方之大夫》："纤草数茎胜静地，幽禽忽至似佳宾。"杨巨源《与李文仲秀才同赋泛酒花诗》："香湿胜含露，光摇似泛空。"皆"胜""似"互文。"胜"犹"似"也。王维《同比部杨员外十五夜游有怀静者季》："由来月明如白日，共道春灯胜白花。"又《田园乐七首》："讵胜耦耕南亩，何如高卧东窗。"杜甫《送路六侍御入朝》："不分桃花红胜锦，生憎柳絮白如绵。"司空曙《江园书事寄卢纶》："艳花那胜竹，凡鸟不如蝉。"白居易《忆江南》："日出江花红胜火，春来江水绿如蓝。"亦"胜""如"相对，对文同义。《杂曲歌辞》："狂似纤腰软胜绵，自多情态更谁怜。"狂似纤腰软如绵也。李白《上皇西巡南京歌十首》："水绿天青不起尘，风光和暖胜三秦。"风光和暖似三秦也。岑参《虢州卧疾，喜刘判官相过水亭》："卧病当晏起，朝来头未梳。见君胜服药，清话病能除。"谓见君如服药，清话病能除。高适《金城北楼》："北楼西望满晴空，积水连山胜画中。"言积水连山似画中。杜甫《北征》:"平生所娇儿,颜色白胜雪。"又《寄岳州贾司马六丈、巴州严八使君两阁老五十韵》:"内蕊繁于髻,宫花软胜绵。"杜甫《又于韦处乞大邑瓷碗》:"君家白碗胜霜雪,急送茅斋也可怜。"钱起《山花》:"别有妖妍胜桃李,攀来折去亦成蹊。"崔峒《送韦八少府判官归东京》:"玄成世业紫真官,文似相如貌胜潘。"王建《斜路行》:"世间娶容非娶妇,中庭牡丹胜松树。"诗句中的"胜",无不用作比喻,"胜"犹"似"也。

九、"状"

"状",犹"类",似也、若也。白居易《文柏床》:"玄斑状狸首,素质如截肪。"窦庠《东都嘉量亭献留守韩仆射》:"灵槛如朝蜃,飞桥状晚虹。""状"与"如"同义相对。司空曙《早春游望》:"青草状寒芜,黄花似秋菊。"韩愈《寄卢仝》:"昨晚长须来下状,隔墙恶少恶难似。"东丘巨源《咏七宝扇》:"裁状白玉璧,缝似明月轮。"刘绘《和池上梨花》:"萦聚似乱蝶,拂烛状联蛾。"吴道远《游庐山观道士石室》:"似著周时冠,状披汉时衣。"皆"似""状"互文,"状"犹"似"也。何逊《咏杂花》:"状锦无裁缝,依霞有舒敛。""状""依"互文,"依"犹"似"也,则"状"亦犹"似"。鲍照《绍古辞》:"离心壮为剧,飞念如悬旗。""壮"当作"状",故与"如"互文。沈约《长歌行》:"拊戚状惊澜,循休拟回电。"又《昭君辞》:"沾妆疑湛露,绕臆状流波。""疑",《文苑英华》作"如"。"拟"同"疑",皆类似义。庐山诸道人《游石门诗序》:"开阖之际,状有灵焉而不可测也。"谓类有、如有也。丘迟《且发渔浦潭》:"诡怪石异象,崭绝峰殊状。""象""状"互文,此名词之相互用也。据此,"状"在如下唐诗中也常作为比喻词,训"若""如""似""像"等意义。李白《草书歌行》:"左盘右蹙如惊电,状同楚汉相攻战。"谓如同楚汉相攻战。杜甫《病柏》:"有柏生崇冈,童童状车盖。"童童如车盖也。卢纶《客舍苦雨即事寄钱起郎士元二员外》:"积雨暮凄凄,羁人状鸟栖。"言羁人似鸟栖。李端《白鹭咏》:"映林同落雪,拂水状翻潮。"意即拂水若翻潮。严维《书情献相公》:"孤根独弃渐山水,弱质无成状水萍。"是说像水萍一样弱质无成。

十、"方"

《说文》:"方,并船也。"段玉裁注:"并船者,并两船为一。"本义是相并的船,引申为并,并排。清徐灏《说文解字注笺·方部》:"方之引申为凡相并之称。"相并的两物则十分相像,故"方"具有"似"义。正因为有"似"义,

"方"可引申为比方。《广韵·阳韵》:"方,比也。"亦正因为有可比之处,也才引申为"比拟""仿效"的意义。此同"放"。《集韵·养韵》:"放,效也。或从人,亦作方。"《荀子·劝学》:"方其人之习君子之说,则尊以偏矣,周于世矣。"《汉书·卫青霍去病传赞》:"(霍)票骑亦方此意,为将如此。"颜师古注:"方,比类也。""方",犹"似""像"。萧统《讲习将毕赋三十韵诗依次用》:"理玄方十算,功深似九竺。"李白《金陵》:"苑方秦地少,山似洛阳多。"杜甫《风疾舟中伏枕书怀》:"鼓迎非祭鬼,弹落似枭禽。""非"一作"方",按,"方"犹"似"。以上皆"方""似"互文。谢灵运《初去郡》:"无庸方周任,有疾像长卿。""方""像"互文。袁彖《游仙诗》:"万古方一春,千霜岂二发。"谓万古似一春,千霜不二发也。

十一、"作"

"作"有"似""如"之意。韩愈《登州中新阁》诗:"江作青罗带,山如碧玉簪。"白居易《钱湖州以箬下酒》:"倾如竹叶盈樽绿,饮作桃花上面红。"元稹《连昌宫词》:"禄山宫里养作儿,虢国门前闹如市。""作"与"如"互文。白居易《草茫茫》:"下流水银象江海,上缀珠光作乌兔。""作"与"象"相对为文。可见,"作"也就是"如""象"等义,用来表示比喻。韩愈《郴口又赠二首》:"山作剑攒江写镜,扁舟斗转疾于飞。"谓山如剑攒江似镜也。岑参《青门歌》:"借问使乎何时来,莫作东飞伯劳西飞燕。"谓莫如东飞伯劳西飞燕也。杜甫《寄李十四员外布十二韵》:"直作移巾几,秋帆发敝庐。"谓直如移巾几也。又《遣闷奉呈严公二十韵》:"信然龟触网,直作鸟窥笼。"直如鸟窥笼也。又《寄岳州贾司马六丈巴州严八使君两阁老五十韵》:"浪作禽填海,那将血射天。"谓浪如禽填海也。他如骆宾王《夕次蒲类津》:"莫作兰山下,空令汉国羞。"辛弃疾《破阵子·为陈同甫赋壮词》:"马作的卢飞快,弓如霹雳弦惊。"苏轼《袁公济和复次韵答之》:"文如翻水成,赋作叉手速。"诗中的"作"皆为"似""如"之义。

以上是就唐诗中用作比喻的一些常用词所进行的梳理,并对之进行了一定的词义探究。当然,这些比喻词是前人和时贤都曾注意并论及的,笔者之所以把它们汇集起来,从修辞的角度梳理并强调它们,旨在如前所述,希望在遇到这些比喻词时避免按其常义去做想当然的理解,从而真正地读懂并领会诗句的意旨和内涵。诗歌中比喻修辞格运用得相当广泛,其中明喻所用到的比喻词还远远不止这些,更何况明喻中尚有不用比喻词的情况。而比喻中的暗喻、借喻在诗歌中的运用又众多而丰富！诸如此类内容，非本人能力之所及，本节文字亦难说清道明。

第三节　试论文献中"其"有"甚"义

"路曼曼其修远兮，吾将上下而求索。"（《楚辞·离骚》）是为世人所熟知并常常引用的一句经典名言。这里我们不对句子所蕴含的哲理意味去做探究和评析，而重在从语言的角度来分析和讨论句中"其"字的词性与用法。引句中"其"字的词性和用法，《古代汉语虚词词典》中说："作为助词的'其'常常"用于状语与谓语主要成分之间。可根据上下文意灵活译出，或可不译。"① 王力先生在其主编的《古代汉语》中对这种"其"字除了指明它是用作词头外，还进一步揭示了它的用法特征，即这种"其"字，"一般用于形容词或不及物动词前面"。无论将"其"视为助词还是当作形容词词头，二者的共同点在于都认同这种"其"在句中没有明确的词汇意义。而与此相反的另一种观点则认为，这类"其"字不仅有词汇意义而且还有语法意义，它作为指示代词在句中具有"这样""那样"的意义，用来"表指示，作形容语"②。同样一个"其"字，学界对它的词性、意义和作用等，却有着不一致的看法。而笔者通过对"路曼曼其修远兮"一类句子"其"字的考察后发现，这种"其"字放在形容词之前的用法有加强程度的作用，可译为"甚""很""非常""十分"等，即"其"相当于文言里程度副词"甚"所具有的语法功能和词汇意义。

一、"其"表"甚"义在文献中的运用

我们知道，古汉语里的"其"字在具体的使用中以作代词较为常见，除此之外也可用作连词、副词和助词。《汉语大字典》《辞源》《常用文言虚词词典》等一些字典辞书都曾谈到"其"作为副词的一些相关用法，但对于放在形容词之前"其"字的词性和意义却均未言及。事实上，放在形容词之前的"其"字仍然属于副词的用法，其作用相当于副词"甚"，经常置于表性质状态的形容词之前，用来加强事物性状的程度，在句子中充当状语。王引之《经传释词》曾

---

① 中国社会科学院语言研究所古代汉语教研室：《古代汉语虚词词典》，商务印书馆1999年版，第408页。
② 周法高：《中国古代语法·称代篇》，中华书局1990年版，第110页。

谓"其"为"状事之词",所谓"状事之词"即为描摹事物性状之词,说明了"其"具有修饰形容词而强调事物性状的作用。徐仁甫《广释词》亦云:"其犹'甚',程度副词。"《古代汉语词典》也曾这样说过,"其"字可以放在"单音节形容词(或象声词)之前,起加强性质、状态的作用"。① 我们看如下的一些例子,句中的"其"字盖都能训作"甚"而表示性状程度。《诗经·邶风·静女》:"静女其姝,俟我于城隅。"言静女甚姝。《诗经·邶风·北风》:"北风其凉,雨雪其雱。"谓北风甚凉,雨雪甚雱。《左传·僖公三十年》:"越国以鄙远,君知其难也。"言君知甚难也。《史记·伍子胥传》:"其怨望恐为深祸也。"言甚怨望恐为深祸也。《史记·魏公子传》:"其不足从游。"言甚不足从游。《吕氏春秋·期贤》:"十人者其言不义也。"俞樾谓"其言"当作"言其",不知"其"有"甚"义,而妄移之。《春秋繁露·主道篇》:"其可痛也。"言甚可痛也。孙诒让谓"其"作"甚",不知"其"有"甚"义也。曹摅《赠石崇》:"作镇方岳,有徽其高。"即有徽甚高。柳宗元《兴州江运记》:"嗷嗷之声,其可哀也。"谓甚可哀也。《韩非子·说林》:"一国皆不知而我独知之,吾其危矣。"言吾甚危矣。这些句子中的"其"字,盖都能以"甚"相释而丝毫不影响句意的表达,并能使上下文意更为贯通。

不但如此,"其"还经常置于"若是其……""若此其……""如此其……""如彼其……"等结构中,用来强调事物的性质、状态。我们知道,"若是""若此""如此""如彼"等一些意义相同或相近的惯用词组,常常用于动词、形容词或副词前作状语,用来指代事物性状的程度。② 吕叔湘的《近代汉语指代词》也将它们看成性状指示代词。作为这些表程度的性状指示代词,它们可以直接修饰和限定其后的形容词。如《韩非子·外储说右下》:"齐王何若是之贤也?"《太平广记》卷二百九十八:"何至不识机会,损害生人,若此之酷哉?"很明显,"若是""若此"就是通过助词"之"而放在形容词"贤""酷"之前,以此来指代事物性状程度的。然而我们却也看到,在这些性状指示代词之后还经常紧跟一个"其"字。而这个"其"字与这些性状指示代词一起共同修饰和限定后面的形容词,从而更进一步地强调形容词的状态之极或达到的极致程度。在由"若是"与"其"所凝结成的"若是其……"等结构中,"其"仍可被解释为表程度的"甚""很""非常""十分"等意义。如《礼记·檀弓

---

① 古代汉语词典编写组:《古代汉语词典》,商务印书馆1998年版,第1191页。
② 中国社会科学院语言研究所古代汉语研究室:《古代汉语虚词词典》,商务印书馆1999年版,第460页、482页。

上》:"若是其靡也,死不如速朽之愈也。"言若是甚靡也。又同篇:"若是其货也,丧不如速贫之愈也。"言若是甚货也。《孟子·梁惠王上》:"若是其甚与?"这里的"甚"是形容词"过分""厉害""严重"等意思,"其"用在"甚"之前强调程度。"若是其甚与"即"若是甚甚与",言像这样很严重吗?《孟子·梁惠王下》:"若是其大乎?"谓若是甚大乎?有时"若是其……"亦作"若此其……"仔细玩味以下用例中"若此其……"的结构,便会体味得出"其"的"甚"义丝毫未变。《孟子·尽心下》:"去圣人之世若此其未远也。"《庄子·则阳》:"史鳅奉御而进所,搏币而扶翼。其慢若此之甚也,见贤人若此其肃也!是其所以为灵公也。"《韩非子·和氏》:"和虽献璞而未美,未为主之害也,然犹两足斩而宝乃论。论宝若此其难也。"《韩非子·奸劫弑臣》:"安危之道若此其明也,左右安能以虚言惑主,而百官安能以贪渔下?"《吕氏春秋·先识》:"邻者若此其险地,岂可为之邻哉?"《吕氏春秋·知度》:"为中大夫若此其易也。"像这样的结构还有"如此其……""如彼其……"等,试更举数例以明之。《吕氏春秋·必己》:"说亦皆如此其辩也。"言如此甚辩也。《孟子·滕文公下》:"吾国亦仕国也,未尝闻仕如此其急;仕如此其急也,君子之难仕何也?"如此甚急也。《韩非子·说难》:"然犹不能无役身以进,如此其汙也。"言如此甚汙也。《史记·苏秦传》:"秦祸如此其大也。"言如此甚大也。《庄子·人间世》:"自吾执斧斤以随夫子,未尝见材如此其美也!"谓如此甚美。《孟子·公孙丑上》:"管仲得君如彼其专也,行乎国政如彼其久也,功烈如彼其卑也!"言管仲得君如彼甚专也,行乎国政如彼甚久也,功烈如彼甚卑也。

二、"其"是代词还是副词

《语文研究》2003年第1期邓昌荣先生《〈诗经〉中指示代词"其"指示程度的意义和作用》一文,曾针对《诗经》中"静女其姝"类句子里的"其"进行过较为全面的分析,认为"其"字的词性与用法是"以指示代词的形式修饰形容词,指示其性状之极,充当程度指代词"。我们认为,"'其'字放在性状形容词之前指示性状之极"的这一说法,有其观点的新颖性和学术意义,但将"其"视作指示代词却值得商榷。如上所及,"若是其……""若此其……""如此其……""如彼其……"等结构是用来强调性状程度的,而结构中"其"字虽表性状之极,但显然不能将它理解作指示代词。因为在这种结构中,不可能连续使用几个不同的指示代词共同来指代性状和程度,更何况"若此其……"等结构的运用,在文献中尚有"若此甚……"另外一种表达形式,如《墨子·

非攻》:"若此甚众,然而何为为之。"贾谊《新书》卷三:"天下无蓄,若此甚极也。"裴松之注《三国志》卷四十四:"人才力相县若此甚远,此非吾之所及也。"性状指示代词"若此"放在副词"甚"之前,与"甚"一起共同修饰和限定形容词。这些句中"若此甚众""若此甚极""若此甚远"等内容,如果使用"若此其……"变换的表达形式,也可以说成是"若此其众""若此其极""若此其远",这样的改易却丝毫不影响句子意义的表达。可见,"其"不宜视为指示代词,而是以副词的形式修饰其后的形容词,其作用相当于副词"甚"。

我们可以看到,以上大量例文中位于性状形容词之前的"其"字,确乎能够训释副词"甚"的意义。然"其"何以具有副词"甚"这样的意义呢?王云路认为:"'其'字借作'綦',与'甚'同义。"① 此说较为可信。《说文解字·叙》:"及神农氏结绳为治,而统其事,庶业其繁,饰伪萌生。"段玉裁注"庶业其繁"曰:"其,同荀卿书之綦,犹极也。"而"綦"即"极"之平入对转(綦,见纽咍部;极,见纽德部)②,所以通"綦"的"其"也就有"极"的意思。《荀子·王霸》:"目欲綦色,耳欲綦声。"杨倞注:"綦,极也。""其"同"綦","綦"犹"极""甚","其"犹"甚"也。具有"极"义的"其"字经常与"极"同义并陈。而所凝结成的同义复词"极其",也可以用来强调事物的性质和状态。《新五代史》:"峻於枢密院起厅事,极其华侈。"蒋防《霍小玉传》:"解罗衣之际,态有余妍,低帏昵枕,极其欢爱。"《敦煌变文集·晏子赋》:"使者晏子,极其丑陋,面目青黑。"从例文中看出,"极其"一词同样是放在性状形容词之前而强调程度,这一用法一直沿用至今。需要指出的是,文献里与"极其"有同样语法功能和词汇意义的还有另外一个词语"极甚"。以敦煌变文等文献为例,我们既可以看到一些句子用作"极其",也看到一些地方用作"极甚"。《敦煌变文集·八相变》:"忽见一人,四体极甚羸劣,形容瘦损,喘息不安。"又同篇:"即便归宫,迷闷忧烦,极甚不悦。"又同篇:"才出东门之外,陌上忽逢一人,行步□□,极甚忙切。"《敦煌变文集·太子成道经》:"所以见时人耕种收刈,极甚劳力。"唐《神会语录》:"因此袈裟,南北道俗极甚纷纭,常有刀棒相向。"等等。文献中"极其"与"极甚"相同的意义和作用表明,其中的"其"与"甚"的意义和作用也一样,"其"有"甚"义足以资证。《晏子春秋·杂下》:"夫子之家如此其贫乎?"《太平御览》卷八百四十九引"其"作

---

① 王云路:《词汇训诂论稿》,北京语言文化大学出版社2002年版,第187页。
② 杨伯峻、何乐士:《古汉语语法及其发展》,语文出版社2001年版,第270页。

"甚"。《韩非子·安危篇》:"闻古扁鹊之治其病也",下文作"甚病之人"。《韩诗外传三》:"今汝衣服其盛",《说苑·杂言》作"衣服甚盛"。《韩非子·外储说左下》:"泰侈逼上",一曰作"其侈逼上",是"其"犹"泰"也;又"其俭逼下"。《盐铁论·通有篇》作"大俭极下",是"其"犹"大"也。"大"本读"太","太""泰"同,"泰"犹"甚",亦可证"其"犹"甚"。众多的例证足以说明,"其"可用作副词,在句中常常置于形容词前表程度,相当于副词"甚"的意义。

三、余论

由于不明"其"有"甚"义,不少人以为,文献中位于形容词之前的"其"字是"甚"字之误写,或认为此"其"字实乃"甚"字之残。我们的观点是,古书在流传或传抄过程中固然有"衍文""脱文"等现象出现,而且"其""甚"二者的形体十分近似,因"其""甚"形近而致误的现象也的确有可能发生。但令人质疑的是,"其""甚"二字因形近而讹的现象在文献里就那么普遍吗?能训"甚"义的"其"就必定是"甚"字之误?这似乎令人难以置信。因此,我们不可能将文献中凡可作"甚"义理解的"其"字都妄改作"甚"字。若此,实在不明乎"其"字之有"甚"义也。《墨子·尚同上》:"其明察以审信。"王念孙《读书杂志》:"'其'当为'甚',甚明察以审信。"《汉书·五行志下之上》:"居人之所由,制持其要也,其明其著。"王念孙亦将"其明其著"改作"甚明甚著"。《荀子·儒效》:"其愚陋沟瞀而冀人之以己为知也。"王念孙也同样认为"其"是"甚"字之误。《韩非子·初见秦》:"是故秦战未尝不克,攻未尝不取,所当未尝破,开地数千里,此其大功也。"王先慎集解:"《策》其作甚,是也。先言秦之功极大,为下'霸王之名不成'作反势;若作其,则文气平实。其当为甚之残字。"《吕氏春秋·长攻》:"襄子上于夏屋以望代俗,其乐甚美……"陈奇猷校释:"'其'字误,当作'甚乐甚美'。"《三国志·魏志·于禁传》"太祖悦,谓禁曰:'水之难,吾其急也,将军在乱能整……何以加之'"!吴金华曰:"审其辞气,'吾其急也'当作'吾甚急也','其'疑'甚'字之残。"以上这些句中的"其"字本就不当是"甚"字之残,盖因人们不知"其"字本身可训作副词"甚"的意义而妄改之。一方面,我们主张"其"字不当是"甚"字之误写;而另一方面我们又不得不承认这样一个现实,那就是人们之所以将"其"改作"甚",确实是因为这些句中的"其"字都具有副词"甚"的意义。

因此，我们有理由相信，类似前引"路漫漫其修远兮"一类句子中的"其"字，当理解为放在形容词之前起加强程度作用的副词，有"甚""很""非常""十分"之意。它在句子的表达中，其语法功能比较直观、明显，词汇意义也较为具体而实在。此类"其"字并非一般所言及的没有词汇意义的助词或形容词词头，亦更非所谓以"这样的""那样的"意义来指示事物程度的指示代词。

第四节　关于"相率"的词义训释

《孟子·滕文公上》："夫物之不齐，物之情也……从许子之道，相率而为伪者也，恶能治国家？"句中"相率"一词，王力先生《古代汉语》教材未注；郭锡良《古代汉语》释作"彼此带领着"；戴伟、周文德编著的四川省教委重点课程建设项目《古代汉语》教材也承袭郭注，作"彼此带领着"解释；朱振家《古代汉语》将其解为"互相率领"，"相率而为伪者也"即谓互相率领着做欺诈的事。刘方元《孟子今译》把上面这一段文字翻译为：按照许子的办法去做，简直是带着人们一同去弄虚作假，怎么能治理好国家呢？亦训"率"为"带领"。可以说，众家对"相率"的理解是一致的。然而"相率"之"彼此带领着"的意义，总让人理解不透，使人百思难解。从上下文意来看，释"相率"为"互相率领"，亦似有未妥。笔者不揣浅陋，拟在此对"相率"的词义妄做梳理和讨论，并力图给予较为允当的训释。

一、"相"为"递相"意义

"相率"一词，事实上是由副词"相"和动词"率"组合而成，属于状动式偏正结构。其中"相"不应表动作行为由几个主体共同发出，也不表示动作行为交互涉及对方，更不表示动作行为只涉及一方，而是表示动作行为的递相承接。《史记·魏其武安侯列传》："天下者高祖天下，父子相传，此汉之约也。"父子相传，即父亲把天子之位传给儿子。属于递相传位，而不是父子间互相传位。柳宗元《钴鉧潭西小丘记》："其嵚然相累而下者，若牛马之饮于溪。"嵚然相累，谓高耸而倾斜的石头一层压着一层，而不是指倾斜的石头彼此压着。再如像孟浩然《送谢录事之越》"白云向吴会，征帆亦相随"，王维《听百舌鸟》"亦有相随过御苑，不知若个向金堤"中的"相随"；贾岛《酬鄠县李廓少府见

179

寄》"恨不相从去，心惟野鹤知"，皎然《白苹洲送洛阳李丞使还》"临水情来还共载，看花醉去更相从"中的"相从"；李颀《送刘十一》"诸兄相继掌青史，第五之名齐骠骑"，白居易《送刘郎中赴任苏州》"何似姑苏诗太守，吟诗相继有三人"中的"相继"；杜甫《黄鱼》"日见巴东峡，黄鱼出浪新。脂膏兼饲犬，长大不容身。筒桶相沿久，风雷肯为神。泥沙卷涎沫，回首怪龙鳞"中的"相沿"；等等。这些副词"相"同样表示"一个接一个"的意思，属于递相承接。古代汉语中有"相次"一词，"相次"表示时间紧相承接，即"随即"之意。辛弃疾《临江仙》："更教无日不花开，未须愁菊近，相次有梅来。"相次有梅来，犹言随即有梅来。又《好事近》："前弦后管夹歌钟，才断又重续。相次藕花开也，几兰舟飞逐。"相次藕花开也，谓随即藕花开也。《太平广记》卷二九九："相次又行三数里，复下令去从者，乃至建春门。"相次又行三数里，言随即又行三数里。与这众例中"相"均表"递相"意义一样，"相率"之"相"当亦是这种用法，而不是时贤之所谓表交互涉及的"互相""彼此"意义。

二、"率"反训为"循""从"

放在副词"相"之后的"率"，其词性为动词是毫无疑问的。但笔者认为，其并不是"率领"之意，而是表示其反向意义的"循""从"。《尚书·舜典》："蛮夷率服。"孙星衍疏："蛮夷循服。"《尔雅·释诂上》："率，循也。"郭璞注："循行。"《诗经·大雅·绵》："率西水浒，至于歧下。"毛传："率，循也。"《诗经·大雅·假乐》："不愆不忘，率由旧章。"郑玄笺："率，循也……循用旧典之文章，谓周公之礼法。"《韩非子·十过》："臣闻唇亡齿寒，今知伯率二君而伐赵，赵将亡矣。"裴学海说："古谓率曰从。"蔡邕《述行赋》："率陵阿以登降兮，赴偃师而释勤。"《史记·管蔡世家》："（管叔度）其子曰胡，胡乃改行，率德驯善。"《资治通鉴·唐德宗贞元元年》："一夫不率，阖境罹殃。"胡三省注："率，循也。不率，谓不循上之教令也。"《逸周书·大匡解》："以诏牧其方，三州之侯咸率。"孔晁注："率，奉顺也。"《旧唐书·懿宗纪》："西戎款附，北狄怀柔，独惟南蛮奸宄不率。"陆游《上殿札子》之三："年谷娄丰，四夷率服。"清代吴炽昌《客窗闲话·公大将军延师》："敬以幼子属先生，有不率教者，骂责之……"从以上各例看出，"率"即训"从"，表"遵循"意义。徐仁甫《广释词》谓"率"犹"从"，亦可证。《经传释词》训"率"为"用"，未允。不但如此，"率"与"从"常常连文、并用。《诗经·小雅·采菽》："平平左右，亦是率从。"南朝梁武帝《断酒肉文》："令行禁止，莫不率从。"柳宗元《平淮夷雅》方城:"内恚于家,外刑于邦。孰是蔡人,而不率从。"司马光《论横山疏》:"是以诸侯怀德畏讨,莫不率从。"诸例中"率从"无不连文同义,"率"谓"从","从"即"率"也。汉语词汇中有"率由"一词,意思是遵循成规旧事;有"率性"一词,盖谓依循本性而行;有"率教"一词,意即遵奉教义;有"率履"一词,是言循守教令,躬行礼法;有"率职"一词,表示奉行职事……可见,"率"确实有"循""从"的意义。

其实,不仅"率"可以训"从",而且"从"也能训"率"。《韩非子·难三》:"夫六晋之时,知氏最强,灭范、中行而从韩、魏之兵以伐赵。"《庄子·盗跖》:"盗跖从卒九千人,横行天下。"《战国策·赵策》:"知伯从韩、魏兵以攻赵。"《史记·李将军列传》:"广乃遂从百骑往驰三人。"曹植《苦思行》:"郁郁西岳巅,石室青葱与天连;中有耆年一隐士,须发皆皓然;策杖从我游,教我要忘言。"这些例句中的"从",无不表示"率领"意义。按:"从",《说苑》《御览》皆作"率",此亦"从"有"率"义之证。徐仁甫《广释词》也说"从"犹"率"。《庄子·列御寇》:"一悟万乘之主而从车百乘者,商之所长也。"从车百乘,意即率车百乘。《三国志·吴志·鲁肃传》:"乘犊车,从吏卒。"从吏卒,言率吏卒也。需要说明的是,由于不知"从"有"率"义,因而不少人将《史记·项羽本纪》"沛公旦日从百余骑来见项王"一句中的"从"字理解作使动用法,译成"使……跟从",这显然是不对的。因为句中"从"即训"率",率领之谓也。同样,《战国策·楚策四》:"君王左州侯,右夏侯,辇从鄢陵君与寿陵君,专淫逸侈靡,不顾国政,郢都必危矣!"王力《古代汉语》释"从"为跟从,侍从,并读 zong 去声。并谓此即为鄢陵君和寿陵君跟随楚王,而不是楚王跟随鄢陵君和寿陵君。事实上,直接训"从"为"率",则意义畅达显明,根本用不着如此添加注语。"辇从鄢陵君与寿陵君",谓辇率鄢陵君与寿陵君也,意即鄢陵君等跟随楚王。"率"与"从"之所以能够互训,盖"率"与"从"是同一行为整体中不可分割的有机组成部分。二者既相互对立,又相互关联。没有"率"就没有"从",没有"从"就无所谓"率"。正如"售"既有《诗经·邶风·谷风》"贾而不售"中的"卖"义,又有《新唐书·陆贽传》"有余粟者,县官倍价以售"的"买"义。"假"既有《孟子·尽心下》"久假不归"之"借入"意义,又有《左传·成公二年》"唯器与名不可假人"中的"借出"意义一样。即在词义系统里两个看似矛盾而互为相反的意义可以共存于同一语言单位中,这就是所谓的"反训"。"反训"原理告诉我们,"率"既有"率领"意义,又有"跟从"意义,而"从"既有"跟从"意义,又有

181

"率领"意义,二者是可以互训的。以上众多语言事实亦充分证明了这一点。

三、"相率"即"相从""相随"

因此,副词"相"与动词"率"组成的状动结构"相率",即为"相从""相继"或"相随",是表示动作行为接连发生,是"相继跟随""一个跟从一个"的意思,而不能译作"互相率领着"。"相率"一词,并非前文引例中一见,在文献里是习用为常的。如《说苑·尊贤》:"贤者立于本朝,则天下之豪相率而趋之矣。"《世说新语·德行》:"浑虆,所历九郡义故,怀其德惠,相率致赙数百万,戎悉不受。"《宋书·沈道虔传》:"乡里年少,相率受学。"《梁书·萧景传》:"渠帅相率面缚请罪,旬日境内皆平。"《魏书·傅竖眼传》:"远近杂夷相率款谒,仰其德化,思为魏民矣。"《旧唐书·李晟列传》:"朱泚、姚令言、张庭芝尚有众万人,相率循走,晟遣田子奇追之,其余凶党相率来降。"曾巩《战国策目录序》:"其相率而为之者莫不有利焉。"杜甫《述古三首》之二:"市人日中集,于利竞锥刀。置膏烈火上,哀哀自煎熬。农人望岁稔,相率除蓬蒿。所务谷为本,邪赢无乃劳。舜举十六相,身尊道何高。秦时任商鞅,法令如牛毛。"李绅《却到浙西》诗序:"……初入浙西苏州界,吴人以恤灾之患,犹惧旌幡留戒于迥野之处,不及城郭之所,则相率拜泣于身楫前……""相率"在这些不同的例文和具体的语境中,将其理解作"相继跟随"或"一个跟从一个"的意义,恐怕比理解成"互相率领着"的意义要恰当而准确得多。《现代汉语词典》释"相率"时亦谓:"一个接着一个:相率归附。"当不失为明察,堪为称道。仿此,前引《孟子·滕文公上》:"从许子之道,相率而为伪者也,恶能治国家?"似可理解为:"按照许子的办法,相继跟随地去做欺诈的事情,怎么能治理好国和家呢?"对"相率"一词作如是理解,不知然否?谨赘述妄释于此,祈望方家匡所未逮!

第五节 "逆遁"该作何解

一、问题的提出

韩愈《〈张中丞传〉后叙》是散文中的名篇。其主要记叙和评价了唐代安禄山叛乱以后,张巡在雍丘一带起兵抗击,后与睢阳太守许远合力保卫睢阳城的历史事迹。针对时人指称张巡、许远二公战守睢阳城的行为是"固守为愚、

食人为罪"的诬陷,作者在《后叙》里有一段为之辩诬的申辩性文字:

当二公之初守也,宁能知人之卒不救,弃城而逆遁?苟此不能守,虽避之他处何益?

句中"逆遁"之"逆",今人多依从《玉篇·辵部》"逆,度也"的训解,而注以"预度、预先"的意义。于非主编的《中国古代文学作品选》释曰:"逆遁:事先转移。逆,逆料。"① 朱振家主编《古代汉语》:"逆遁,预先退逃。"② 徐中玉《大学语文》:"逆,预先。"③ "弃城而逆遁",言弃城而预先逃走。这样的解释似乎并无什么不妥,但仔细玩味,似又未安。"预先"一词既然是指在事情发生或进行之前④,那么这里的"预先"语义究竟落脚在何处?其参照点是因"守"而言预先呢,还是就"知"而言预先?是相对"救"而言预先呢,还是针对"弃"而言预先?给人感觉模糊,令人费解。笔者以为,从"逆"的词义系统来看,"逆"虽然有作副词"预度、预先"的意思,但同时也还有作动词"退却"的意义。《广韵·陌韵》:"逆,却也。"《周礼·考工记·匠人》:"困窌仓城,逆墙六分。"郑玄注:"逆,犹却也。筑此四者,六分其高,却一分以为杀。"孙诒让正义:"《广雅·释言》云'却,退也。'却墙,谓墙上退却杀减其广也。"我们认为训"逆"为"预先",又何尝不可以将其另释为"却"?若以"退却"之义释"逆遁"之"逆","逆遁"则当属复词而同义并举。

二、平列二字的训释问题

同义之词多平列,这是古人行文的一条重要规律,也是双音节词最为习见的组合方式。王引之《经义述闻·通说下》曾云:"古人训诂,不避重复,往往有平列二字上下同义者。"⑤ 由于"逆"有"却、退"的意思,所以常与其同义词"却""退"等连言并陈。如"逆却",《云笈七签》:"或以逆却未生之众病,或以攻治已结之笃疾。"又如"逆退",《仪礼》:"匕者逆退,复位于门东,北面西上。"又"主人受币,士受皮者,自东出于后,自左受,遂坐摄皮逆退,适东壁"。可见,"逆却""逆退"皆言"退却","逆"即"退",即"却"也。不

---

① 于非:《中国古代文学作品选》,高等教育出版社1994年版,第221页。
② 朱振家:《古代汉语》,高等教育出版社1988年版,第369页。
③ 徐中玉:《大学语文》,华东师范大学出版社2001年版,第247页。
④ 中国社会科学院语言研究所词典编辑室编:《现代汉语词典》,商务印书馆1996年版,第1417页。
⑤ 转引自王云路:《词汇训诂论稿》,北京语言文化大学出版社2002年版,第73页。

但"逆"与同义词"却""退"连言,而且"逆"的这些同义词亦常与"遁"组合并用。如"退遁",韩愈《复志赋》:"进既不获其志愿兮,退将遁而穷居。"北宋小说《靖康传信录》:"甲士二十五人,执弓弩、枪牌之属以辅翼之,结阵以行,铁骑遇之皆退遁。"汉语中有"引遁"一词,如《隋唐野史》:"然朝闻命而夕引遁,无纤芥自嫌。"其"引"也有"退却"的意思,《礼记·玉藻》:"侍坐则必退席,不退,则必引而去君之党。"郑玄注:"引,却也。""引遁"即"退遁","退遁"即今之言"退逃""遁逃""逆逃"。像这样构成的复词还有"逋遁""败遁""逃遁""却遁"等。贾谊《新书》:"甚苦属汉而欲王,类至甚也,逋遁而归诸侯者,类不少矣。""逋遁",即逋逃。《易·讼》:"不克讼,归而逋,其邑人三百户无眚。"李鼎祚集解引荀爽曰:"逋,逃也。"《说文·辵部》:"遁,迁也。"《广雅·释诂三》:"遁,避也。"《两晋演义》:"胤闻胡人败遁,已是心怯,没奈何出营迎战。"又"艾亦大悦,进次神乌,正值赵将王擢前锋,便驱众痛击,擢等败遁。"引例中的"败遁"亦即"逃遁"之义。《战国策》:"齐王逃遁走莒,仅以深免。"《抱朴子》:"设令殷纣以尚逃遁,收而敛之,尚临死,岂能自谓罪所应邪?""逃遁"亦言"遁逃",《史记·秦始皇本纪》:"秦人开关延敌,九国之师逡巡遁逃而不敢进。"钱起《和张仆射塞下曲》:"月黑雁飞高,单于夜遁逃。""却遁",明代的《二刻拍案惊奇》:"你偷了库中原宝,官府正在追捕你,你却遁来这里,妆此模样躲闪么?"民国李伯通小说《西太后艳史演义》:"这北路却不比南路,全是崇冈峻岭,人烟稀少,那白彦虎同着金相印却遁走在吐鲁番。"由此可见,"退遁""引遁""逋遁""败遁""逃遁"诸词的意义相同、相近且各自皆为同义连言。

对于这种由上下同义而组合形成的平列之词,显然不能将其分拆为两种不同的意义。王念孙《读书杂志》曾经指出:"凡连语之词,皆上下同义,不可分训,说者望文生义,往往穿凿,而失其本指。"[①] 王氏所说的"连语"除"联绵词"以外,还包括这里所说的上下同义而构成的平列之词,这里非常清楚地道明了平列之词的训释原则和方法。我们认为,韩愈《〈张中丞传〉后叙》"弃城而逆遁"之"逆遁",当与"退遁""引遁""逋遁""败遁""逃遁"等词的意义和结构一样,其内部结构不当是释"逆"作"预先"那样的状动关系,此"逆""不应分训",而应释以"却"义并视"逆遁"为并列关系而表示意义的复重。"逆遁"即"退遁""引遁",亦即今之谓"退逃""遁逃"。如此看来,"弃城而逆

[①] 王念孙:《读书杂志》,江苏古籍出版社1985年版,第407页。

遁"即谓"二公"弃城而逃,并非言"二公"弃城而先逃也!

第六节 假设连词"故"

《论语·季氏》:"夫如是,故远人不服,则修文德以来之。既来之,则安之。"其中"故"字,杨伯峻《论语译注》认为是"表提挈语气",《常用文言虚词词典》亦认为是"用在句首,表提挈语气,可不译出"。有人将"故"当作表因果关系的连词,又有人认为此"故"不表因果关系,而是承接上文,相当于今天的"就""便"。单一"故"字,即有如此众多的歧解。笔者才疏学浅,对此并不敢妄加评论,只是觉得此"故"如讲作表假设的连词译为"如果",似乎会更加允当一些,接下来我们试略作申论以明之。

一、"故……,则……"构成假设复句

"故"作为连词,常常用在假设复句中的前一分句,用以假定某种情况,同后一分句中连词"则"相呼应,构成"故……,则……"结构。如《战国策·楚策一》:"陈轸,夏人也,习于三晋之事。故逐之,则楚无谋臣矣。今君能用楚之众。故亦逐之,则楚众不用矣。"《史记·鲁仲连邹阳列传》:"故有人先谈,则以枯木朽株树功而不忘。"又:"故意合则胡越为昆弟……不合,则骨肉出逐不收。"宗臣《报刘一丈书》:"门者故不入,则甘言媚词,作妇人状,袖金以私之。"又"主者故不受,则固请;主者故固不受,则又固请。"从这些用例来看,"故"与"则"构成"故……,则……"句式,"故"当表假设意义无疑。正因为如此,中国社会科学院语言研究所古代汉语研究室《古代汉语虚词词典》释"故"曰:"用在前句首,表示假定某一情况。可译为'假如''如果'等。"其说甚是。

二、"今故""故使"的组合与同义并用

假设连词"故",不仅与"则"组合在一起构成"故……,则……"句式,而且还常常与假令连词"今""使"等同义并用,构成"今故""故使"等凝固结构。《吕氏春秋·制乐》:"今故兴事动众以增国城,是重吾罪也。"言如果兴师动众增修城墙,这是使我罪上加罪。《淮南子·说山训》:"寇难至,躄者告盲者,盲者负而走,两人皆活,得其所能也;故使盲者语,使躄者走,失其所

也。"故使盲者语,假使盲者语也。《战国策·赵一》:"虎将即禽,禽不知虎之即己也,而相斗两罢,而归其死于虎。故使禽知虎之即己,决不相斗矣。""故使禽知虎之即己",意即假使禽知虎之即己。清代吴昌莹早就发现了"故"作假令连词的用法,他曾在《经词衍释》中说:"故,犹'若'也。《礼记》:'若无礼,则手足无所措。'《家语·礼记篇》作'故无礼'。是'故'与'若'同意也。"[1]

我们再从假令连词"今"的使用来证明这个问题。文献中常用"今"表示假设。《史记·楚世家》"今我求之",《左传·昭公十二年》作:"我若求之。"马王堆汉墓出土帛书《春秋事语》"今止卫君",《左传·哀公十二年》作:"若执卫君。"是"今"犹"若"也。《三国志·周瑜鲁肃吕蒙传》:"今肃可迎操耳,如将军不可也。""今""如"互文,如亦若也,则今亦犹若。《史记·高祖本纪》:"沛今共诛令",即沛若共诛令也。又《史记·廉颇蔺相如列传》:"今两虎共斗,其势不俱生。"谓若两虎共斗也。《古诗为焦仲卿妻作》:"汝今无罪过,不迎而自归。"言汝若无罪过也。再如《左传·昭公四年》:"今藏川池之冰而不用,风不越而杀,雷不发而震,雹之为灾,谁能御之?"《孟子·梁惠王下》:"今王鼓乐于此,百姓闻王钟鼓之声,管龠之音,举疾首蹙頞而相告。"《庄子·让王》:"今且有人于此,以随侯之珠弹千仞之雀,世必笑之。"众例中的"今"无不表假使意义。正因为如此,清代王引之《经传释词》卷五"今,家大人曰:'今,犹若也'"。而《尔雅·释诂》:"故,今也。"郭璞注:"故亦为今。"由于"故"与"今"常常通用,"今"又常用作假令连词犹"若",所以"故"用作假令连词与"若"同义也就顺理成章了。可见,"故"是完全可用作假令连词的。

三、对所在复句的结构层次分析

再结合前引《论语·季氏》原文,该段话当是一个多重复句。即:"夫如是,故远人不服,‖(第二层:假设关系)则修文德以来之。|(第一层:递进关系)既来之,‖(第二层:假设关系)则安之。"很明显,文中是用"故……,则……"结构表示假设关系,后一分句当承前省略了一个释作"若"的"故"字。我们如果以"若"易"故",或释"故"为"如果",那么整段话语意连贯,一气呵成:"夫如是,若远人不服,则修文德以来之。

---

[1] 吴昌莹:《经词衍释》,中华书局1956年版,第93页。

(若）既来之，则安之。"——像这样做了，如果远方之人还不归顺，那么就施行仁义礼乐的政教来招致他们；如果已经把他们招致来了，那么就应当让他们安心。笔者不揣浅陋，在这里妄自以"若"释"故"，未知然否？若有不妥之处，尚望方家不吝指教。

第五章

献疑篇

引　论

在长期从事汉语教学与研究的过程中，我们时常会遇到一些语言方面的疑难问题。比如书本上或学术刊物上对某个词语的解释，亦或是大家通常对某个语词、某种句法现象的理解，乍看起来似乎没有多大的毛病，但如果进一步深究，又往往觉得存在不合情理的地方。于是我们就把这些问题集中起来，分别加以考证，并且对这些问题提出自己的见解和看法。虽然将本章命名为"献疑篇"，但这些问题可能本身并没什么"疑"可言，仅仅是笔者个人感到有"疑"而已。或者因为自己的浅薄与无知，而把本没有任何有"疑"的问题，通过自己的理解和所提出的主张而变得使他人感到有"疑"了。不管怎样，我们的出发点是想通过对这些问题的讨论，以求得大家一致的看法和认识。

比如，"之所以"这个语言单位，是不是已经凝结固化为一个复音词？它是否一个自由运用的并放在因果复句中表连接关系的连词？本章运用词汇化理论，针对目前语言学界通常持有的观点，提出了讨论与质疑。认为"之所以"在现代汉语里有两种形式，一是来源于句法形式"S + 之所以 VP"的"之所以$_1$"，二是指示代词"之"修饰限定名词性短语"所以 VP"而形成的"之所以$_2$"。通过对两种形式的"之所以"在语义语用、句法环境及成词条件等方面的探究与分析，确定这两种形式不仅没有固化成词，而且也不可能是一个表连接关系的连词。到底哪一种观点正确，相信人们心目中自有一个理解与评判的标准。

又比如，在人们的表达中常使用一个"转"字。古今常用意义为"转变""转动""反而"。那么，是不是说凡文言作品及诗歌作品中的"转"字，都可以用这样的意义来加以解释？杜甫诗歌《奉酬李都督早春作》："力疾坐清晓，来诗想早春。转添愁伴客，更觉老随人。"有著述解此诗曰："来诗转而增添了紧随自己、挥之不去的暮年悲愁。"训"转"为"转而"。又如杜甫诗歌《咏怀》："杜陵有布衣，老大意转拙。"在有的注者看来其意思是：杜陵有一个平民，年纪越大反而越变得愚笨起来，意谓年纪越大越不愿与世俗同流。又释"转"为"反而"。表面看起来没有什么问题，但实际上令人生疑。我们认为，由于词语的语法化带来了"转"在意义上的虚化，这些"转"不再是"转变""转动""反而"等意思，而应训"转"为副词，有"更加"的意义。

还比如，《荀子·劝学》："蚓无爪牙之利，筋骨之强，上食埃土，下饮黄泉，用心一也。蟹六跪而二螯，非蛇鳝之穴无可寄托者，用心躁也。"王力《古代汉语》译"用心一也"为："这是用心专一［的缘故］。"将"用心一也"之"用"当作动词来理解，是不是准确？结合"用"字在文中的上下语境及其已有的用法，我们认为"用"理解为表原因的"因为""由于"较为合适。

另外，我们还对《孟子·滕文公上》"且许子何不为陶冶，舍皆取诸其宫中而用之？何为纷纷然与百工交易？何许子之不惮烦"之"舍"，韩愈散文《〈张中丞传〉后叙》"当二公之初守也，宁能知人之卒不救，弃城而逆遁？苟此不能守，虽避之他处何益"之"宁能"，李白《静夜思》"床前明月光"之"床"，《论积贮疏》"残贼公行，莫之或止；大命将泛，莫之振救"之"或"等词语，就人们通常所作的训释提出了质疑，并阐明了自己的理解和看法。这些理解和看法不知是否正确，还望同行专家给以批评和指正。具体内容，详见本章的以下各节。

第一节　"之所以"词汇化质疑

关于"之所以"，前文曾就"所以VP"的词性和"S＋之＋所以VP"中"之"的用法进行过讨论。我们主张现代汉语"之所以"有两种形式：一种是来源于句法形式"S＋之＋所以VP"的"之所以$_1$"；另一种则是因指示代词"之"修饰和限定名词性词组"所以VP"而构成的"之所以$_2$"。两种来源不同的"之所以"，仅仅是形式上一样，其性质与用法则截然不同。① 现在的问题是，"之所以$_1$"和"之所以$_2$"是不是语言中能够独立运用的语词？是否如一些

---

① 王兴才：《关于"之所以"》，载《汉语学报》2007年第4期，第34~40页。

学者主张的那样"之所以"就已经词汇化了?在语言运用中,"之所以₁"和"之所以₂"是否都能凝结固化,而最终演变成一个连词?将"之所以"看成连词又是否恰当?笔者不揣浅陋,拟围绕着这些问题,对"之所以"再做进一步探究。

一、学界对"之所以"词汇化的描述

在一些人看来,"之所以"能够"自由"而"灵活"地运用于语言交际之中,且经常放在表因果关系的复句里有起领句子或强调结果的作用,所以将其处理为一个表结果意义的连词。① 但对"之所以"何以为连词,一般亦未做进一步的申论。而主张"之所以"是连词并对其词汇化过程进行详尽描述的,当推《中国语文》2006年第6期刊载的肖奚强、王灿龙《"之所以"的词汇化》一文。该文作者认为,在他们看来"'之所以'也应看成一个词,具体一点说,它可以算作一个连词。跟其他许多连词一样,它也经历了一个词汇化过程。"② 其后,文章更是从历时的角度详尽地描述了"之所以"的词汇化过程。在这里,我们不妨转引一段该文有关"之所以"演变成词的描述性文字,从中可以了解一下"之所以"到底是怎样演变成一个连词的?作者指出,当"S + 之 + 所以 VP"中的"之"功能弱化之后,"所以"便在中古时期开始虚化而逐渐成为表结果的连词。"再加上其他因素的作用,跨层非短语结构'之所以'也开始逐渐融合,变成另一个表示结果的连词。到南宋时期,'之所以'用作表结果义的连词用法已相当成熟。"此外,该文还结合《朱子语类》的例子加以论证说明(为了讨论的方便,我们将其所引之例一并罗列出来。原文所举例子,我们重新给以编序):

(1) 人之所以有善有不善,只缘气质之禀各有清浊。(《朱子语类》卷四)

(2) 人之所以戚戚于贫贱,汲汲于富贵,只缘不见这个道理。(《朱子语类》卷十三)

(3) 人之所以不聪不明,止缘身心惰慢,便昏塞了。(《朱子语类》卷四十四)

---

① 参看秦松岭、曹坚《连词"之所以……以"的形成》,载《内蒙古师院学报》1981年第2期,第132~134页;张学勤《句首"之所以"是与非辨》,载《杭州师范学院学报》1993年第2期,第102~104页;朱岩《"之所以"相关句式及其语法过程》,载《西南民族大学学报》2003年第11期,第459~461页。
② 肖奚强、王灿龙:《"之所以"的词汇化》,载《中国语文》2006年第6期,第531页。

(4) 大人之所以为大人者，却缘是它存得那赤子之心。(《朱子语类》卷五十七)

作者分析说，以上四例有一个共同的地方，那就是"S之所以VP"的后续句中都有一个表示原因的"缘"字。并以此说明，"整个复句的功能是由果溯因，前面半句提出结果，后面半句说明原因"。在他们看来，这便是现代汉语"之所以"作为连词而正式形成的标志。同时作者又进一步指出："如果说这个时期的'之所以'词汇化尚不彻底，其中的'之'字有时还难逃'取消句子独立性的功能'之嫌疑，那么到了现代汉语时期，其词汇化的程度应该是相当高了。"之后，作者又列举了现代汉语时期的两个用例：

(5) 我只知道一个事实：今天要去看的贵池傩仪傩戏，之所以保存得比较完好，却要归功于一位小学校长。(余秋雨《贵池傩》)

(6) 现有的杂志越来越细化，越来越窄众化，数量多，但发行量很小。之所以造成这种现象，主要有三个原因……(《北京晚报》2001/1/11)

依我们看，上面所举的(1)~(4)例，实际上采用了"S+之+所以VP"的形式，这就是我们所说的由该形式而产生的"之所以$_1$"。而例(5)~(6)中的"之所以"，则与"之所以$_1$"的用法有所不同，它可以用来起领句子，其"之"是指示代词。这便是我们所说的指示代词"之"修饰和限定名词性词组"所以VP"而形成的"之所以$_2$"。以上这段文字里，作者不外乎是在强调与说明，跨层非短语结构"之所以"在南宋时期便已演变成了一个表结果义的连词。而"之所以"的词汇化过程，作者认为它却是在很早的时候就已经开始了。在对上面(1)~(4)例做了分析之后，文章的附注⑦说："实际上，这个'缘'字也可以溯源，如果仅从功能方面来看，不妨说它跟最早的'以'字有异曲同工之妙。……因此，在后续句出现'以'字打头时，'之所以'的词汇化可以说就正式开始了。如此算来，也不妨说它在战国时代就已初露端倪。"① 这样的处理，看起来似乎并无不妥。然仔细玩味其对"之所以"词汇化的相关描述，却令人有所未安。下面就此试做一定的分析和评述。

二、"之所以"词汇化存在的问题

我们认为，第一，句法形式"S+之+所以VP"中的"之"并非取消句子

---

① 肖奚强、王灿龙：《"之所以"的词汇化》，载《中国语文》2006年第6期，第537页。

独立性,而是放在偏正结构之中表示修饰与被修饰关系。秦松岭、曹坚曾经指出:"凝固结构'所以'是名词性词组,它可以被定语所修饰。定语可以直接放到它的前面,也可以在定语后附以'之'作为标志。"① 据石毓智、李讷先生研究,古汉语中这种结构助词的使用有很大的随意性,"之"有时出现,有时是"零标记"②。正因为"S+之+所以VP"中的"之"可有可无,所以也就难以使"之所以"在形式上凝结和固化下来。换句话说,当"S+之+所以VP"不用"之"时,其并未改变整个句法结构关系,也并不影响以这种形式来进行传信与表达。那么,这时不用"之"的"S+所以VP",就无以构成固定形式——"之所以"。因此,作者认为在"S+之+所以VP"中产生连词"之所以"的用法,带有很大的偶然性。第二,"所以"虚化为连词,并不意味着"之所以"就一定能演变为连词。作者说,"S+之+所以VP"中的"之"功能弱化之后,"所以"在中古时期开始虚化逐渐成为表结果的连词。再加上其他因素的作用,跨层非短语结构"之所以"也开始逐渐融合,变成另一个表示结果的连词。那么我们要问,"S+之+所以VP"中"之"的功能究竟如何弱化,又是怎样弱化的?其他因素又包括哪些?这些因素又是怎么发生作用,才使跨层非短语结构"之所以"得以逐渐融合?"所以"虚化成为表结果的连词,跟"之所以"变成连词又是如何关涉的?这些问题,让人百思不得其解。我们认为,即便是"之"的弱化或消失,也并不改变"S+之+所以VP"偏正结构的性质。难道"之"的弱化或消失,就一定会带来"之所以"的融合,而最终使其变成一个连词吗?第三,"S+之+所以VP"是以偏正短语的形式在例(1)~(4)中作全句的主语,尽管仍然是由果溯因,前面提出结果,后面说明原因。但整个句子并不是复句,而是以单句的形式出现。因此,将例(1)~(4)视作一个复句,我们认为也值得商榷。第四,作者混淆了"之所以$_1$"与"之所以$_2$"的差别。例(5)~(6)"之所以"的用法,明显与前四例中的"之所以"有所不同。即"之所以$_1$""只用在句子中间,不用在句子头上"③。而"之所以$_2$"却以名词短语的形式作句子主语,完全可以用于句首,可以理解为"这用它来……"或"这凭借它……"④。"之所以$_1$"与"之所以$_2$"根本不存在源与流的问题。因此,由

---

① 秦松岭、曹坚:《连词"之所以……以"的形成》,载《内蒙古师院学报》1981年第2期,第133页。
② 石毓智、李讷:《汉语语法化的历程》,北京大学出版社2001年版,第309页。
③ 吕叔湘、朱德熙:《语法修辞讲话》,中国青年出版社1952年版,第124页。
④ 杨伯峻、何乐士:《古汉语语法及其发展》,语文出版社2001年版,第127页。

例（1）~（4）中的"之所以"绝不可能再进一步演化为例（5）~（6）中的"之所以"。而文章作者将其等同看待，这明显是对"之所以$_1$"与"之所以$_2$"不加区分所致，完全混淆了二者的差别与不同。第五，作者关于"之所以"词汇化过程的一些表述，令人无所适从。作者一方面说，在南宋时期"之所以"用作表结果义的连词用法，就已相当成熟。而另一方面又说，到了现代汉语时期，"之所以"词汇化的程度应该是相当高了。既然是表结果义的连词用法，在南宋时期已相当得成熟，那么就表明"之所以"的词汇化过程已进行得很彻底。怎么又说在现代汉语时期，其词汇化程度"应该"是相当高了呢？这明显属于前后表述不一，态度也模棱两可。最后，文章所描述的"之所以"词汇化过程，实际上就是在描述"之所以$_1$"的成词过程，而以其打头或起领句子的"之所以$_2$"却很少论及。现代汉语本来就有两种不同用法的"之所以"，文章只描述"之所以$_1$"的词汇化过程，这样的处理似有以偏概全之嫌。更有甚者，文章对"S+之+所以 VP"中"之"的用法，又存在着认识上的偏差与误判。有鉴于此，作者关于"之所以"词汇化过程的描述以及关于"之所以"是连词的立论，确实令人难以信服。

三、"之所以"尚未进行词汇化的原因

那么，现代汉语的"之所以"是否就经历了词汇化的过程呢？我们的基本看法是，现代汉语"之所以"两种形式，无论是形成于句法形式"S+之+所以 VP"的"之所以$_1$"，还是因指示代词"之"修饰限定"所以 VP"结构而形成的"之所以$_2$"，都尚未进行成词的演化，即词汇化。

所谓词汇化（lexicalization），就是指从句法层面的自由组合到固定词汇单位的演变过程。① 更为具体地说，就是一个短语或由句法决定的其他语言单位在经历了一段时间之后，其自身变成一个稳定的词项（lexical item），并且进入基本词汇或一般词汇，人们把这一过程或现象称为词汇化。② 可见，词汇化就是一种句法单位成词的凝固化。词汇化以句法层面的自由组合为前提和基础，没有句法层面的自由组合也就谈不上词汇化的问题。汉语里有不少的复音词在词汇化之前，实际上就是自由的句法组合。"这些自由的句法组合可以细分为两类：一种是全部由词汇性成分构成的短语，另一种是由语法性成分和词汇性成

---

① 董秀芳：《词汇化：汉语双音词的衍生和发展》，四川民族出版社2002年版，第329页。
② 王灿龙：《词汇化二例——兼谈词汇化和语法化的关系》，载《当代语言学》2005年第3期，第225页。

分组成的句法结构"。① 但我们必须承认,并不是所有句法层面的自由组合,都一定能够词汇化为一个固定的词汇单位。从语言中的实际用例就可以看出,"之所以$_1$"和"之所以$_2$"尚属于句法层面自由组合的范畴,"之所以$_1$"属于句法结构,"之所以$_2$"是由词汇性成分而构成的短语。虽然"所以"在汉代已经凝结成词,但就"之所以$_1$"来说,"之"由于是表偏正结构的助词,"之所以"就是"的所以",所以这种跨层非短语结构,也只是因为"之"和"所以"线性地排列而组合到了一起。从词用角度考察,表示"的所以"的"之所以",没有词汇化的语义基础;从音节结构看,"之"与"所以"分属两个不同的音步,显然又缺乏其演变成词的语音条件。因此在我们看来,它仅仅是因线性排列而形成的一种松散结构(有时用"之",有时不用"之"),其主要功能在于使谓语结构和句子结构变为名词性仿语,这种松散结构无法由句法性质的成分衍生成为词汇性质的成分,即"之所以$_1$"不可能演变成词。就"之所以$_2$"来看,"之"是代词,"所以"为介宾结构。指示代词"之"与介词结构"所以"组配而形成的"之所以",《现代汉语虚词例释》说它"是一个凝固结构,意思相当于现代汉语中的'……的原因'"②。《现代汉语常用词用法词典》也这样说:"'之所以'是一个固定格式,意思相当于现代汉语中的'……的原因。'后面可带动词性和形容词性词语,用于书面。"③ 我们认为,"之所以"既然是一个凝固结构,那就说明它还不具备词汇方面的性质,只是这个结构凝固得较紧而已,当然也就尚未进行词汇化。从词汇化的角度看,由句法单位变成为复合词的过程,实际上可以看成是一个心理组块造成的重新分析过程。而"心理上的组块过程使得原来分立的单位变得互相依赖,相应地,原结构的较为清晰的理据性逐渐变得模糊甚至最终消失,因而促成了词汇化的产生"④。"之所以$_2$"尽管因心理组块的因素而被人们当作一个整体单位在语言中使用,但"之所以$_2$"内部结构的理据性并没有因此变得模糊起来,而依然是十分得清晰。"之"表具体实在的意义仍然还存在,它并未因心理的组块因素而造成意义的消失与脱落,因而我们说,"之所以$_2$"也未曾进行过或经历过词汇化过程。

---

① 董秀芳:《论句法结构的词汇化》,载《语言研究》2002年第3期,第56页。
② 北京大学中文系1955、1957级语言班:《现代汉语虚词例释》,商务印书馆1996年版,第546页。
③ 李忆民主编:《现代汉语常用词用法词典》,北京语言文化大学出版社1995年版,第1551页。
④ 董秀芳:《词汇化:汉语双音词的衍生和发展》,四川民族出版社2002年版,第46页。

"之所以$_2$"这种结构常用于"之所以……是因为……"的语法格式之中。而"之所以……是因为……"实际上却是一个根据结果而追溯原因,且用以表达判断意义的固定句式。①"'之所以'不是连词,'是因为'也不是连词。在'之所以……,是因为……'句式中,'之所以……'是主语部分,'是因为……'则是谓语部分。'是'是判断动词作谓语,'因为……'是介宾短语,作宾语"②。意谓"如此……的原因","是因为……",具有强调和突出结果的作用。只要我们稍加辨察上引(5)~(6)之例便可明之。如果叙述者对事件之结果不进行凸显和强调,那么就可以使用"因为……所以……"这种通常的语法格式。而这两种语法格式大多数情况下可以相互间转换,如例(5)可以转换成"因为一位小学校长的功劳,所以贵池的傩仪傩戏才保存得比较完好"。例(6)可转换为:"由于主要有三个原因……所以才造成现有的杂志越来越细化……这种现象。"但转换后的内容却是以复句的形式进行表达,且没有突出和强调事件的意味了。正因为如此,"之所以$_2$"的"之"并非可有可无,它不是人们通常所理解的那种无实际意义的衬音助词,也更不等同于"之所以$_1$"中的"之"。现在有一种观点,不仅把"之所以$_1$"与"之所以$_2$"混为一谈,而且更将"之所以……是因为……"的语法格式当作复句处理,因而把"之所以"看成是一个已经完全词汇化了的连词,③ 我们认为这是值得商榷的。在"之所以……是因为……"中,如果说"之所以"是一个已经词汇化了的三音节连词,那么与此相呼应的"是因为",难道说也是一个已经固化并进行词汇化了的连词?显然不能这么说。因此,该语法格式不宜当成复句看待,"之所以"更不能看成是一个已经词汇化了的词汇单位。当然,"之所以"这个凝固结构也不排除在以后漫长的时间里有可能演变成一个词汇单位,但至少目前还不能算。"一个语法演变从发生、扩展和扩散到最终完成往往是一个较长的历史过程。有些语法演变从开始的语法创新到演变完成甚至长达几个世纪。"④ 同样,作为句法性质成分的

---

① 武柏索等编:《现代汉语常用格式例释》,商务印书馆1988年版,第379页。
② 汪泰荣:《"之所以……,是因为……"句式新探》,载《江西师范大学学报》2004年第3期,第74页。
③ 参见肖奚强、王灿龙:《"之所以"的词汇化》,载《中国语文》2006年第6期,第531~538页;张学勤《句首"之所以"是与非辨》,载《杭州师范学院学报》1993年第2期,第102~104页;朱岩《"之所以"相关句式及其语法过程》,载《西南民族大学学报》2003年第11期,第459~461页;程亚恒、陈慧:《连词"之所以"的有关问题》,载《天中学报》2007年第6期,第96~98页。
④ 吴福祥:《语法化理论、历史句法学与汉语历史语法研究》,载刘丹青主编:《语言学前沿与汉语研究》,上海教育出版社2005年版,第239页。

"之所以",若要演变到一个固定的词汇单位,除了具备词汇化的内、外部条件及诸多因素之外,毫无疑问,其词汇化过程定会相当漫长。然而它词汇化程度是否很高,或者词汇化过程是否能进行得完全与彻底,仍需要用语言事实说话,也更需要用时间来检验。

四、"之所以"缺乏连词的功能属性

接下来我们再来看一看,现代汉语"之所以"是否具有连词的一些功能属性。连词是虚词中的一个重要词类。《马氏文通》说:"凡虚字用以提承推转字句者,曰连字。"① 连词的功能主要在于连接词、词组、分句、句、句群,而从不独立充当句子的任何一种成分。② 前面我们分析说明了"之所以"为什么没有演变成词的理由。现在退一步地讲,即便"之所以"是连词,那么它又是连接的什么呢?它在句中是否从不充当句子成分?我们来分别考察一下"之所以$_1$"和"之所以$_2$"的使用情况。"之所以$_1$"在上例(1)~(4)的句子里,它到底连接哪两部分?难道连接"S+之+所以 VP"中的"S"与"VP"?或者连接"VP"和主语"S+之+所以 VP"之后的整个谓语部分?这样似乎都不能得到合理的解释。再则,在这些句子里,"所以"不是与"之"组合,而是先与"VP"构成所字词组——"所以 VP"。我们知道,单独的谓词性成分 VP 是表达典型的陈述;而谓词性成分 VP 一旦与"所以"组合,便构成名词性成分"所以 VP"。而名词性成分"所以 VP"则是表达典型的指称了。也就是说,"VP"与"所以"一经组合,便由谓词性成分的陈述转而指称动作行为的原因或动作行为的根据,这就是所谓的转指③。"所以 VP"在接受"S"的修饰和限定之后,组成偏正式短语"S+之+所以 VP"或不用"之"的"S+所以 VP",共同作了句子的主语。这明显与连词的功能要求不相吻合。秦松岭、曹坚曾用变换分析的方法,将"之所以"从这种句式中一概地抽掉。认为抽掉"之所以"以后,并不影响句子的原意,而原句变成了相对独立的两个主谓结构,且它们之间互不充当对方的成分。所以他们就认为,"之所以"是一个用在复句之中起着连接分句、确定句子之间关系等作用的连词。④ 我们认为,这种句式本来就

---

① 马建忠:《马氏文通》,商务印书馆 1983 年版,第 277 页。
② 杨伯峻、何乐士:《古汉语语法及其发展》,语文出版社 2001 年版,第 454 页。
③ 张双棣等著:《古代汉语知识教程》,北京大学出版社 2002 年版,第 281 页。
④ 秦松岭、曹坚:《连词"之所以……以"的形成》,载《内蒙古师院学报》1981 年第 2 期,第 134 页。

是以单句的形式来表示判断关系,只是大多数情况下并没有用判断系词"是"而已。抽掉"之所以"以后,句子原意尽管没有多大改变,但句法结构却发生了很大变化。即使被分析出来的两个主谓关系,也并非相对得独立,而是后者对前者所形成的原因或根据进行判断与断定。所以,"之所以$_1$"所在句子并不是复句。我们要说明的是,用变换分析的方法来确定"之所以"的词性本来就存在问题。如果说,我们对其做分析时都一概地抽掉"之所以$_1$",那么这种句式在具体运用中又何不都省却"之所以$_1$"呢?既然"之所以$_1$"不能被省略,那么在句中就有其存在的功能与价值。更何况"之所以$_1$"要在句子中充当具体的成分呢?我们再来看"之所以$_2$"。前已指出,"之所以$_2$"用在"之所以……,是因为……"的语法格式中,是以偏正结构"之所以VP"作句子的主语,意义是表示"如此……的原因"。在这个单句里,如同"之所以$_1$"所在句子一样,"之所以$_2$"所连接的两个部分仍然无法得以具体地落实,此不烦述。因此"之所以$_2$"也不具备连词的相关属性。以此观之,在"之所以$_1$"和"之所以$_2$"既没有演变成词,更不具备连词的语法功能的条件下,将"之所以"视作连词,明显存在着不合理的成分。所以,持连词论者难以自圆其说。

综上所述,我们认为现代汉语"之所以"还没有经历成词的演化。虽然可以运用于由果溯因的句子里而表结果意义,但它却不是连词,因为它还不具备词汇方面的性质。就"之所以$_1$"来说,它没有词汇化基础与成词的条件,这种跨层非短语结构也只是因为"之"和"所以"线性地排列而组合到了一起。由于"S+之+所以VP"中的"之"具有使用上的可变性(用时是"之所以",不用时是"所以"),因而不足以形成"之所以"的固定形式,当然也就不可能经历词汇化过程而最终演变成词。就"之所以$_2$"来看,其仍然是一个凝固结构,它只是经常运用于"之所以……是因为……"的语法格式中,具有强调和突出事件结果的作用。由于"之所以$_2$"的内部结构关系仍然十分得清晰,"之"也有具体实在的指代意义,因而也就不宜将"之所以$_2$"看成是一个已经词汇化了的连词。

第二节 杜甫诗"转"字释义商兑

杜甫是我国文学史上伟大的现实主义诗人。其诗作1400多首,显示了唐代由盛转衰的历史过程,因而他的诗被称为"诗史"。由张志烈主编,成都天地出版社1999年12月出版的《杜诗全集》（今注本），为我们阅读和研究杜诗带来了诸多方便，可谓功不可没。然而，该书在个别词语的训释上，尤其是对"转"字的释义问题，笔者认为值得商榷。如杜甫《奉赠卢五丈参谋琚》："天子多恩泽，苍生转寂寞。"该书注曰："诗人认为，天子施恩于民而民转贫困，是因朝廷之中有不祥如鹏鹞之类的奸臣。""转"字未训。而一般人多将其理解为动词。杜甫《洗兵马》："成王功大心转小，郭相谋深古来少。"《杜诗全集》释"心转小"为小心谨慎，而于"转"字，未加任何说明。杜甫《戏为六绝句》："别裁伪体亲风雅，转益多师是汝师。"该书训这两句谓：继承文学遗产应该鉴别淘汰那些形式主义的"伪体"而亲近"风雅"，博采众家之长。转求古今有所成就者以为你们的老师，而不应该厚此薄彼。显然将"转"训作动词。杜甫《奉酬李都督早春作》："力疾坐清晓，来诗想早春。转添愁伴客，更觉老随人。"其解诗意道：言来诗转而增添了紧随自己、挥之不去的暮年悲愁。训"转"为"转而"。杜甫《咏怀》："杜陵有布衣，老大意转拙。"注者称这两句是说：杜陵有一个平民，年纪越大反而越觉得愚笨起来。意谓越不愿与世俗同流。又释"转"为"反而"……但笔者认为，这些"转"字不宜分别作训，而皆可训作副词，有"更加"的意思。

一、"转"作"更"训的文献参证

"转"训"更加"，古诗文中十分常见。萧放《咏竹》："怀风枝转弱，防露影逾浓。"庾信《侍从徐国公殿下军行》："阵后云逾直，兵深星转高。"骆宾王《夕次旧吴》："西北云逾滞，东南气转微。"陈子昂《入峭峡安居溪伐木，溪源幽邃，林岭相映，有奇致焉》："路迥光逾逼，山深与转幽。"王适《蜀中言怀》："迹滞魂逾窘，情乖路转穷。"王维《赠东岳焦炼师》："山静泉逾响，松高枝转疏。"郭遵《南至日隔仗望含元殿香炉》："霜仗凝逾白，朱栏映转鲜。"韩愈《赠崔立之评事》："时命虽乖心转壮，技能虚富贵愈窘。"《世说新语·雅量》："王之恐状转见于色，谢之宽容愈表于貌。"以上诗句，"转"与"逾"相对为文。"逾"，更加；"转"亦谓"更加"也。庾肩吾《九日侍宴乐游苑应令》："御梨寒更紫，仙桃秋转红。"庾信《奉梨》："接枝秋转脆，含消落更香。"又《从驾观讲武》："树寒条更直，山枯菊转芳。"杜甫《奉酬李都督早春作》："转添愁伴客，更觉老随人。"钱起《奉使采箭竿竹谷中晨兴赴岭》："重峰转森爽，幽步更超越。"阎济美《下策献座主张谓》："转令游艺士，更惜至公年。"元稹《和东川李相公慈竹十二韵》："峻节高转露，贞筠寒更佳。""转"与"更"，亦皆对文同义。韦应物《秋夜》:"如何方恻怆,披衣露更寒。""更"一作"转"。可见,"转"训"更加"更为显明。谢惠连《西陵遇风献康乐》:"行行道转远,去去情弥迟。"裴耀卿《敬酬张九龄当涂界留赠之作》:"旷别心弥轸,宏规义转倾。"白居易《自觉二首》:"畏老老转迫,忧病病弥缚。"又《问秋光》:"身心转恬泰,烟景弥淡泊。"又《题裴晋公女几山刻石诗后并序》:"襟怀转萧洒,气力弥精坚。"诸例中,"转"与"弥"亦同义相对。形成对文的还如萧纲《咏蔷薇》:"燕来枝益软,风飘花转光。"阮元《略人传·时曰淳》:"题以'旧学商量加邃密,新知培养转深沉'十四字。"这里,"益""加"亦分别与"转"相对。可见,"转"即如"逾""更""弥""益""加"等,皆作副词训,"更加"是也。"转"不仅与上面诸词形成对文,而且还与其并连而陈。杜甫诗《李鄠县丈人胡马行》:"一闻说尽急难才,转益愁向驽骀辈。"又《戏为六绝句》:"别裁伪体亲风雅,转益多师是良师。"二诗"转益"连文。刘恂《岭表录异》卷中:"箣竹……自根横生枝条,辗转如织。虽野火焚烧,只燎细枝嫩叶,至春复生,转复牢密。"《太平广记》卷三百零九《张遵言》:"由是遵言每行,自袖之(指白犬),饮食转加精爱。"庾元威《论书》:"夫《苍》《雅》之学,儒博所宗,自景纯注解,转加敦尚。"赵长卿《阮郎归》:"肠未断,鬓先华。新来瘦转加。角声吹彻小梅花。夜长人忆家。"这里的"转复""转加"皆同义并陈。而"转"与"更"同义并连,则使用尤为频繁。此略举数例以明之。《晋书·甘卓传》:"主簿何无忌及家人皆劝令自警。卓转更很愎,闻谏辄怒。"徐铉诗:"任他银箭转更筹,不怕金吾司夜吏。"孙元晏《蔡撙》:"紫茄白苋以为珍,守任清真转更贫。"马湘《登杭州秦望山》:"秦皇谩作驱山计,沧海茫茫转更深。"苏郁《咏和亲》:"君王莫信和亲策,生得胡雏转更多。"张籍《送辛少府任乐安》:"才多不肯浪客身,老大诗章转更新。"晁补之《斗百花》:"重向溪堂,临风看舞梁州,依旧照人秋水。转更添姿媚。"黄庭坚《好事近》:"画堂饮散已归来,清润转更惜。"吕渭老《沁园春》:"争知道,冤家误我,日许多时。心儿。转更痴迷。"施酒监《卜操作数》:"别你登长道。转更添烦恼。"张才翁《雨中花》:"欲把春愁抖擞,春愁转更难禁。"周紫芝《沙塞子》:"惨别意、无奈愁何。他年事、不须重问,转更愁多。"朱敦儒《风流子》:"但且恁、痛饮狂歌,欲把恨怀开解,转更销魂。"足见"转"可训"更加"。

据上所及,"转",即"逾"、即"弥"、即"益"、即"更"、即"加",今"更加"之谓也,程度副词。而程度副词"更加"义,显然由其动词"转变"意义演嬗虚化而来。解惠全先生(1987)在《谈实词的虚化》一文中指出:"实词的虚化，要以意义为依据，以句法地位为途径。也就是说，一个词由实词转化为虚词，一般是由于它经常出现在一些适于表现某种语法关系的位置上，从而引起词义的逐渐虚化，并进而实现句法地位的固定，转化为虚词。"由于"转"经常置于谓词性词语之前，这就为其虚化作副词准备了前提条件。我们看如下诗文中有关"转"字的用例。司空曙《经废宝庆寺》："禅宫亦销歇，尘世转堪哀。"窦参《登潜山观》："既入无何乡，转嫌人世难。"杜甫《发秦州》："贫病转零落，故乡不可思。"又《因崔五侍御寄高彭州》："百年已过半，秋至转饥寒。"苏颋《闲园即事寄韦侍郎》："物应春偏好，情忘趣转闲。"徐彦伯《奉和幸新丰温泉宫应制》："独沸流常热，潜蒸气转香。"殷遥《春晚山行》："俗人犹语此，余亦转忘归。"吴巩《白云溪》："秀迹逢皆胜，清芬坐转凉。"丘为《竹下残雪》："晴光夜转莹，寒气晓仍深。"聂颖士《仰答韦司业垂访五首》："俯仰转惊惕，裴回独忧煎。"孟浩然《寻香山湛上人》："石门殊豁险，篁径转深邃。"韦应物《秋夜二首》："庭树转萧萧，阴虫还戚戚。"元结《与瀼溪邻里》："斯人转贫弱，力役非无冤。"刘叉《天津桥》："谁令汉祖都秦关，从此奸雄转相炽。"这些诗句中的"转"字，一方面直接放在谓词性词语之前，另一方面又分别与该诗上句或下句中的副词"亦""既""不""已""偏""常""犹""皆""仍""独""殊""还""非""都"等同语位相对。足可证明"转"与这些副词一样，具有副词的功能与特征，并修饰和限定其后的谓词性词语。

二、"转"作副词的句法特征

"转"置于动词前。《诗经·小雅·谷风》："将恐将惧，维予与女；将安将乐，女转弃予。"孔颖达疏："汝何更弃我乎？"《世说新语·文学》："桓南郡与殷荆州共谈，每相攻难，年余后，但一两番。桓自叹才思转退，殷云：'此乃是君转解。'"又《赏誉》："后聊试问近事，答对甚有音辞，出济意外，济极愧愕，仍与语，转造精微。"高适《封丘作》："乃知梅福徒为尔，转忆陶潜归去来。"杜甫《越王楼歌》："君王旧迹今人赏，转见千秋万古情。"张蕴古《大宝箴》："邪僻之情转放。"吴藻《虞美人词》："池塘春早总模糊，转觉今宵有梦不如无。"冯梦龙《挂枝儿·雨》："听雨声儿一点点随珠泪双悬……此际空闺人寂寞，教奴转听转心酸。"放在动词前的这些"转"字，似可理解为动词，但总不如将其理解作副词"更加"更为合适。而这种用法的"转"字却较常见地放在形容词前面，表示程度加深。《世说新语·容止》："何平叔美姿仪，面至白，魏明帝疑其傅粉。正夏月，与热汤饼。既啖，大汗出，以朱衣自拭，色转皎然。"

又《假谲》:"江彬瞑入宿,恒在对床上。后观其意转贴,彬乃诈厌,良久不悟,声气转急。"陶潜《搜神后记》卷六:"(王戎)忽见空中有一异物如鸟,熟视转大。"《宋书·王景文传》:"吾逾忝转深,足以致谤。"《史通·煊省》:"自魏、晋以还,年祚转促,而为其国史亦不减班书,此则后来愈烦,其失弥甚者矣。"《封氏闻见记》卷九:"安之使伍伯执大杖引前,谭则益粗其杖,安之越粗,谭亦转粗。"《太平广记》卷一八七《阳城》:"时人以转远转高,转近转卑。"《百喻经·就楼磨刀喻》:"如是数数往来磨刀,后转劳苦。"以上大量的语言事实说明,"转"置于谓词之前,已完全实现句法地位的固定,转化为虚词。

刘淇《助字辨略》:"转,犹浸也。"王锳《诗词曲语辞例释》:"转,表示程度加深的副词,相当于文言的'愈''益',白话的'更''越'。"徐仁甫《广释词》:"转犹'更',表态副词。"都明确地指出了"转"作为副词表"更加"意义的词性特征。杜甫《天河》:"常时任显晦,秋至转分明。"谓天河平时昏暗晦瞑,而到秋天则更加分明澄净。又《除架》:"束薪已零落,瓠叶转萧疏。"言束薪已经枯萎衰败,而瓠叶更加稀稀落落。又《至后》:"愁极本凭诗遣兴,诗成吟咏转凄凉。"云悲愁袭身,本想以诗来排遣,然而在吟诗作句之后,心情却更加惆怅。李白《春夜宴桃李园序》:"幽赏未已,高谈转清。"曰悠闲赏景尚未结束,而此时高谈阔论却又显得更加清雅。又《和卢侍御》:"行尽绿潭潭转幽,疑是武陵春碧流。"即行至绿潭尽处,潭水更加深而幽静。白居易《琵琶行》:"感我斯言良久立,却坐促弦弦转急。"谓退回坐下又拨动琴弦,那弦声更加凄苦感人。王维《辋川闲居赠裴秀才迪》:"寒山转苍翠,秋水日潺湲。"言寒秋里山间泉水不停歇地潺潺作响;随着天色的向晚,山色也变得更加苍翠。李颀《听安万善吹觱篥歌》:"流传汉地曲转奇,凉州胡人为我吹。"是说觱篥流传到汉地,用它吹奏出的音乐更加美妙动听。韩愈《贺雨表》:"青天湛然,旱气转甚。"意即晴空无云,旱气冲天,天气更加炎热。罗隐《鹦鹉》:"劝君不用分明语,语得分明出转难。"即谓你还是不要说话过于明白吧,明白的话语更加难于出口呵。晁补之《斗百草》:"重寻事,前度刘郎转愁寂。"转愁寂:更加忧愁苦恼。……又检《汉语大字典》《汉语大词典》《辞源》等大型工具书,皆有"转"作副词的义项,亦可证明"转"能训作副词。今专拈"转"字加以讨论,意在今人多知其动词意义,而未明其可作副词,因而常常把本作副词的"转"误之为动词。这是需要引起高度重视的。

三、余论

再说到杜甫诗歌中的"转"字。据洪业的《杜诗引得》,杜诗中除双音节词"迁转、宛转、变转、辗转、流转、漂转、飘转、转蓬"外,单"转"字70见。而这70个"转"字,可训副词的有33例。几近"转"字总量的一半。而查《全唐诗》,唐代诗人的诗作中,用作副词"更加"义的"转"字,更是俯拾皆是。可见,副词"转"已大量运用于唐代。当然,这并不是说,其动词的意义就已销声匿迹。而是与其副词一样,仍然运用活跃。这时就应该仔细辨别二者之间的不同。一般说来,"转"作为动词,可以受副词"不""未""皆"及能愿动词"可""欲""能"等的修饰,其后往往是名词作宾语或处所名词作补语。即使不跟宾补成分,而要跟一个相关的动词,那么这个动词也应是与"转"同义并用,如"转动""转变""转化""转运""转迁"等,从而使其构成同义复合词。而"转"用作副词表"更加"义则是放在谓词性词语之前,特别以放在形容词之前更为突出,以此来表示程度加深或性质特征的变化。这两种"转"字,词性和用法本不相同,再加上又结合其具体的语言环境分析,二者则更容易区分和识别。杜甫诗"江流石不转""大声吹地转""有恨石可转""云帆转辽海""万事随转烛"等,"转"字当然是动词,但前引杜诗"天子多恩泽,苍生转寂寞"则谓天子施恩于民而民更加贫困。"成王功大心转小,郭相谋深古来少"言唐代宗李豫成大功后更加小心谨慎。"力疾坐清晓,来诗想早春。转添愁伴客,更觉老随人"是说读了李诗以后更加增添忧愁。"杜陵有布衣,老大意转拙"意即自己岁数大了,变得更加迂拙。可见,这些"转"字都不能理解作动词,而应训副词"更加"。

第三节 两个连言复词的释义商榷

我们读诗文时常常会遇到一些连言复词的释义问题。所谓连言复词,就是通过连言、并列的方式将两个同义的词语组合并列在一起,而形成的复音节词语。同义词平列连言,是双音节词最为习见的组合形式,也是汉语词汇由单音节词向复音节词转变、发展进程中一种必用的重要手段之一。王念孙曾经这样说过:"凡连语之词,皆上下同义,不可分训……"[①] 然今人之注释,对这种连言复词却不加明辨,常常将其分而释之,以致误解诗文原意。今不揣浅陋,偶检现行高中语文教材文言文部分的两个连言复词,对课本的训释试做辨疑,并

[①] 王念孙:《读书杂志》,江苏古籍出版社1985年版,第407页。

以此求教于方家。

一、"殷忧"

魏征《谏太宗十思疏》："凡昔元首，承天景命，善始者实繁，克终者盖寡。岂取之易守之难乎？盖在殷忧，必竭诚以待下；既得志，则纵情以傲物。"对该段文字所作的以下注释，似可值得商榷：

> ［盖在殷忧，必竭诚以待下］因为处在深重忧患之中，一定竭尽诚心对待臣民。盖，承接上文，表示推断原因。殷，深。

今按，"殷"本无"深"意义，在本句中当是"忧伤"的意思。"殷"，《说文》亦作"慇"。《说文解字·心部》："慇，痛也。"《群经音辨》："慇，忧也。"《集韵·谆韵》："慇，忧也。亦省。"表"忧伤"的"慇"字，在文献里多省形作"殷"，与《说文》"殷，作乐之盛称殷"别义。颜延年《夏夜呈从兄散骑车长沙一首》："屏居恻物变，慕类抱情殷。"李善注引《鹦鹉赋》"眷俦侣而情殷"曰："殷，忧也。"《六臣注》吕延济曰："屏，退也。类，朋类也，谓敬宗仲远也。退居痛物之变化，思慕朋类而情殷。殷，忧也。"沈约《齐故安陆昭王碑文》："虽外顺皇旨，内殷私痛，独居不御酒肉，坐卧泣涕沾衣。"李善注引毛苌诗传曰："殷，忧也。"可见，"殷"实为表"忧伤"之"慇"的省形。由"慇"叠音构词所成的"慇慇"，可状忧愁之貌。亦作"殷殷"。《诗经·国风·北门》："出自北门，忧心殷殷。终窭且贫，莫知我艰。"朱熹《诗集传》："殷殷，忧也。"《诗经·小雅·正月》："洽比其邻，昏姻孔云。念我独兮，忧心殷殷。"毛传云："殷殷然，痛也。"朱熹注："怡怪其昏姻而我独忧心至于疾痛也。"《诗经·大雅·桑柔》："忧心殷殷，念我土宇。我生不辰，逢天僤怒。"《尔雅·释训》亦曰："殷殷，忧也。"

同义之词多平列，是古人行文的一个重要规律，也是双音节词最为习见的组合方式。"慇"省形而作"殷"，由于其具有"忧愁"之义，所以与"患""忧"常常同义并列。《韩非子·外储说左下》："西伯昌贤，百姓悦之，诸侯附焉，不可不诛，不诛必为殷患。"句中"殷患"，即"忧患"也。潘岳《寡妇赋》："潜灵邈其不反兮，殷忧结而靡诉。"李善注："殷忧，……毛诗曰'心之忧矣'。如或结之靡诉，言无所告诉也。"阮籍《咏怀诗十七首》："感物怀殷忧，悄悄令心悲。"文选注："古诗曰'感物怀所思。'韩诗曰'耿耿不寐，如有殷忧。'毛诗曰'忧心悄悄，愠于群小。'"在注者看来，"殷忧"即为单音节词"忧"的意思。很明显，注者正是看清楚了"殷忧"同义连言的这种规律。"殷忧"连言在文献里较为习见。嵇康《养生论》:"夜分而坐,则低迷思寝,内怀殷忧,则达旦不瞑。"刘琨《劝进表》:"或多难以固邦国,或殷忧以启圣明。"谢瞻《答灵运》:"伊余虽寡慰,殷忧暂为轻。"杨衒之《洛阳伽蓝记》卷二:"往以运属殷忧,时遭多难,卷怀积载,括囊有年。"张九龄《感遇十二首》之六:"贵人弃疵贱,下士尝殷忧。"骆宾王《宪台出縶寒夜有怀》:"生死交情异,殷忧岁序阑。"张说《奉和圣制爱因巡省途次旧居应制》:"葱郁兴王郡,殷忧启圣图。"李商隐《江亭散席循柳路吟(归官舍)》:"寡和真徒尔,殷忧动即来。"《资治通鉴》卷第一百九十四:"人主善始者多,克终者寡,岂取之易而守之难乎?盖以殷忧则竭诚以尽下,安逸则骄恣而轻物。"《资治通鉴》卷第二百二十九:"陛下诚能近想重围之殷忧,追戒平居之专欲。"可谓难穷其例。王念孙《读书杂志》曾说过:"古人训诂,不避重复,往往有平列二字上下同义者,解者分为二义,反失其指。"对于上述同义连言的"殷忧",显然不能分而释之。储光羲《登商丘》:"河水日夜流,客心多殷忧。"谓客心多忧伤。李白《冬夜醉宿龙门,觉起言志》:"富贵未可期,殷忧向谁写。"言忧伤向谁写?李嘉祐《送袁员外宣慰劝农毕赴洪州使院》:"圣主临前殿,殷忧遣使臣。"云忧伤遣使臣。高适《东平路中遇大水》:"农夫无倚著,野老生殷忧。"曰野老生忧伤。杜甫《寄岳州贾司马六丈、巴州严八使君两阁老五十韵》:"忆昨趋行殿,殷忧捧御筵。"即忧伤捧御筵。崔峒《扬州选蒙相公赏判雪后呈上》:"穷巷殷忧日,芜城雨雪天。"乃穷巷忧伤日。这些句中同义连言的"殷忧",非"深忧"之谓也。

由于具有"忧"义的"慇"省形作"殷",加之又与"隐"古音相近,因此"殷"常常假作"隐","隐"便可释为"忧""痛"。《广韵·隐韵》:"隐,痛也。"《说文解字·心部》:"慇,痛也。"段注:"《柏舟》'耿耿不寐,如有隐忧。'传曰:'隐,痛也。'此谓隐即慇之假借。痛忧,犹重忧也。《桑柔》'忧心慇慇'《释训》'慇慇,忧也。'谓忧之切者也。凡经传'隐'训'痛'者,皆《柏舟》诗之例。"《楚辞·九章·悲回风》:"孰能思而不隐兮,照彭咸之所闻。"王逸注:"隐,忧也。"《后汉书·张衡传》:"当此之会,乃鼋鸣而鳖应也。故能同心戮力,勤恤人隐,奄受区夏,以定帝位。"李善注:"隐,病也。《国语》曰:'勤恤人隐,而除其害也。'"《别雅》卷三:"民殷,民隐也。《刘熊碑》:'勤恤民殷',隶释云:'以殷为隐'……二字音近,故借。又《尔雅·释训》:'殷殷,忧也。'则谓民殷为民忧,即读如本字亦可。"正因为这样,"殷忧"又作"隐忧",二者义同。此举数例以明之。《楚辞·哀时命》:"夜炯炯而不寐兮,怀隐忧而历兹。心郁郁而无告兮,众孰可与深谋!"柳宗元《登蒲州石矶望横江口潭岛深迥斜对香零山》:"隐忧倦永夜,凌雾临江津。"李商隐《灯》:"何处无佳梦,谁人不隐忧。"《资治通鉴》卷第二百二十九:"今天子方在隐忧,以德绥我,我曹何得不悔过而归之邪!"《续资治通鉴》卷第一百七十:"檄前后凡五至,以和议未决,隐忧致疾,卒,遣使归其柩于蒙古……"

至此,我们明白了"殷忧"一词实际是通过二字同义并列来表示"忧伤"的意义。我们可以再次通过梳理"慇"的引申线索,来更进一步明辨"殷忧"之"殷"应作何解。"慇"本义表"忧伤",省形作"殷"。引申为重忧、忧甚。再由"忧之甚"引申出"多"的意义。《广雅·释诂三》:"殷,众也。"《广韵·欣韵》:"殷,众也。"《诗经·郑风·溱洧》:"士与女,殷其盈矣。"毛传:"殷,众也。"物之多不可谓不富足,因而又引申为"富裕"。《法言·孝至》:"君人者,务在殷民阜财。"李轨注:"殷,富也。"又因为"慇"的本义表"忧伤",而愁厚忧重、多愁善感的人们往往呈现出一种病貌特征,于是由此再引申出"病痛"的意义,又作"隐"。《诗经·邶风·柏舟》:"耿耿不寐,如有隐忧。"毛传:"隐,痛也。"孔颖达疏:"如人有痛疾之忧,言忧之甚也。"忧之甚即忧之切,言忧伤得特别厉害。难道可以据此就说"殷"一定有"深"的意义吗?"殷忧"之"殷"释作"深",难见其意义存乎词义的演变轨迹。然古人不明此,却将"殷忧"强为分别,释"殷"为"深"。陆机《叹逝赋》:"感秋华于衰木,瘁零露于丰草。在殷忧弗违,夫何云乎识道?"李善注:"殷,深也。"课本释"殷忧"之"殷"为"深",盖本于此。

笔者对李善所作的注释有几点需要说明。第一,注者之所以释"殷"为"深",是因为在注者看来,"忧伤"乃人们缘情而发、触物生感所致,"忧伤"又源乎人们内心深处,因此才得以用"深"义释之。殊料,"殷"即使可指极度的忧伤,也万不能说明其有"深"的意义。如此作解,实有牵强附会之嫌。第二,结合本例来看,"殷忧"并非表深深的忧患,而是言忧重愁厚。因为"殷忧"不是偏正结构关系,而是通过同义并列来表意义的重复,用以表忧伤之沉、忧伤之重。第三,黎锦熙曾这样说过:"例不十,法不立。"王力先生亦云:"例外不十,法不破。"李善仅此一例的故训,显然不能作为字典、辞书义项确立的依据。《汉语大字典》专为"殷"立有"深"的义项,并列举了三例,实际上其引例中的"殷"不能释作"深",而只能训为"忧"。第四,吴兢《贞观政要》卷一:"凡百元首,承天景命,莫不殷忧而道著,功成而德衰。有善始者实繁,能克终者盖寡,岂取之易而守之难乎?昔取之而有馀,今守之而不足,何也?夫在殷忧,必竭诚以待下;既得志,则纵情以傲物。"注曰:"殷忧,忧之甚也。"

忧之甚，表忧伤之厚重，非谓"深忧"也。对于"殷忧"一类的连言同义之字，如果"强为区别，求之愈深，失之愈远，所谓大道以多歧亡羊者也"（王念孙语）。可见，"殷忧"之"殷"不可训"深"，而当释作"忧"，乃平列二字上下同义也。

二、"忽若"

屈原《九章·哀郢》："惟郢路之辽远兮，江与夏之不可涉。忽若去之不信兮，至今九年而不复。惨郁郁而不通兮，蹇侘傺而含戚。"《山带阁注楚辞》："忽若，犹忽然也。忽若去不信者，言身忽已去国，而其心依恋郢都，殊不自信也。"王力《古代汉语》亦将句中"忽若"注释为"忽然"。盖有以今释古之嫌，恐怕未确。其实，笔者以为这里的"忽若"，并非今义之"忽然"，而是由"忽"和"若"两个语素凝结而成的同义复词，犹现在的"如同""好像"之意。

《全唐诗》卷一七七李白《洞庭醉后送绛州吕使君果流澧州》："昔别若梦中，天涯忽相逢。"又卷二六四顾况《哭从兄苌》："人生倏忽间，旅衬飘若遗。"又卷四〇四元稹《江陵三梦》："惊悲忽然寤，坐卧若狂痴。"又卷四八六鲍溶《客途逢乡人旋别》："无因忽相会，感叹若有神。"又卷七三四黄损诗句："忽遇南迁客，若为西入心。""忽"与"若"相对为文，"忽"即"若"也。"忽"还常与"犹""如"等对文同义。《全唐诗》卷二二九杜甫《瞿塘两崖》："入天犹石色，穿水忽云根。"又卷三四四韩愈《和侯协律咏笋》："攒生犹有隙，散布忽无垠。"又卷二二二杜甫《写怀二首》："荣名忽中人，世乱如虮虱。"又卷四五九白居易《送毛仙翁》："衰鬓忽霜白，愁肠如火煎。"运用中"忽"亦常与"似"并连而陈。《全唐诗》卷四七张九龄《与生公游石窟山》："潜洞黝无底，殊庭忽似梦。"又卷一四七刘长卿《安州道中经浐水有怀》："征途逢浐水，忽似到秦川。"又卷一九四韦应物《鼙鼓行》："忽似孤城万里绝，四望无人烟。"又卷四三九白居易《建昌江》："忽似往年归蔡渡，草风沙雨渭河边。"可见，"忽"就是"若"的意思。屈原《九章·哀郢》："凌阳侯之泛滥兮，忽翱翔之焉薄。"云驾乘着小舟任波浪漂浮，若鸟翱翔于天空不知停落何处。王力《古代汉语》释"忽"为"快速的样子"，误。《全唐诗》卷一一一袁晖《奉和圣制答张说扈从南出雀鼠谷之作》："石路行将尽，烟郊望忽开。"言烟郊望若开。卷一二五王维《送崔五太守》："剑门忽断蜀川开，万井双流满眼来。"谓剑门若断蜀川开。卷六一七陆龟蒙《读襄阳耆旧传，因作诗五百言寄皮袭美》："披襟两相对，半夜忽白昼。"盖半夜似白昼也。

而"忽"与"若"同义并连,在文献里特别是在古典诗歌之中,更是被广泛地运用。《魏诗》卷二王粲《从军》:"西收边地贼,忽若俯拾遗。"又卷六陈思王曹植《薤露行》:"人居一世间,忽若风吹尘。"又卷七《侍太子坐》:"翩翩我公子,机巧忽若神。"又卷九嵇康《五言诗》:"沧水澡五藏,变化忽若神。"又卷十阮籍《咏怀诗十三首》:"非义之荣,忽若尘烟。"《晋诗》卷三郭泰机《答傅咸》:"衣工秉刀尺,弃我忽若遗。"又张华《招隐》:"盛年俯仰过,忽若振轻丝。"《北魏诗》卷一高允《王子乔》:"遗仪景,云汉酬,光骛电逝忽若浮。"《全唐诗》卷一八七韦应物《朝请后还邑,寄诸友生》:"谁言再念别,忽若千里行。"又卷二一一高适《酬秘书弟兼寄幕下诸公》:"今来抱青紫,忽若披鹓鸿。"又卷二一八杜甫《幽人》:"天高无消息,弃我忽若遗。"又卷二一九杜甫《题李尊师松树障子歌》:"障子松林静杳冥,凭轩忽若无丹青。"又卷四九九姚合《买太湖石》:"客来谓我宅,忽若岩之阿。"卷五〇〇姚合《过张邯郸庄》:"到君读书堂,忽若逢良医。"是其证。这些诗行中的"忽若"皆不能以"忽然"义理解或译释。

前引屈原《九章·哀郢》"忽若去之不信兮,至今九年而不复"句中"九年",一般都认为是屈子被放逐的时间。《楚辞章句》:"放且九岁,君不觉也。"《楚辞补注》:"《卜居》言屈原既放,三年不得复见。此云至今九年而不复。……屈原遂放于外,乃作《离骚》,当怀王之十六年。十八年……是时屈平既疏不复在位。悔不用屈原之策,于是复用屈原。……当顷襄王之三年,怀王卒于秦。襄王听谗,复放屈原。以此考之,屈平在怀王之世被绌复用,至顷襄即位,遂放于江南耳。其云既放三年,谓被放之初;又云九年而不复,盖作此时放已九年也。"《楚辞集注》:"《补注》考原初放在怀王十六年,至十八年复召用之。三十年秦约怀王与会,原谏止之,不从。怀王遂死于秦。襄王立,复放屈原。此云九年不复,不知的在何时也。"《山带阁注楚辞》:"原初放在怀王十六年,至十八年复召用之。有使齐之行,三十年有会武关之谏,而怀王不从,卒死于秦。顷襄王立,复放屈原。然则怀王于原屡黜屡用,其迁于江南九年不复,固当在顷襄之世也。"看来众注对"九年而不复"的诠释是不尽一致的。或语气不肯定,《楚辞章句》云"放且九岁",《楚辞补注》曰"盖作此时放已九年";或根本不能言说,《楚辞集注》谓"此云九年不复,不知的在何时也";或不作详辩,《山带阁注楚辞》言屈原"其迁于江南九年不复,固当在顷襄之世也"等。我们认为,"九年"不是确指,而是在此表示多年或很长的时间。另,

"去",犹消除。"不信",即不被信任。"惟郢路之辽远兮,江与夏之不可涉。忽若去之不信兮,至今九年而不复。惨郁郁而不通兮,蹇佗傺而含戚"意思是说,去郢都的路很辽远,而长江与夏水又不可横渡。(朝廷)好像消除了对我的不信任,然而我至今还不能回去。我心情愁惨而不畅快,在困苦失意中又怀藏着悲戚。句意言屈原期待着被再次任用,他又因不知归期而暗自悲愁。非谓屈子忽被放逐而"身忽已去国"也,更非屈原被放逐于外前后有九年矣。

第四节 "用"字注商

《荀子·劝学》:"蚓无爪牙之利,筋骨之强,上食埃土,下饮黄泉,用心一也。蟹六跪而二螯,非蛇鳝之穴无可寄托者,用心躁也。"王力《古代汉语》译"用心一也"为"这是用心专一[的缘故]"。于非《中国古代文学作品选》释"用心一也"为专心致志,精力集中;又释"用心躁也"时谓"是因为性情浮躁,用心不专一"。朱振家《古代汉语》更以其"用"为常义,而未加任何的注语。众家皆以为"用"是动词,其后跟了宾语"心"。其实,引例中的"用"并非常义,亦不能将"用心"当成动宾结构。笔者认为,"用"在这里应训"由",是"因为"的意思。

一、"用"表原因的文献考察

王引之《经传释词》:"用,词之'由'也。……'由'可训为'用','用'亦可训为'由',一声之转也。"《礼记·礼运》:"故谋用是作,而兵由此兴。""用"与"由"互文见义,"用"即"由","由"即"用"也。《诗经·小雅·小弁》:"君子无易由言,耳属于垣。""君子无易由言",犹君子无易用言。《左传·襄公三十年》:"以晋国之多虞,不能由吾子,使吾子辱在泥途久矣。""不能由吾子",谓不能用吾子。《礼记·礼运》:"如有不由此者,在势者去,众以为殃,是谓小康。"不由此,即不用此。《小尔雅·广诂》:"由,用也。"胡承珙义证"由者,《王风》:'君子阳阳,右招我由房'传云:'由,用也'"。《尚书·君陈》:"既见圣,亦不克由圣。"孔传:"已见圣道,亦不克用之。"《吕氏春秋·务本》:"诈诬之道,君子不由。"高诱注:"由,用也。"可见,文献中"由"能作"用"义训。

而"由"亦可训"因"。卢谌《重赠刘琨》:"璧由识者显,龙因庆云翔。"

"由"与"因"对文同义。《礼记·礼运》:"禹汤文武成王周公,由是其选也。"是说他们因此成为三代诸王中的杰出人物。是"由"犹"因"也。正因为"由"可训"因",因而"用"也就有"因"的意思。卢谌《赠刘琨书》:"因其自然,用安静退。"杜甫《续得观书》:"舟楫因人动,形骸用杖扶。"皆"因""用"互文,是"用"犹"因"之明证。《诗经·小雅·小旻》:"谋夫孔多,是用不集。"《左传·成公十三年》:"狄应且憎,是用告我。"又"不谷恶其无成德,是用宣之,以惩不一"。又:"诸侯备闻此言,斯是用痛心疾首,昵就寡人。"《论语·公冶长》:"不念旧恶,怨是用希。"众例中,"是用"之"用"皆训介词"因","是用"即"因此"。《左传·成公十三年》:"穆公不忘旧德,俾我惠公用能奉祀于晋。"谓穆公不忘往日的恩德,使我们惠公因此能够回到晋国主持祭祀。又同篇:"亦悔于厥心,用集我文公,是穆之成也。"意思是说穆公后来也懊悔了,因此就护送我们文公回晋国为君,这是穆公成全晋国。《诗经·邶风·雄雉》:"不忮不求,何用不臧。"何用,即何因也。《诗经·邶风·谷风》:"既阻我德,贾用不售。""用",因也。意即完全拒却了我的美德善意,(如同)卖东西,因而卖不出去。甄皇后《塘上行》:"莫用贤豪故,弃捐素所爱。""莫用贤豪故",谓莫因贤豪故。《史记·李将军列传》:"(李广)用善骑射,杀首虏多,为汉中郎。""用善骑射",因善骑射也。《金史·郳琼传》:"齐国废,以为博州防御使。用善,迁骠骑上将军。""用善","因善"之谓也。以上大量的语言事实证明,"用"可以训"由",可以训"因"。

二、"用"所在句子的语境分析

再结合《劝学》的原文来看,作者在文中旨在论述学习的方法与态度,用"蚓"和"蟹"正反两个事例,来说明学习贵在"专心"。从上引这段文字的内部结构来观察,其明显为一个多重复句。即"蚓无爪牙之利,‖‖(第四层:并列)筋骨之强,‖(第三层:转折)上食埃土,‖‖(第四层:并列)下饮黄泉,‖(第二层:因果)用心一也。|(第一层:并列)蟹六跪而二螯,|‖(第三层:转折)非蛇鳝之穴无可寄托者,‖(第二层:因果)用心躁也"。很明显,"心一""心躁"分别是两个形容词作谓语的主谓句式。"心一"即精神集中,它是"无爪牙之利,筋骨之强"的蚯蚓之所以能够"上食埃土,下饮黄泉"的原因;"心躁"即性情浮躁,它致使螃蟹尽管有"六跪而二螯",却最终落得个"非蛇鳝之穴无可寄托"的下场。而连接因果复句间的两个"用"字,释以"由",表原因,其义更为显豁。如果将"用"释作动词,不仅"用

心一""用心躁"的内部层级结构发生变化，而且更重要的是，"用心一""用心躁"之表原因，却是依据对复句间内在意义关系的理解。如此，方能将其表原因的意义添加并补译出来。王力译"用心一"为"这是用心专一［的缘故］"即是。尽管如此，但总不如将"用"训作"因为"更加直截了当，更何况"用"释为"由"表原因，尚有故训为据。在这一点上，人民教育出版社新编出版的全日制普通高中《语文》教材在释"用心一"时云："（这是）因为心专一（的缘故）。用，以，因为。"不失为明察，堪为称道。

三、余论

顺便还要提及的一点就是，"用""由"之所以能以互训，除王引之《经传释词》认为是"一声之转"所促成以外，笔者认为还有可能是因两字形近而讹所致。"用""由"两字形体十分相似。从笔画、笔顺及形体等角度看，都有可能导致人们在刻写和传抄过程中的误看、误写。因为不是有文献中的"衍文""脱文"等现象存在吗？其实，将"用"与"由"误看、误写从而造成二者互用的情况是极有可能发生的。

第五节　"莫之或止"注释商兑

一、问题的提出

《论积贮疏》："残贼公行，莫之或止；大命将泛，莫之振救。"朱振家《古代汉语》对其注释曰"莫之或止：没有制止它的。莫：副词，没，作'或'的状语。或：动词，有。之：前置宾语，指代'残贼'。莫之振救：没有谁拯救它。莫：无定代词，没有谁。之：指代'大命'，是前置宾语"。对这段注释，特别是对"莫之或止"结构中"莫""或"词性的界定，笔者认为值得商榷。

首先，"莫之或止"与后文的"莫之振救"结构相同。若将前一"莫"字释为副词，后一"莫"字解作无定代词，我们的疑问是，同样结构为何要加以不同的训释？如是分别作解，如何区别？二者究竟有何不同？让人茫然，不知所措。其次，"莫之或止"中，"莫"既然被看成副词，本身就含有"没有""不"之否定意味，"止"是动词，又为何将"或"讲成动词，相当于"有"的意思呢？更何况将"或"认作动词，"莫"修饰和限定"或"，"莫或"即"没有"，按整个句意"没有制止它的"，其句中"之"是动词"止"的宾语，即使

210

前置也应该是"莫或之止",而前置宾语"之"是无论如何不可能置于"莫或"即"没有"其间的。再次,从语法结构看,将"莫"理解为副词,整个句子"残贼公然横行,没有制止它的"一则文意不畅顺,二则"止"这一行为动作缺乏逻辑上的主语或施事者。如此注释,实难令人置信。

二、"莫"在古汉语中的用法与释义

"莫"在古汉语中,常见的是用为否定性的无定代词,表示否定而不确定的人或物,意思分别是"没有谁"或"没有什么"。由于"莫"表示不确指,具有否定意味,因此其所在句子若动词的宾语是代词,那么当置于动词之前、作主语的"莫"字之后。这是由古汉语语法规律所决定的。请看下列例子:

(1) 不患无位,患所以立。不患莫己知,求为可知也。(《论语·里仁》)

(2) 如其善而莫之违也,不亦善乎?(《论语·子路》)

(3) 行仁政而王,莫之能御也。(《孟子·公孙丑上》)

(4) 戎狄是膺,荆舒是惩,则莫我敢承。(《诗经·鲁颂·閟宫》)

从以上例子可以看出,"莫"一般只作主语,其动词的代词性宾语往往放在"莫"之后、动词之前。例(1)"患"的宾语由主谓词组"莫己知"充当,"莫己知"即"莫知己",没有谁了解自己。例(2)"莫之违"即"莫违之",没有谁敢违抗所说的话。例(3)"莫之能御"即"莫能御之",没有谁能抵挡它。例(4)"则莫我敢承"即"则莫敢承我"。这种用法在古汉语中较为常见。例如《孟子·公孙丑上》:"由百世之后,等百世之王,莫之能违也。"《孟子·梁惠王下》:"吾有司死者三十三人,而民莫之死也。"《诗经·小雅·正月》:"民之讹言,宁莫之惩。"《李娃传》:"弟兄姻媾皆甲门,内外隆盛,莫之与京。"与这些例子结构相同的"莫之振救",朱先生正是将"莫"解为无定代词的,然而对"莫之或止"结构中"莫"字却另立他说,将其讲成是副词,这令人茫然而费解。当然,"莫"也可用作否定副词,其用法与现代汉语一样,有时相当于"不",表示不施行某种行为动作;有时相当于"不要""别",表示劝阻或禁止。

(5) 小子何莫学夫《诗》?(《论语·阳货》)

(6) 无德以及远方,莫如惠恤其民,而善用之。(《左传·成公二年》)

(7) 秦王车裂商君以徇曰:"莫如商鞅反者。"(《史记·商君列传》)

（8）愿早定大计，<u>莫</u>用众人之议也。（《三国志·周瑜鲁肃吕蒙传》）

很显然，"莫"作副词是直接放在动词之前的，且前有主语（或祈使句中省略其主语）。"莫之或止"结构与这种用法迥异，笔者认为，其当与"莫之振救""莫之能御"结构中"莫"字用法一样，解"莫"为否定性的无定代词，指"没有谁"。

值得一提的是，朱振家《古代汉语》下册第188页谈及"莫"还可用作动词，笔者对其看法难以苟同。他说，在"莫"字后出现"者"字词组的，在"莫"字前出现副词、介词词组的，"莫"字不是无定代词，应是动词，表示不存在，可译为"没有"。并举例加以说明：

（9）人民禽兽<u>莫</u>能相通者。（《史记·孟子荀卿列传》）

（10）至爵都尉汲黯是魏其，内史郑当时是魏其，后不敢坚对，馀皆<u>莫</u>敢对。（《史记·魏其武安侯列传》）

（11）二三子何为<u>莫</u>出？（《史记·仲尼弟子列传》）

其实，笔者认为上引例（9）"莫"应作无定代词。因"莫"作主语，其前往往有一些先行词。这些先行词表示某些人或某些物，"莫"表示的是"在这些人或物中没有一个"，先行词与"莫"构成同位结构一起作主语。"能相通者"不能理解为者字词组作"莫"之宾语，而应理解为名词性词组作判断句谓语。例（10）（11）"莫"应为副词。如果按朱先生的观点，将"敢对""出"分别理解为"敢于应对的人""出来抗敌的人"以使作"莫"的宾语，实乃有些牵强。

三、"或"的用法与训释问题

"或"，《说文》："或，邦也。从口，从戈以守一。一，地也。域，或又从土。"段玉裁注"《邑部》：'邦者，国也。'盖或国在周时为古今字，古文只有或字。"从这里看出，"或"之本义应表"邦国、封国"，后写作"国"。由于词义假借，"或"又被用作与"莫"相对的肯定性无定代词，指"有的人"或"有的"，常作句子的主语。除此之外，在古汉语中它也常用为副词、连词、助词和动词。这里避其诸多词性不说，单就"莫之或止"结构中"或"的用法谈一谈愚见。

"莫之或止"结构中"或"应作助词讲，用在句中表舒缓语气，可不译出。请看这种用法的相关例子：

（12）诸侯莫之或待。（《孙膑兵法·十问》）

（13）时人惮焉，莫之或与。（《抱朴子·安贫》）

（14）则市贾不贰，国中无伪，虽使五尺之童适市，莫之或欺。（《孟子·滕文公上》）

（15）中国不振旅，蛮夷入伐，而莫之或恤，无吊者也夫！（《左传·成公七年》）

（16）如松柏之茂，无不尔或承。（《诗经·小雅·天保》）

（17）何斯违斯，莫敢或遑。（《诗经·召南·殷其雷》）

（18）厥后心常勤念，虽寝与食，未尝或舍。（《李娃传》）

（19）志业于好，讲礼于等，示威于众，昭明于神，自古以来，未之或失。（《左传·昭公十三年》）

这些例子中，例（12）（13）《汉语大字典》释"或"为助词，用在否定句中加强否定语气。尽管提法不尽一致，但强调了"或"字的助词功能，可见训"或"准确、精当。而与此结构完全相同的"莫之或止"，其"或"被看成动词并译为"有"，显然有失稳妥；更何况例（14）朱振家《古代汉语》在释"莫之或欺"时谓"莫，没有人，之，指五尺之童，或，语气助词"。而解"莫之或止"时谓"莫，副词，没，作'或'的状语。或，动词，有"。相同结构彼此解说不一，因此可证后者训释之误。例（15）与前几例结构完全相同，无须赘言。例（16）王引之《经传释词》："言无不尔承也，或，语助耳。"所言极是。例（17）《辞源》训"或"为"有"，欠斟酌。因为"遑"是形容词"闲暇"的意思，在此用如动词，意思是"有闲暇（居处）"。"或"，当为语气助词。例（18）（19）"或"都应判作语气助词，表语气舒缓或起衬音的作用。

当然，"或"有用作动词的情况。作动词，相当于"有"的意思，《广雅·释诂一》："或，有也。"也可通作"惑"。

（20）有一于此，未或不亡。（《书·五子之歌》）

（21）开辟以来，莫或兹酷。（《后汉书·应劭传》）

（22）使安职业，无或迁志。（《三国志·魏书武帝纪》）

（23）无或乎王之不智也。（《孟子·告子上》）

上例中前三例"或"释作"有"，后一例解为"惑"。这几例很明显的一个特征就是，"或"前有副词"未""莫""无"的修饰，而其后往往是名词或名词性词组。朱振家《古代汉语》谓：在"或"后出现名词、"者"字词组的，在"或"前出现能愿动词、副词或介宾词组的,不是无定代词,应是动词,表示部分存在,可译为"有"。按此说,"莫之或止"中的"或"显然不能解作动词。而且依其说,其所举三例也值得商榷。笔者认为这三例中,"或"字皆不是用作动词:

（24）丞相弘燕见,上<u>或</u>时不冠。至如［汲］黯见,上不冠不见也。（《史记·汲郑列传》）

（25）尧、舜、汤、武,<u>或</u>反君臣之义、乱后世之教者也。（《韩非子·忠孝》）

（26）悦周公、仲尼之道,北学于中国,北方之学者,未能<u>或</u>之先也。（《许行》）

"或"作无定代词,表示"有人"。同时可以"人或"连用,《史记·淮阴侯列传》:"人或说信曰。"亦用"或人"泛指某人,汉·扬雄《法言·问神》:"或问经之难易,曰:'存亡。'或人不谕。曰:'其文存则易,亡则艰。'"同样,"或"指物时,如例（24）"或时"指某些时候,是无定代词修饰限定中心语"时"的,此不宜理解为动词。例（25）"或"字后面的"者"字词组,是作判断句的谓语,"或"为无定代词,和其前的先行词"尧、舜、汤、武"一起作判断句的主语,表示"这些人中有的"之意,而非朱先生所说"或"为动词,其后所跟宾语是"者"字词组。例（26）"或"为无定代词,在朱本注释:"未能或之先也,没能有人领先于他。之,指陈先,这里充当'先'的前置宾语,先:领先,超过。"解"或"为无定代词"有人"。而在此,朱先生对同一用例中"或"却说成是动词,显然彼此互为矛盾,当不足取。

四、余论

因此,朱振家《古代汉语》对"莫之或止"的注释宜改为:"莫之或止,没有谁制止它。莫,无定代词,没有谁。或,句中语气助词……"这样给以注释,既与后文"莫之拯救"之"莫"注释相应,又与其文选《许行》释相同结构"莫之或欺"中"或"字说法统一。而事实上王力《古代汉语》等通用教材也是做如此解释的。

之所以给"莫之或止"中"莫""或"词性另立他说,究其原因,恐源于王引之《经传释词》:"或,犹'有'也。……'莫敢或遣'《诗·殷其雷》,莫敢有遣也。'未之有舍',《檀弓》曰:'自上世以来,未之有舍也。'未之或舍也。……有,犹'或'也。……又《春秋》凡言'日有食之'者,皆谓日或食之也。'有'与'或'古同声而义亦相通。"殊不知，王氏在此并未将"或"用如无定代词、动词和助词等情况细加区分，而一概以"有"统言之，以致造成在理解"莫之或止"结构时，竟将与"未之或舍"等进行比照，从而将"莫"理解为具有"未"之副词功能，将"或"理解为动词"有"。如是作注，虽与其他通用教材比较，其说有所创新，却不可避免地造成前后说法不一、相同结构不同地方训释迥异、文选和通论互为矛盾的情况。笔者认为，作为通用教材，如此失误不该有之。

第六节 词义札记三则

一、"宁能"＝"宁"

《〈张中丞传〉后叙》是韩愈散文的名篇，文章通过对张巡与许远二公合守睢阳城的史实记写，高度赞扬了他们"守一城，捍天下"的卓越功绩。其中有这样一段话：

当二公之初守也，宁能知人之卒不救，弃城而逆遁？苟此不能守，虽避之他处何益？

引例中的"宁能"该如何解释？笔者以为，"能"不宜作愿词理解，在句中当是与"宁"同义连言。"能"，犹"宁"，反诘副词，岂也。训见裴学海《古书虚字集释》及徐仁甫《广释词》。白居易《岁暮寄微之三首》："微之别久能无叹，知退书稀岂免愁。""能"与"岂"相对为文。颜延之《五君咏·阮步兵》："物故不可论，途穷能无恸？"谓途穷岂无恸乎？杜甫《赠花卿》："此曲只应天上有，人间能得几回闻？"言人间岂得几回闻？白居易《忆江南》："日出江花红胜火，春来江水绿如蓝。能不忆江南？"岂不忆江南也？"能"作"岂"训，与"宁"同义并列，诸如高适《苦雨寄房四昆季》："宁能访穷巷，相与对园蔬。"李贺《赠陈商》："公卿纵不怜，宁能锁吾口。"等诗句中"宁能"连言的现象，在文献里较为习见：

（1）故夏无道而殷伐之，殷无道而周伐之，周无道而秦伐之，秦无道而汉伐之，有道伐无道，此天理也，所从来久矣，宁能至汤武而然耶！（《春秋繁露》）

（2）今大臣虽欲为变，百姓弗为使，其党宁能专一邪？（《史记·孝文

本纪》)

(3) 张良、陈平蹑汉王足,因附耳语曰:"汉方不利,宁能禁信之王乎?不如因而立,善遇之,使自为守。不然,变生。"(《史记·淮阴侯列传》)

(4) 今我在也,而人皆藉吾弟,令我百岁后,皆鱼肉之矣。且帝宁能为石人邪?(《史记·魏其武安侯列传》)

(5) 本朝倾覆,吴为唇齿,不恤我难而背盟徼利,不义甚矣。且汉已亡,吴何得久?我宁能为吴降虏乎!(《资治通鉴·魏纪十》)

(6) 今人取卿一切之功则可矣,宁能忘卿不忠不孝之事乎!(《资治通鉴·晋纪二十八》)

(7) 康伯曰:"今曲从之,后为例,不复可改,且辱命自我始。况所求无厌,宁能尽从之乎!"(《续资治通鉴》卷一百二十七)

(8) 莫若袭轻裘,驰骏马,游朝市,可不快平生志,宁能与麋鹿为伍乎?(《太平广记》卷二百八十五)

正因为"能"犹"宁",可以训为"岂",所以"宁能"连言的句子,有时候纯粹将"宁能"中的"能"字删去。如上例(4),王力《古代汉语》作"且帝宁为石人邪"。在删节者看来,"宁能"的"能",既然表反诘而与"宁"同义,当然不妨删去。我们针对引例的"宁能",尝试着都删"能"存"宁",其所表文意仍与原文相同;或者留"能"去"宁",其所表反诘语气不变。这也是"宁能"之"能"不作"能够"意义理解最为有力的佐证。"能"之所以训"岂",盖其与"宁"常常并列连用,因"宁"的词义感染使然;而另一方面,"宁能"所在的反诘句式,同时赋予"能"以表反诘的意义和作用。同义并列而构成的双音节词"宁能",理解上可相当于表反诘的单音节副词"宁",即"宁能"="宁"。需要说明的是,我们读韩愈的散文《〈张中丞传〉后叙》,由于对"宁能"同义连言现象失之查验,以至于不经意中,将表反诘的副词"能"释作表能愿副词的"能",也就不足为怪了。

二、释"床前明月光"之"床"

李白《静夜思》:"床前明月光,疑是地上霜。举头望明月,低头思故乡。"以其"无意于工而无不工"之笔,传抒了远客思乡之情,意味深长且耐人寻味。千百年来,深深地感染着读者。然而人们在理解这首诗时,总将"床"当作睡觉之床,更释"疑"为动词"怀疑",因而"床前明月光,疑是地上霜"即谓透过窗户射到床前的月光,怀疑是地上下了霜。乍看似乎未有不可,而细味却于理难通。在此，拟对"床"妄作新释。

根据《静夜思》的诗意，若释"床前明月光"之"床"为坐卧之具，则其所写环境当在屋内。而月光固然可以透过窗户照在床前，但霜露绝不会降在房中，又怎么会"疑是地上霜"呢？即使诗人将月光疑作地上的浓霜，亦当在同一视角和环境之下。不可能看到射进屋内的月光，就想到是户外的浓霜。只有寒意浓浓的秋宵，户外的地上覆盖着一层浓霜，才有可能。再则，月光透过窗户照在床前的地上，位置本来就很低，怎能容身高数尺的远客循着月光而在屋内窥那一轮明月？即便能看，也须身贴窗前。而古之窗，高不过人头，且多有窗格，如是透窗看月，如何放眼？而且要看只能看到月光临窗的东升月或西沉月，但用不着"举头而望"。若此，诗人何不作"窗前明月光"呢？如果不是窗前看月，而人在屋内，头顶瓦椽，皓皓天空何以抬头凝视？结合唐时称睡觉之床曰"榻"的情况分析，疑"床前明月光"之"床"不谓屋内坐卧之具，而当指户外围在井口周围的栏杆，即井栏。

"床"可以训"井栏"，如《乐府歌辞·舞曲歌辞三·淮南王篇》："后园凿井银作床，金瓶素绠汲寒浆。"庾肩吾《九日侍宴》："玉醴吹岩菊，银床落井桐。"杜甫："风筝吹玉柱，露井冻银床。"李商隐《富平少侯》："不收金弹抛林外，却惜银床在井头。"李贺《后园凿井歌》："井上辘轳床上转，水声繁，丝声浅。"这些"床"字，显然不能理解作屋内睡觉之床。"床"训"井栏"，亦可与"井"并连而陈。如唐彦谦诗："薜荔垂书幌，梧桐坠井床。"马祖常诗："月移桂树通阶石，芝发铜池谢井床。"还可与"栏""架"之属形成对文，杜甫《水阁朝霁》："雨槛卧花丛，风床展书卷。"高起："读借风床简，炊分雨碓粱。""床"与"槛"，与"碓"（柱子架。上悬木杠，杠的一端装一块圆形石头，用以舂米）互文见义。张肃远诗"尽日无人鹿绕床"谓鹿跑到尽日无人的农家井栏旁吃草饮水。古诗"古屋松低鹤到床"，鹤亦不可能飞到屋内去，而是停栖在屋旁松下的井栏上。我们再回头看李白的作品，《长干行》："妾发初覆额，折花门前剧。郎骑竹马来，绕床弄青梅。"既然女孩折花嬉戏于门前，男孩来了就不可能置女孩于不顾而径直闯入卧室，并骑着竹马在床边独弄着青梅。可见，此"床"当指户外的井栏。《答王十二寒夜独酌有怀》："孤月沧浪河汉清，北斗错落长庚明。怀余对酒夜霜白，玉床金井冰峥嵘。"孤月悬空，银河清澄，北斗参差，清明的夜色给人以夜凉如水之感。在皎皎月光下，满地夜霜，一片晶莹明净。井边栏杆成了"玉床"，井成了"金井"，连四周的冰也嶙峋奇突，气概非凡。此诗与《静夜思》一样地写月色，同样地状夜境，月夜思友与望月怀乡之情境是何等的相似！同是在李白笔下，那月下之物，"玉床金井"之"床"谓井栏，"床前明月光"之"床"不可另训睡觉之床。月下可以"夜霜白"，屋内哪能"地上霜"？此亦可印证"床前明月光，疑是地上霜"之"床"不谓屋内坐卧之具。再从另外的角度考察，"床"之谓户外井栏，则当井栏之处尚有井。而井又代表着家乡和故园，成语"背井离乡"是其证。诗不言井而由"床"起兴，恰恰暗合反衬诗眼"故乡"，此乃诗人运笔之工，可谓精心巧设。因此，笔者认为，"床前明月光"之"床"以训"井栏"为佳。

三、释"舍"

《孟子·滕文公上》："且许子何不为陶冶，舍皆取诸其宫中而用之？何为纷纷然与百工交易？何许子之不惮烦？"

赵岐《孟子章句》："舍者，止也。止（不肯）皆自取之其宫宅中而用之。"王力《古代汉语》谓此句"（一切东西）都只从自己家里拿来用。舍，止（只）。按：'舍'字不好懂，姑从旧注"。郭锡良《古代汉语》："旧注解释为'止'（只）。"而蒋绍愚《古代汉语讲授纲要》认为，"舍"就是"止"，"止"就是"不肯"。并引清代焦循《孟子正义》："'舍'为'居止'之'止'，此为'禁止'之'止'，故又申解'止'为'不肯'。"又进一步列举例证说，"止"作"禁止"讲，如《吕氏春秋·贵生》："口虽欲滋味，害于生则止。"高诱注："止，禁也。"同书《知士篇》："静（《战国策》作"靖"）郭君不能止。"注："止，禁止也。"所以蒋先生深信无疑地认为，这句话可译为："（一切东西）不肯都从自己家里拿来用？"朱振家《古代汉语》翻译这句话为："住在家里全部从自己的屋子里把它们拿来而使用它们呢？"并注释说："舍，用作动词，住，指住在家中。"

结合这段话的具体语境，孟子重在强调社会有所分工，凡事不必亲自动手，无须事必躬亲。上引"何不为……？何为……？何……？"几句，是承其前"以粟易械器者，不为厉陶冶；陶冶亦以其械器易粟者，岂为厉农夫哉？"而言的。"何不为……"句式，实际上是谓许子"何不为陶冶？（何不为）舍皆取诸其宫中而用之？"旨在用反问句的形式强调许子用不着亲自烧窑炼铁，用不着亲自去做一切事情，用不着一切东西都从家里拿来使用。而蒋绍愚《古代汉语讲授纲要》："（一切东西）不肯都从自己家里拿来用？"即"（何不为）（一切东西）不肯都从自己家里拿来用？"意谓为什么不愿意（一切东西）不肯都从自己家里拿来用？意思却是一切东西都愿意从自己家里拿来用。这与孟子所论的中心明显相悖，不合文意，此其一。"（何不为）"与"不肯"在句中同现，句意已多重否定，将其理解为"为什么不愿意（一切东西）不肯都从自己家里拿来用？"既不符合一般语言习惯，而且也文理难通，更造成人们的逻辑混乱，此其二。故释"舍"为"不肯"不妥。王力、郭锡良等依旧注，训"舍"为"止（只）"，将"舍"解作副词。虽语意能通，但却要辗转为训，且须增字补词。朱振家"舍，用作动词，住，指住在家中"。则将一切器物的使用，局限于只能在"家里"这一环境，亦于理难周。

　　章炳麟《新方言·释词》谓"啥"云："今通言曰甚么，舍之切音也，川楚之间曰舍子，江南曰舍，俗亦作啥，本余字也。"《汉语大字典》在释"啥"时谓："方言。代词。表示疑问，相当于什么。"又释"舍"曰："代词，表示疑问，相当于'啥'。"并引章炳麟《新方言·释词》"故余亦训何，通借作舍。《孟子·滕文公篇》：'舍皆取诸其宫中而用之。'犹言何物皆取诸其宫中而用之也"。《汉语大字典》的处理无疑是对的。同时，翻检其他有关书籍，对"舍皆取诸其宫中而用之"一句亦有如此作解的。杨公骥主编《中国文学》（修订本，中央广播电视大学出版社1997年第2版）释曰："舍，何，什么。……此两句意谓许子为什么不烧窑、打铁，什么东西都拿自己家里生产的来用呢。"刘方元《孟子今译》（江西人民出版社1985年8月第105页）解道："舍，同啥，什么。"言许子为什么不自己烧窑炼铁，无论什么东西都可以从宫中取来用呢？笔者认为依照如此解释，不但文从字顺，语意连贯，而且用不着辗转为训、增字强释，更无将其训作动词有理曲、突兀之病。故，此"舍"当以解作"啥"为好！

第六章

方言篇

引　论

　　语言是人类最重要的交际工具和思维工具,"它是由语音形式和语义内容约定俗成的语言符号按语法规则构造而成的复杂的多层开放系统,其具体由语音、词汇、语法三个子系统构成"[①]。方言是语言的变体。作为语言变体的方言,当然也就具备语言的一切基本要素。因此,每种方言都有自己的语音系统、词汇系统和语法系统。

　　方言不仅是语言的区域变体,而且也是地域文化的标志。笔者生活在重庆、工作在重庆,因此在日常交往和表达中,更多的是讲重庆方言。重庆方言属于汉语官话分支西南官话的一种,其也有与其他方言不一样的语音系统、词汇系统和语法系统。由于作者所从事的工作性质,以及自己的主要研究方向是汉语的语法和词汇,因而也常常关注重庆方言中的一些词汇或语法现象。就重庆方言来讲,方言词汇较多,比较直白易懂。其所使用的词语与普通话所使用的词语大部分都是相同的,但也有一些词语在词义、语素及构造方式上却不同于普通话,这就是所谓的方言词。

　　当然,也还有一些词语在汉语历史上曾经出现并使用过,或其语义在这个词的词义系统内部能够找到依归和线索。但它们在现代普通话中已很少被人们所使用,只是活跃于方言口语里。我们这里所论述的《方所介词"得"的衍生途径》《"摆"之"言说"意义的由来》《重庆方言词义劄记》等内容,就是探究一些词语在重庆方言中的使用情况,同时对其语义来源进行一定的梳理和

[①] 北京大学中文系现代汉语教研室:《现代汉语专题教程》,北京大学出版社2003年版,第323页。

分析。

第一节 方所介词"得"的衍生途径

现代汉语普通话中,"得"除了一般用作动词、能愿动词外,运用得较为复杂的当数其经历了语法化之后的助词用法:或用在动词、形容词后,连接表示程度或结果的补语;或放在动词后表行为的某种可能性;或用在动词后表示动作已经完成;或用在动词后表动作的持续进行。① 这些用法理应为时人所熟知。并且由于近些年来,学界对"得"字句法功能演变所进行的探究,以及对"V得O"结构中"得"语法化轨迹的描述,② 更进一步加深了人们对其功能、用法、来源等方面的了解和认识。在本节内容里,我们无意于再讨论这些问题,只是关注"得"的另一种用法,那就是在普通话里基本上不用,而在方言口语中经常被用到的,以它来引进行为目标或介引处所、方位的介词用法。

一、对学界现有观点的质疑

用"得"来引进行为目标或介引动作行为的方位、处所的这一用法,据许宝华、宫田一郎(1999)主编的《汉语方言大词典》介绍,在属于晋语的山西离石(如"扔得水里")、河北的张家口(如"走得院里")以及属西南官话的湖北武汉(如"跑得别处去了")等地区,其不同程度地运用于人们的口语交际之中。《现代汉语方言大词典》释"得"字说,在绩溪,它"用在动词和处所词语之间,相当于'到'或'在'。放得枱盘上"。在南昌,"'得'用在动词后面,意思相当于'在'或'到':搁得桌上/困(睡)得地下不起来。"在广州,"得"作介词的意思是"在",如"我得呢处有半年咁耐咯"③。《汉语方言

---

① 汉语大词典编写组:《汉语大词典》,汉语大词典出版社1988年版。
② 参见吴福祥:《汉语能性述补结构"V得C/不C"的语法化》,载《中国语文》2002年第1期,第29~40页;赵长才《结构助词"得"的来源与"V得C"述补结构的形成》,载《中国语文》2002年第2期,第123~129页;刘子瑜《也谈结构助词"得"的来源及"V得C"述补结构的形成》,载《中国语文》2003年第4期,第379~381页;杜轶《"得+VP"结构在魏晋南北朝的发展——兼谈"V得C"结构的来源问题》,载沈家煊等主编:《语法化与语法研究(三)》,商务印书馆2007年版,第1~35页。
③ 现代汉语方言大词典编写组:《现代汉语方言大词典》,江苏教育出版社2002年版,第3877页。

语法类编》更是详尽描述了"得"在湖南长沙话里作介词的用法。①用在"动+得+处所词/方位结构"中,"得"相当于"在"。如"今晚就睡得你屋里""总喜欢坐得地上玩泥巴""你还站得外头不肯进来呀"等。②用在"动词+得+名词性成分"中,"得"相当于"到"。如"何不嫁得城里去,上穿旗袍下穿鞋""搞不清他跑得哪里去哒"等①。以上这些不同的方言地区,人们言语交际中不约而同地都使用了"得"的介词用法,可见其并非语言的个别现象。现在我们的问题是,"得"的这种表"到""在"意义到底因何衍生而来?其放在动词后引进行为目标或介引动作方位、处所的用法又是怎么产生的?

林焘(1962)、赵元任(1979)、陈刚(1985)等认为,"得"表"到""在"意义的用法,源自介词"到"之音变。即在语言的具体运用中,因动词后面的介词"到"发生了音变,人们并将它的字形写作了"得",最后才致使"得"具有介词"到"的意义的。冯春田也说,"从用例看,'的'(得)应该是'到'的变式"。太田辰夫(1987)的观点,则与此有所不同。他指出:"恐怕是因为表示'在'的意义的 dei(待、呆)以及'到'的轻声化的变音而写作'的'的。"徐丹(1994)亦撰文推测,"得"的介词用法来自"在/到"的轻音化形式。孙锡信先生(1992)说:"从现代汉语看似是'在'和'到'的混合物,而从语源上看可能是'在'和'着'合流的产物。"江蓝生(1994)先生也认为,"可能来自'着'的推测比较合理"。很显然,学界前辈几乎都一致地主张——"得"的介词用法来源于具有"到""在"意义的一些相关词语的"音变"。乍看起来,"音变说"具有很强的解释力,而事实上这种"音变说"仍然具有不可规避的缺陷。我们认为,至少还有以下没有解决的问题:

第一,介词用法的"得"到底是"到"的音变,还是"待""呆"与"到"的轻声化的变音?亦或是介词"在"的轻音化形式?"得"的语义究竟是源自"在/到",还是来自附在动词后具有介词用法的早期的"着"字?亦或者是"得"字经语法化以后,其本身就有这样的语义?一方面,以上诸前辈的观点不尽一致,甚或各执一端;另一方面,他们各自的表达又多用"恐怕""看似""可能"等推测、揣度之词,语气并不十分得肯定。这就难免会让人对介词"得"的真正来源产生更多的疑问。同时,同样是介词"得"之由来这一命题,各自所给予的截然不同的回答,也令人无所适从。正因为如此,介词"得"引介动作处所、方位或终点的用法,尚需做进一步的探究,也更需要对其做出

---

① 黄伯荣:《汉语方言语法类编》,青岛出版社1996年版,第534页。

切合语言实际的真实揭示。这也是笔者之所以要在本节内容里特别关注它的原因。

第二，相关词语在中古时期的读音，有的与"得"字读音相近，有的则大相径庭。我们查检了它们在《广韵》中的读音情况。"到"，都导切，端母，宵部；"在"，昨宰切，从母，之部；"待"，徒亥切，定母，之部；"著（着）"，陟虑切，知母，鱼部。而"得"在中古的读音是［tək］，今音读作［tə］。如果说"得"来自"到"或"待"的音变，还有其相应的语音基础；但如果一定要说"得"音变于"在"，或者音变于"著（着）"，则是万万不可能的。有人主张介词"得"音变于"到"，而其语源又来自"在"和"着"的合流。那么，我们是不是也可以这样说，介词"得"音变于"到"，其语源又来自先秦时期的介词"及"呢？或者说介词"得"音变于"到"，其语源又来自先秦时期的介词"于"呢？因为"及"或"于"也可以作为介词来引介动作行为的处所。但我们认为，这样将一个词的音、义来源截然分开，根本没有什么说服力，难以让人确信。

第三，"到"在先秦时期便可出现在动词后面，以指示处所的终点位置。如《庄子·杂篇·盗跖》："归到鲁东门外，适遇柳下季。"《墨子·杂守》："鼓传到城止。"之后，在《史记》及中近古时期的一些作品中，"到+处所词语"放在动词前后以引进处所的情形则又较为常见。如《史记·滑稽列传》："豹往到邺，会长老，问之民所疾苦。"《风俗通义》卷四："规素缟到下亭迎丧，发服送之。"可以说，"到"的介词用法自古迄今都一直在语言的交际中使用。我们观察到，在"得"的介词用法出现以后，一些作品就同时使用了介词"到"和介词"得"。我们这里以《朱子语类》为例：

（1）如子贡之无谄无骄，是它实做<u>到</u>这里，便只见<u>得</u>这里。（《朱子语类》卷二十二）

（2）此两章止说<u>得</u>一边，是约礼底事，<u>到</u>颜子便说出两脚来。（《朱子语类》卷二十四）

（3）读书须读<u>到</u>不忍舍处，方是见<u>得</u>真味。若读之数过，略晓其义即厌之，欲别求书看，则是于此一卷书犹未<u>得</u>趣也。（《朱子语类》卷一百〇四）

（4）如何有人说<u>到</u>这地头？又如何有人说不<u>得</u>这地头？这是因甚恁地？（《朱子语类》卷一百二十一）

以上的例子中，在同一段话里或用介词"到"，或用介词"得"，其所表的意义大致相同。虽然如上所言,由"到"音变为"得"有其语音的基础,但我们要问的是,又何须一定要将"到"音变为介词"得"呢?若此,像《朱子语类》这种在同一段话中既用介词"到"又用介词"得"的现象,那需要该做怎样的一种解释才更加合理?

有鉴于此,我们实在没有任何理由相信以上诸位专家所提出的——表"到""在"意义的介词用法"得",是来源于相关词语"音变"这样一种主张和看法。

二、"得"的语法化与"施受同辞"

我们的基本看法是,介词"得"并非由"在/到"音变而来,它的语源也不可能是"在"和"着"二词合流的产物。其所表"到""在"的意义,当是由"得"的本义引申和演嬗所致。具体地说,就是"得"经常与"给""与"类动词连用,因受句法环境影响而凸显了"得"之"使……获得"的意义,然后词义进一步虚化为介词"给",介词"给"所使用的表达式又进一步类推,最后才导致"得"引进处所、方位这种介词用法的产生和形成。

据已有的研究资料,甲骨文、金文中就有用作动词的"得"字。《说文·彳部》:"得,行有所得也。"《玉篇·彳部》:"得,获也。"可见,"得"本为一个动词,表示"获得、得到"的意思。如《诗·周南·关雎》:"求之不得,寤寐思服。"

从汉代开始,动词"得"就可以出现在"动词+得+宾语"的句法格式中,这种结构形式就是语法学界通常所说的"V得O"表达式。它的早期用例大多带有"得到、获得"的实在意义,"得"与前面的动词基本上处于同等的语法地位,构成连动结构。如:

(5) 民采<u>得</u>日重五铢之金。(《论衡·验符篇》)
(6) 臣之客有能探<u>得</u>赵王阴事者。(《史记·信陵君列传》)

例(5)"采得"即"采到";例(6)"探得"即"探到"。"得"放在与"取得"意义相关的动词之后,表示通过某种动作而获得某种结果,这实际上也已经隐含着动作的一种完成与实现情况。据曹广顺先生(1995)的考察,魏晋南北朝以后,"动词+得+宾语"的用例不断增多,而且"得"前大多为"取得"义动词。但我们也发现,在运用中"得"字前也出现了一些不属于"取得"义的动词。这些动词主要包括两类:一类是不含"取得"义而属一般意义的动词;另一类是不含"取得"义但含"给""与"意义的动词。当"动词+

得+宾语"中的宾语成分不表动作行为结果,而表达的是动作完成、实现的状态时,放在不含"取得"义的一般动词后面,"得"便向完成态的助词虚化,最后虚化成相当于现代汉语"了"一样的助词。试引例如下:

(7) 医<u>得</u>眼前疮,剜却心头肉。(聂夷中《咏田家》)
(8) 病来才几日,养<u>得</u>已三年。(白居易《答谢家最小偏怜女》)

当"动词+得+宾语"中的宾语成分不表动作结果,也不表达动作完成或实现的状态,而是表动作的目标或归向时,放在"给""与"义动词后面的"得",在人们认知心理的作用下,就可能朝着具有引进对象、目标等功能的介词进行虚化。语法化是一个连续的渐变过程,每个实词的虚化都有各自的诱因和具体的演变历程。正是"得"与这种"给""与"义动词的连用与同现,促成"得"开始走上虚化的道路,并在功能特征上发生一定转变。

每一个语法化过程都是肇端于非常具体的句法环境。当"得"之前置入的是与"取得"义相关的动词时,"得"紧附其后表示的是一种"获得"或"得到"意义;而当"得"之前越来越多地使用一些"给""与"类动词,并且这些"给""与"类动词与"得"经常连用与同现时,就使得"得"不再是一种"获得"的初始意义。我们知道,"给""与"类动词的基本词义是施与,而施与也就是使对方获得。受"给""与"类动词的词义影响,"得"就逐渐凸显为"使……获得"之意。当然,这种词义的演变仍以"得"的语义为基础。"给""与"与"获""得"是同一事件中所涉及的两个相反的动作行为。作为主体的一方,如果施以"给""与"的动作,那么另一方(客体)接受"给""与"动作的过程就是一种"获""得"的过程。主体的"给""与"就是使客体"获""得",而客体的"获""得"必然有主体的"给""与",这就是杨树达先生在《古书疑义举例续补》中所提到的"施受同辞"。杨树达先生说:"古人美恶不嫌同辞,俞氏书已言之矣。乃同一事也,一为主事,一为受事,且又同时连用,此宜有别白矣。而古人亦不加区别,读者往往以此迷惑,则亦读古书者所不可不知也。"杨树达先生这里所说的"施受同辞",实际上包含了两方面的内容:一是指同一个词兼有主动和被动两种用法,其属于语法范畴;二是指同一个词兼有施与和接受两个对立的义项,其属于词汇范畴。我们认为,正是"施受同辞","给""与"类动词与"得"的经常连用和同现,使得"得"的"使……获得"用法在此种语境下演变为"给""与"的意义。汉语方言里,"得"也有用作动词"给"的情况。比如东北官话:"他得了人家一拳,还有理

225

吗?"湖南衡阳话:"我得你纸。"① 随着这种结构日益增多以及语义重心向主要动词倾斜,于是人们便对这种结构进行了重新分析,因此就出现了将原来的连动结构重新分析为一种动补结构的新情况。随着人们重新分析而带来的结构上的改变,"得"的意义也就不再那么具体实在。于是就在原有"给""与"意义的基础上,进一步虚化为引进"给""与"对象的介词。我们看下面的例子:

(9) 先嫁得府吏,后嫁得郎君。(《孔雀东南飞》)

(10) 无情移得汝,贵在映江波。(杜甫《栀子》)

(11) 嫁得瞿塘贾,朝朝误妾期。"早知潮有信,嫁与弄潮儿。"(李益《江南词》)

(12) 传得南宗心地后,此身应便老双峰。(《太平广记》卷四百九十)

曹广顺(1995)将这种"得"字理解为完成态助词"了"。我们认为,这些例中的"得"与前引例(7)(8)中"得"所处的句法环境有所不同。例(7)(8)中"得"之前的动词不含"取得"义,属一般意义的动词;而例(9)~(12)中"得"前的动词如"嫁""移""传"等,属于与"取得"意义相反的"给""与"类或"位移"类动词。沈家煊曾经说过:"演化出语法范畴的不是一个个孤立的实词本身,而是实词所在的结构式,一个实词之所以演化出功能不同的虚词是因为它处在不同的结构式中。"② 由于"得"处在这种不同的语义结构式中,因此,前者放在一般动词后,用以表达动作完成、实现的状态,后来就虚化成完成态助词"了"。而后者由于是放在"给""与"类动词或"位移"类动词之后,所以通过虚化就演变为一个引进"给""与"对象的介词"给"。在我们看来,把例(9)理解成"先嫁给府吏,后嫁与郎君"要比把"得"理解为"了"更为恰当一些;而且例(11)"嫁得瞿塘贾"之"得",因下文有"嫁与弄潮儿",其介词用法也更加明显。《汉语大词典》也将这种句子中的"得"字释作介词用法的"给"或"与",可谓明察,释义十分允当。

"得"放在"给""与"类动词后引进"给""与"的对象或关联对象,这一介词用法不仅在笔者工作所在地重庆地区人们口语交际中被大量地运用,如"把这材料给得教务处XX老师""这香蕉把得那个小孩"等,而且还见于汉语

---

① 援引自许宝华、宫田一郎主编:《汉语方言大词典》,中华书局1999年版,第5586页。这里所引东北官话:"他得了人家一拳,还有理吗?"相当于普通话:"他给了人家一拳,还有理吗?"所引湖南衡阳话:"我得你纸。"相当于普通话:"我给你纸。"

② 沈家煊:《实词虚化的机制——〈演变而来的语法〉评介》,载《当代语言学》1998年第3期,第45页。

的其他方言地区。如湖南长沙话"得"就是一个引进对象的介词,并且常常使用两种表达格式。①"动词+得+间接宾语",如"那间房子早就租得别个哒"。②"送+得+动作主体+动词",如"好话送得他讲尽哒,事情也送得他搞糟的"①。再如湖北武汉话"送得他/拿得他看/把那支笔拿得我"、浙江金华话"得侬吃/渠得我侬十块钞票"等②。这些方言里,"得"皆可用来作为引进动作对象的介词。刘丹青《汉语给予类双及物结构的类型学考察》一文,曾针对汉语给予类双及物结构的类型,在跨方言的分布上进行过比较详尽的考察。作者在文中所提到的一些方言,也经常使用介词"得"来引进"给""与"对象。比如属湘东赣语的安仁话,与"送你一本书"相应的格式是"送本书得你"或"得本书得你";属鄂东赣语的阳新话"把书得你";赣语泰和话表示给予义时"加'得'的句子比不加'得'的句子更为常见"。作者指出,"在间接宾语较为复杂的句子里,为了使语法关系看得更为重要、清楚,有时候'得'字必须出现"。可见,"得"用作介词表示"给""与"意义,不仅由其本义引申虚化而来,而且在语言的具体运用中也较普遍地存在。

三、介词"得"的历时考察

在引进"给""与"对象这一介词用法的基础上,"得"进一步扩大其使用的范围。而扩大使用范围的过程,实际上就是一种类推的过程。经过对"动词+得+宾语"格式中部分成分的替换,以及对这种格式的进一步类推,于是在具体运用中就出现了"位移动词(或一般动词)+得+处所名词/方位结构"的表达格式。也就是说,"动词+得+宾语"格式,在后来的运用中不再局限于使用"给""与"类动词,也可以使用一些"位移"类动词或一般的动词,同时宾语成分由原来的指人名词改换使用了一些方所名词,且在"得+处所名词/方位结构"之后,还时而附以趋向动词"去/来"。语法化一般发生在特定的语境(local context)中。就是在这种语境之下,因为"得"引进的是动作的方位处所,而不再是引进动作行为的"给""与"对象,"得"放在了被扩张的新句式之中。所以在这种新的句式中,介词用法的"得"为了适应新的语境,其语义也会发生游移,形成与这种句式义相契合的附加的新的词义,这样就形成了"得"在运用中较为常见的表"到""在"意义的方所介词用法。方所介词用法

---

① 黄伯荣:《汉语方言语法类编》,青岛出版社1996年版,第529页。
② 现代汉语方言大词典编写组:《现代汉语方言大词典》,江苏教育出版社2002年版,第3875页。

有"所向"与"所在"两种意义的不同：如果表达的是动作实施时的趋向方所，"得"就理解成"往""到"意义，这就是所说的"所向"；如果表达的是动作行为或事态发生的方所，而不是动作趋向的方所，"得"就理解为"在"，这就是所说的"所在"。这种用法首先出现在南宋时期的《朱子语类》中，其后由于"得"与"的""底"具有音同、音近关系，所以在具体运用中介词"得"有时候又写作"的"或"底"。略举其例：

（13）若志在红心上，少间有时只射得那帖上；志在帖上，少间有时只射得那垛上；志在垛上，少间都射在别处去了！（《朱子语类》卷九）

（14）一就把那心都使得这上头去了，不问道理合与不合，只拣他爱的便做。（许衡《鲁斋遗书》）

（15）你带几个伴当来，明日带得里头来，见了去。（刘仲璟《遇恩录》）

（16）我今日脑疼头旋，身颤的当不的。请将范太医来看，太医来这里，请的屋里来。（《朴通事》中）

（17）李瓶儿道："奶子慌的三不知就抱的屋里去了。一搭儿去也罢了，只怕孩子没个灯儿。"月娘道："头里进门，到是我叫他抱的房里去，恐怕晚了。"（《金瓶梅词话》）

（18）往常时，汉儿皇帝手里有两个好将军来，杀底这达达剩下七个，走底山洞里去了，上头吊着一个驴，下面一个鼓儿，听得扑洞洞响，唬得那人不敢出来。（《大元圣政国朝典章·刑部》）

江蓝生先生（1994）说，"'得'做方位介词，是从它在动词后边做补语表示'达到'义虚化而来的"。虽然江先生已洞察到方位介词"得"所源自的具体句法环境，但我们认为"得"之动词"达到"义，是唐代才产生的。如杜甫诗《宿花石戍》："午辞空灵岭，夕得花石戍。"而作介词表示"给"，却是在汉魏时就已有了这种用法，如前所引《孔雀东南飞》"先嫁得府吏，后嫁得郎君"之"得"即为介词"给"。"得"单用作动词"达到"，应是从介词"得"的用法而来，这是一种逆向转用现象。就是说，通常是从动词虚化为介词，而动词表"达到"意义却是从"得"的介词用法逆转而来的。所以，方位介词表"到""在"意义上并非由"得"之"到达"义直接虚化，而是"得"先虚化成介词"给"以后，当"得"介词的宾语为处所名词或方位结构时，这样的语境才促成其演变成引介方位的介词，并才具有"在""到"意义的。这里我们不妨再援引两例，仔细玩味用例中的"得"便可窥见，方位介词"得"与例

(9)~(12) 引进对象的介词"得"二者之间所存在的某些差异和不同:

(19) 想得高山更上去,立人不住了。那里气又紧故也。(《朱子语类》卷一)

(20) 过的义州,汉儿地面来,都是汉儿言语。(《老乞大》)

"得"的这种用法自南宋时期产生以后,历经元、明,再到清代末年的社会小说《小额》以及清末的汉语教科书《燕京妇语》,① 都在书面语言里不同程度地使用着。但在清末以后,书面语里却较为少见,而更多地使用在方言口语之中。

四、"得"介词功能弱化的原因

那么,介词"得"引进动作处所、方位的用法,何以自其产生后,于宋元及明清时期的书面语里一直使用,而后来就变得在普通话里少见,而更多地是运用在方言口语之中呢?我们认为这与介词"到"在语言运用中的强势地位有关。

介词是功能词(function word),而语言中的功能词是不需要也不允许有多个同义词的。解惠全(1997)指出:"虚词主要是表示语法意义的,而语法意义(语法项)在任何一种语言中都是有限的。严格地从这个意义上说,一个语法项一般有一种手段(包括虚词)就可以了。"从介词"到"或介词"得"的用法来看,它们都可以引进动作的处所,无论是意义还是其他,大多没有什么差别。这就使得它们的存在不仅没有带来使意义明确、分工细致的效果,反而给交际和表达带来不便。于是也就有了介词"到"与介词"得"在具体运用中的不断竞争和互相排挤的问题。所谓排挤,就是指某个介词凭借自己的优势,将其他与之同义的介词排除出介词体系的现象。排挤既是汉语词汇系统在历史演变中不断自我规范的体现(何九盈、蒋绍愚,1980),也是与语法化理论的"择一原则"(沈家煊,1994)相符合的。我们知道,自先秦开始,"到"始终保持了引进处所终点的介词用法,而"得"的介词用法产生于中近古时期,比介词"到"的产生时代要晚近得多,且"得"的介词用法在具体运用中也不那么普遍。因此,"得"之引进处所的介词用法自产生之日始,便与介词"到"并行

---

① 江蓝生:《"动词+X+地点词"句型中介词"的"探源》,载《古汉语研究》1994 年第 4 期,第 21~27 页。作者运用《小额》《燕京妇语》中的语言材料,对介词"的"进行了语义详尽分析,并考察介词"的"来源于"着"。

使用，且始终处于介词"到"的强势地位之下。由于介词"到"与介词"得"具有相同的语法功能，因此就出现了此消彼长和互相排挤的局面。正因为有同义介词的相互排挤，所以介词"到"就凭借其使用时间长、运用范围较为普遍的优势，逐渐削弱了介词"得"的使用范围。虽然最终没能彻底排挤掉"得"的介词用法，但也致使其逐渐淡出人们的视野，而只是在方言口语中使用。据笔者推测，这就是引进处所的介词"得"自清末以来在共同语里基本上不用，而只是在许多不同的方言地区的口语中使用的真正原因。

综上所述，我们认为"得"的介词用法，来源于"得"的词义引申虚化和句法形式的改变。当介词"得"引进处所名词作状语或补语时，"得"就可以根据上下文分别理解为介词"在"或"到"。"动词+得+宾语"中的动词更多的是位移动词，即使是一般动词，那么一旦放到这样的语境中，语境也赋予其"位移"的临时意义。方位介词"得"虽然现在只在方言口语中使用，但产生的时间却是在很早的南宋时期。南宋时的书面语言中，"得"不但存在，相信当时的口语里也大量地运用。通过本节内容的探究表明，方言中某个词语的运用，虽然与普通话相比显得有些"古怪"或"另类"，但实质上是有其用法的理据和语义来源的。

第二节 "摆"之"言说"意义的由来

汉语中"摆"是一个既表手部动作又兼表口部"言说"意义的动词。它的"分开""摆放""排列"等词义，我们不难依从形符去做相应的理解或揣摩；然而其兼表口部动作的"言说"意义，既与形符"扌（手）"所表意义无关，又因在运用中不如表手部动作的用法那么普遍，所以一般并没有引起人们的关注和重视。虽然学界有过这种用法的相应描写，但对其来源与产生的理据，根本没做任何的阐释。由此带来的问题是，"摆"之表"言说"的意义究竟源自何处，人们并不是十分清楚和熟悉。描写与阐释是语言研究中同时并重的两种方法，描写解决是什么的问题，阐释解决为什么的问题。当我们了解了"摆"表"言说"的意义和用法之后，需要进一步追问的是，"摆"何以具有表口部动作的用法？影响的机制是什么？其兼表"言说"的意义，又是通过什么途径而产生的？

一、动词"摆"之表"言说"意义的用法

我们先来看一看动词"摆"表"言说"意义的用法。这里转引《汉语方言大词典》关于"摆"表"言说"义项的解释与举例。第 6471 页"摆"字第七个义项下释曰:〈动〉说;讲;谈闲。①中原官话。河南:看起来你还有冤屈事,我再听你摆一摆。李准《李双双小传》:"你怎么老是摆你那个'山北白木店',我就不想听。"②西南官话。四川成都[pai⁵³]:等我摆给你听/我们两个心平气和地摆一摆。李劼仁《大波》第四章:"我听见有人摆过,丁未年捉拿革命党人时,他就没杀一个人。"管维良《天一句地一句》:"你们两个摆完了,我来摆一个。"四川西充、篷安、重庆。陆扬烈等《雾都报童》:"我们特别爱听他摆毛主席、周副主席的长征故事。"云南昭通[pæI⁵³]。姜亮夫《昭通方言疏证·释人》:"昭人谓谈闲曰摆,如摆家常,摆龙门阵。"云南文山[pæI⁴⁴]。第 6475 页释"摆谈"为"〈动〉谈话、闲谈"。第 6477 页释"摆闲条"为"聊天儿"。第 6479 页释"摆龙门阵"为"〈动〉谈天、讲故事"。第 6480 页释"摆家常话"为"〈动〉见面时谈天气冷暖之类的应酬话"。可见,在人们交际中"摆"确实先在一部分地区被用作了表"言说"意义的动词。随着"摆"使用频率增加,这种用法日益为普通大众所接受,所以后来就被扩展到文学作品或报刊传媒中广泛运用。在我们看来,表"言说"意义的"摆",眼下已成为由方言进入到通语中的普通语词。例如:

(1) 只要不是搞阴谋诡计、别有用心的人,我们就用不着害怕,索性摆出自己的观点,看谁能说服别人。(巴金《随想录·中国人》)

(2) 他就有声有色地摆起"不平凡的夏天"的故事来。(《人民日报》1978/9/18)

(3) 战士们一有空闲,就摆龙门阵。(杜鹏程《保卫延安》)

(4) 陈市长不是说了,这次和大家谈谈家常,摆摆龙门阵。(周而复《上海的早晨》第三部)

(5) 鸦片烟的烟味很好闻,靠在别人的烟盘上摆龙门阵,那真是一种神秘的境地。(郭沫若《我的童年》)

(6) 有关高大成的一些生动事迹,多是他们谈完工作之余摆龙门阵摆出来的。(李英儒《野火春风斗古城》)

那么,"摆"之表"言说"的意义究竟来自哪里?这种表"言说"的意义是否能在其词义演变的运动轨迹之中找到依归?"摆"是怎么由原来表手部动

作的"分开、摆放、排列"意义,逐渐获得了或拥有了用于口部动作而表示"说""谈"意义的?实现这种转化的主要机制又是什么?接下来,我们就来具体探究一下这些问题。

二、认知心理相似性或相关性隐喻机制的影响

我们认为,"摆"由手部动作转化为表口部的言语行为,当是在"摆龙门阵"这种组合中,受认知心理相似性或相关性隐喻机制的影响,"摆"的词义从一个认知域向另一个认知域投射所造成。"摆"本是一个表手部动作的动词,经常用在"摆……阵"的格式中,表示"排列、摆放"意义。《水浒传》第八十七回:"你摆九宫八卦阵,待要瞒谁?"而"摆龙门阵"这样的组合,最早出现在清代小说《说唐全传》一书中(该书有一回叫"薛仁贵大摆龙门阵")。《说唐全传》:"朕要你摆龙门阵的,怎么摆这什么阵来哄骗寡人?"又:"弟子薛礼奉旨摆龙门阵,但未知龙门阵如何摆法?""龙门阵"的本意,当是指古代战争中为了抵挡敌人所摆列的一种战阵,这种战阵为唐代薛仁贵所创。而"龙门阵"究竟是怎么个摆法,我们今天不得而知。但可以想见的是,摆"龙门阵"这种战阵不仅讲究摆列的技巧和方法,而且还要耗费大量的时间、精力和人力。《说唐全传》:"大老爷,那龙门阵其大无比,十分难摆,更且繁难,要七十万人马方能件件完全。"有清以来,四川各地的民间艺人多爱讲述或摆谈薛仁贵"大摆龙门阵"这一故事,而且这些艺人在讲述过程中常常将这一故事讲得与薛仁贵所摆阵势一样得曲折离奇、变幻莫测。久而久之,"龙门阵"便成了一个专有名词,专门用来指那些变幻多端、复杂曲折、波澜壮阔、趣味无穷的摆谈。

认知语言学中的隐喻(metaphor),是基于概念结构的相似原则(principle of similarity),人们的概念体系中不同认知域之间的投射,是不同概念之间的相似联想。① 隐喻既是人类的一种思维模式,同时也是语言的一种生成演变机制。在词语演变过程中,由于受到认知心理相似性或相关性隐喻机制的影响,词义从本义认知域向另一目标认知域投射,出现了词义由具体到抽象的演变。我们回到"摆龙门阵"这一句法组合上来。"摆"是表手部动作的动词,让人亲自去摆列"龙门阵"这种战阵,非短时间内所能完成。而将"龙门阵"摆列的过程用语言加以描述出来,非三言两语所能表述得清楚,尚需条分缕析地进行细说。由于二者具有认知心理的相似性或相关性,所以人们便以"手"喻"口",

---

① 赵艳芳:《认知语言学概论》,上海外语教育出版社 2001 年版,第 70 页。

将"摆龙门阵"用于描述那些复杂曲折、趣味无穷的故事内容。正是隐喻所发生的作用，所以后来人们就把"讲故事""谈闲"谓之曰"摆龙门阵"。这种用法最早出现在《说唐全传》后的小说《留东外史》中："他们在人家摆龙门阵，我们犯不着挨饿的等。"其中"摆龙门阵"，并非用手亲自摆出"龙门阵"这个用以作战的阵法。一方面是"摆"的词义因隐喻而转化为了表"言说"的意义；另一方面是因"龙门阵"这一战阵的复杂性，而使其词义转化为表示非三言两语所能讲清的事件经过或过程。因而这时候的"摆龙门阵"就由一种句法结构演变成为复合词，完成了其词汇化过程。

词汇化以后的"摆龙门阵"，意思就是"谈天""讲故事"。《现代汉语词典》："摆龙门阵，〈方〉谈天或讲故事。"姜亮夫《昭通方言疏证·释人》："凡言不正经，拉拉扯扯，上下古今，南北东西，无不言之……即昭人之所谓摆龙门阵。"而今，龙门阵的摆谈内容可谓五花八门，无奇不有。"既有远古八荒满含秘闻逸事古香古色的老龙门阵，也有近在眼前出自身边顶现代顶鲜活的新龙门阵；有乡土情浓地方色重如同叶子烟吧嗒出来的土龙门阵，也有光怪陆离神奇万般充满咖啡味的洋龙门阵；有正经八百意味深沉庄重严肃的素龙门阵，也有嬉皮笑脸怪话连篇带点黄色的荤龙门阵。"（林文询《成都人》）"摆龙门阵"被隐喻为"谈天""讲故事"以后，这"摆龙门阵"中的"摆"，也就因"谈天""讲故事"的语义关系而被人们重新分析为表口部"言说"意义的动词了。以下试举现代汉语中所使用的一些例子，从中可以看出"摆龙门阵"使用的是其词汇化后的"谈天""讲故事"这一隐喻意义，而并非指摆列战阵或作战的什么方法了。

（7）逢赶场天上午卖农副产品，下午坐茶馆，一边品茶，一边听书，一边<u>摆龙门阵</u>，成为一种必不可少的文化场所。（《人民日报》）

（8）他最喜欢的是用酒招待朋友和学生，一面喝酒，一面<u>摆龙门阵</u>，一面讲求学问，主人与客人间的距离与拘谨便拉近、扫光了。（台益燕《台静农先生与酒》）

（9）若是在冬夜，一家子就会聚在火塘边，天南海北地<u>摆龙门阵</u>，讲盘古开天地的事，讲民间的传说，讲城市里人如何了得，又如何……（《读者》）

（10）好，让我们慢慢的<u>摆龙门阵</u>似的，谈谈它的人事吧。（老舍《民主世界》）

（11）这当儿，真希望像战士们<u>摆龙门阵</u>时说的一样，能够有什么"罩

233

眼法"遮住敌人的眼睛。(杜鹏程《保卫延安》)

(12) 这些谈话、说话、闲聊、聊天、说三话四、闲嗑牙、磨嘴皮、吹牛、<u>摆龙门阵</u>……用一个外国字概而言之,就是 gossip(闲聊)。(《读者》)

可见,现代交际中使用的"摆龙门阵",已经完成了由句法结构向词汇单位的转变。其意义单一且固定了下来,中间不容许添加或插入其他的任何成分,完全具备了词汇的特征。

三、乃同义词"陈"与之"相因生义"所使然

"摆"之所以有"言说"意义,固然是因"摆龙门阵"隐喻为"谈闲""讲故事"之后,通过对"摆龙门阵"之"谈闲""讲故事"的语义关系做重新分析,然后才将"摆"理解成表"言说"意义的动词的。但我们认为,"摆"真正获得或拥有表口部"言说"的意义,主要还是源于同义词"陈"的"相因生义"。所谓"相因生义"是指甲词有 a、b 两个义位,乙词原来只有一个乙 a 义位,但因为乙 a 和甲 a 同义,逐渐地乙词也产生一个和甲 b 同义的乙 b 义位。[1] 比如"呼",六朝时就具有"以为"意义。而"呼"本义表"呼叫",那么其何以具有"以为"义呢?显然是受"谓"的影响而相因生义的。"谓"是一个多义位词,其包含的义位有:①对……说;②称为,称;③认为,以为。由于"呼"的两个义位(①叫,对……说;②称为,称)与"谓"的前两个义位相同,于是"呼"便因"谓"而衍生了"以为"的意义;又如"谓"有"言说""以为""料"的意义,而"言"有"言说"的意义,这刚好与"谓"的前一义位相同,受其影响,"言"也因"谓"而产生了"以为""料"的意义。也就是说,人们在使用过程中,代表"言说"意义的"谓"既可用"言"表示,表"以为"和"料"义之"谓",也可用"言"来替代,从而"言"逐渐又取得了"谓"所具有的"以为""料"的意义。

同样的道理,"陈"有"陈列"的意义,《左传·襄公九年》:"火所未至,彻小屋,涂大屋,陈畚挶,具绠缶,备水器。"杨伯峻注:"陈,列也。""陈"还有"摆放"的意义,鲍照《代陆平原〈君子有所思行〉》:"陈钟陪夕燕,笙歌待明发。"黄节补注引刘坦之曰:"陈,设也。"也有"陈说"的意义,刘孝标《辩命论》:"故言而非命,有六蔽焉尔,请陈其梗概。"而"摆"也有"陈列""摆放"的意义,清翟灏《通俗编·杂字》"摆,《释名》:'两旁引曳曰披。披,

---

[1] 蒋绍愚:《古汉语词汇纲要》,北京大学出版社 1989 年版,第 82~84 页。

摆也。各于一旁引摆之，备欹倾也。'今以排列仪仗曰摆，因此。张衡《西京赋》'置互摆牲'，马融《广成颂》'摆牲班禽'注：'摆谓破栎而悬之。'今谓陈设牲馔曰摆，因此"。"陈"与"摆"基本意义相同，因而在词义发展过程中便互相影响而"相因生义"。于是在"陈"之"相因生义"的作用下，"摆"也就有了"陈说""陈述"的意义。如《汉语大字典》在"摆"之"说、陈述"的义项下，举例"咱们来摆摆，好吗？/路不平，众人踩；理不公，大家摆"。我们认为，正是同义词"陈"的"相因生义"，才使得本表手部动作的动词"摆"，具有了表口部"言说"的意义。也就是说，"摆"具有"言说"的意义除了认知心理的相似性或相关性隐喻机制的影响外，语用因素的作用或影响也是非常重要的方面。其不仅表现为同义词"陈"对"摆"相因生义的影响，也表现在因"摆谈""摆说"的线性组合或连用，而致使"摆"沾染上了"谈""说"的词义。

四、因"摆谈"线性组合或连用而带来的词义感染

在古汉语中，两个意义不同的词经常连用，其中一个词可能受另一个词的影响而具有另一个词所表示的意义。我们把这种语言现象称为词义感染，把受感染而产生的意义称为感染义。词义感染是词义演变的一种特殊途径。两个词经常连用，在人们的记忆库中，不断强化它们固定的搭配关系，而逐渐淡化它们不同的语法作用和词汇意义，两个意义本不相同的词在语言同化作用的影响下具有了相同的意义。[1] 先看"夏屋"和"陈述"两个用例：

"夏屋"：《诗经·秦风·权舆》："于我乎夏屋渠渠。"毛传："夏，大也。"陈奂传疏："夏屋，大屋也。"其本为修饰性偏正关系，由于二者经常连用，以至"夏"受"屋"的感染而产生了"大屋"义。《楚辞·哀郢》："曾不知夏之为丘兮，孰两东门之可芜。"王逸注："夏，大殿也。"洪兴祖补注："夏，大屋。""夏"的大屋义反复使用的结果，又导致人们忽略了它的修饰性义素，在"夏"和"屋"之间建立了完全对等的关系，这时"夏"前又出现了修饰语"大"。如《淮南子·本经训》："大夏曾（增）加，拟于昆仑。"高诱注："大夏，大屋也。"表示大屋或屋之"夏"，汉代以后又孳乳为"厦"，今则用作高楼之名，如"高楼大厦"。

"陈述"：《广雅·释诂一》"陈，列也"；《玉篇·阜部》"陈，布也"。陈

---

[1] 邓明：《古汉语词义感染例析》，载《语文研究》1997年第1期，第30页。

述，就是把内容一条一条地摆列出来加以叙述，也就是有条有理地进行述说。《三国志·吴书·三嗣主传第三》："权倾人主，有所陈述，敬而不违，于是益恣。"唐薛用弱《集异记补编·宫山僧》："及引上，则以昨夜之事本末陈述。"语言表达中还有"陈说"（同"陈述"）。《论衡·超奇篇》："观谷永之陈说，唐林之宜言，刘向之切议……"《风俗通义》："太仆杜密周甫，亦去北海相，在家，每至郡县，多所陈说，笺记括属。"由于"陈述"经常连用（"陈说"同），以至于人们习焉不察，忽略了其内部的结构关系，于是"陈"受"述"的词义感染，后来"陈"就有了"陈说""陈述"的意义。刘孝标《辩命论》："故言而非命，有六蔽焉尔，请陈其梗概。"《文选·古诗十九首》之四："今日良宴会，欢乐难具陈。"李善注："陈犹说也。"

　　一般来说，词义感染多发生在具有偏正、联合、动补关系的词组中，其中尤以偏正关系者为常。究其原因，大概与人们认识事物的方法有关。在语言习得过程中，人们总是首先把握词或词组的整体意义。具有偏正关系的词组，其整体意义主要是由"正"来承载，所以人们把握整体意义，主要是把握"正"的意义。① 而忽视"偏"义或淡化"偏"义的结果，便是"偏"义的隐遁。这样一来，偏正关系的词组之整体意义就与"正"义完全相同了。词义混同必然导致结构方式的模糊。在相似联想的作用下，本属偏正关系的词组便有可能被误以为联合关系。误以为联合关系，"偏"就获得了"正"所表示的意义。同"陈述""陈说"等词一样，"摆谈"也属于状动式偏正结构。其意思是双方或多方坐下来将事情展开并细致地进行交谈，亦即"铺开来说"。"摆"作状语修饰限定动词"谈"，"摆"仍为铺排陈列之意。《汉语大词典》训"摆谈"为"交谈"，并举了两个例子。沙汀《困兽记》二六："霉了，才说好好摆谈几句！"朱双耀《投资》："他们坐在草地上，摆谈着心里的话儿。""摆谈"线性组合到一起，经常运用于人们的语言交际中。试看如下的引例：

　　（13）更有来此歇脚的，请泥工木匠或介绍婚姻的，摆谈地方新闻或国内外大事的，因此"老茶客"多为"消息灵通人士"。（《人民日报》1993）

　　（14）两位老人眼中噙着泪花，正低声摆谈着。（《人民日报》1996）

　　（15）实际上当你和他摆谈之后，你便会感到，他实在是一个不折不扣的轴承之王。（《市场报》1994）

　　（16）那买卖者的讨价还价声，吆三喝四的让道声，以及摆谈龙门阵的

---

① 邓明：《古汉语词义感染综论》，载《语文研究》2006年第2期，第31页。

高声，交织成一部震耳欲聋的集市交响曲，不绝于耳。(《市场报》1994)

（17）朱德每次视察回京，总要去看望张澜，<u>摆谈</u>他视察的所闻所见。(《报刊精选》1994)

（18）那时，母亲和来我家借东西兼拉家常的邻家妇人，她们所<u>摆谈</u>的内容，绝大部分对我来说毫无意义，也不可能留下什么印象。(刘心武《父亲脊背上的痱子》)

随着"摆谈"使用频率的增加，一方面，原来状动式的偏正结构不为人所洞察，受人们认知因素影响可能被重新分析为新的联合结构；另一方面，"摆谈"组合到一起经常使用也使得"摆"逐渐沾染上"谈"的意义。同"摆谈"类似的还有"摆说"。沙汀《风浪》："就在她自己摆说出来的大量事实面前，加上大家的分析批判，王家福很快就服了输。"谢友鄞《马嘶·秋诉》："姐妹俩忙晃了晃，像摆说什么似的，说……"同样，因"摆说"连用，"摆"便沾染上了"说"的意义。我们认为就是在这种语境中，"摆"才有可能转化为表口部的动作。除了同义词"陈"对"摆"的相因生义外，语用因素诱发"摆"意义的改变主要也有两种：一是与之共现的并用成分，如"摆谈""摆说"；二是与之相呼应的对举成分。所谓对举成分是指在一个并列句中，前后分句的同一句法位置上的对应成分。如经常说的一句话"摆事实，讲道理"，这种并列句中的"摆"与其理解为"排列"，倒不如将其当作"言说"意义更为贴切。正因为语用因素的作用，所以"摆"就由原来手部动作演变成或转移到又兼表"言说"的意义上来。

以上探讨了"摆"之"言说"意义产生的原因和途径。"摆"的字形从"扌"，其主要表手部动作"分开""摆放""排列"等意义。但在词义的演变过程中，其同时也具备了兼表口部动作的用法。董正存认为，汉语一些由"扌(手)"构成的单音节手部动作动词，是能够兼表口部动作的。如"拉家常""扯闲话""这件事不值一提"中的"拉""扯""提"。并对"提"和"扯"从手部转移到口部的过程进行了分析，认为不同的手部动作动词从手到口的转移过程中虽保持有自己的特色，但它们的演变过程都遵循着"手部动作＞口部动作＞言说"这一语义演变模式。① 从上面对"摆"词义演变的分析中可以看出，一方面因隐喻机制影响和语用因素作用而使得"摆"产生了表"言说"的意

---

① 董正存：《词义演变中手部动作到口部动作的转移》，载《中国语文》2009年第2期，第180~183页。

义；另一方面也再次验证和说明了"手部动作＞口部动作＞言说"这一语义演变模式在人类语言中具有普遍性。

第三节 重庆方言词义劄记

国学大师黄侃曾经这样说过："固知三古遗言，散存方国。考古语者，不能不验之于今；考今语者，不能不原之于古。"今不揣浅陋，拟从本地方言中择出数个口语词汇，略陈词义来源并给以文献举证，以此说明这些口语词汇，并非囿于一时一地之用，而是可以"原之于古"，与古代汉语有着密切的联系。这些词是"私""行""决""争""展""将息""将就""好生""家公""豁子"。

一、"私"

我们先看这样一个例子："小孩如此不停地哭，是不是他要屙尿？赶紧把他抱起来私一下！"句中"私"，谓大人怀抱着小孩而两手托起小孩双腿使之张开，便于小孩出尿，这一动作行为谓之"私尿"。"私"作动词，在方言里不仅限于小孩，成人解小便也偶尔使用。如"我尿急了，找个隐蔽的地方私尿"。犹找个隐蔽的地方解小便。"私"作"解小便"义讲，事实上在古代文献里早已有之。《左传·襄公十五年》："师慧过宋朝，将私焉。"杜预注："私，小便也。"《世说新语·德行》："（王）祥尝在别床眠，母自往暗斫之，值祥私起，空斫得被。""值祥私起"，言碰巧王祥起床如厕解小便。"私"的这种用法盖其词义引申而来。《正字通·禾部》："私，对公而言谓之私。"由此引申为"自己的、个人的"意义，《左传·昭公五年》："为政者不赏私劳，不罚私怨。"由"自己的、个人的"意义再引申为"秘密""隐秘"，《史记·项羽本纪》："项王乃疑范增与汉有私，稍夺兵权。"因男女生殖器处于人体最隐秘的地方，所以又将男女生殖器称作"私"。旧题汉代伶玄《赵飞燕外传》："早有私病，不近妇人。"《聊斋志异·霍生》："言其私处，有两赘疣。"再由生殖器引申为生殖器出尿，于是"私"便有"解小便"的意义。《聊斋志异·青梅》："时翁卧病，生入，抱父而私。便液污衣，翁觉之而自恨。"今普通话把人小便叫作尿，读 sui，与"私"音近。尿，《说文·尾部》："人小便也。"从字形来看，《类篇·尾部》："从尾，从水，或省。"《玉篇·尾部》："人小便。今作尿。""私"当与通语"尿"义同。

二、"行"

"这个东西好行咯,没有用几次,它就坏了。"——至今我们家乡还如是说。"行"谓器物不牢实,质量差。有时也说:"天气冷起来了,衣服穿厚实点,不要穿得太行了。"其中"行"又指物件单薄。我们看先秦文献,《周礼·地官·司市》:"害者使亡。"郑玄注:"害,害于民,谓物行苦者。"苦,通"楛"。楛,粗糙,不坚固。行苦,同义并用,"行"亦谓不坚固也。《周礼·地官·胥师》:"察其诈伪饰行价慝者而诛罚之。"郑玄注:"饰行价慝,谓使人行卖恶物于市,巧饰之令欺诳买者。"可见,"行"表器物之质量差、不坚固的用法先秦就有了。《唐书·韩琬传》:"俗不偷薄,器不行窳。"《一切经音义》:"不牢曰行,苦恶曰窳。"王安石《寄舅氏》诗云:"世人莫笑老蛇皮,以化龙鳞衣锦归。借语进贤饶八舅,于今行货正当时。"行货,即粗制滥造的物品,相当于现在市场经济条件下唯利是图的商人,为了降低生产成本或以次充好而生产的次货、歪货、假货。王引之《经义述闻》:"古人谓物脆薄曰行……今京师人谓货物不牢曰行货。"兹举如下数例以明之。《元曲选·张国宾〈合汗衫〉》:"原来他将着些价高的行货。"《范张鸡黍》第二折(隔尾)曲:"本待要求善价而沽诸,争奈这行货儿背时也。"《初刻拍案惊奇》卷三:"一个人走将进来,将肩上叉口也似一件东西往庭中一摔,叫道:'老妈,快拿火来收拾行货。'"《水浒传》第二十七回:"这个贼配军正是该死,倒要热吃,这药却是发作得快。那厮当是我手里行货。"又第三十八回:"你这贼配军,是我手里行货,轻咳嗽便是罪过。"这些用例中的"行"字,无一不与家乡口语词"行"表质量差、不牢实的词义相同。

三、"决"

笔者所在方言区,还有用"决"表示骂人或因人做错事而给人以教训的用法。例如:"我今天把事情做错了,遭爸爸狠狠决了一顿。"决了一顿,谓骂了一顿。"决"训"骂"在元代即用。白仁甫《墙头马上》三折"沽美酒"曲:"本是好人家女艳冶,便待要杏兴词讼,发文牒,送官司遭痛决……"秦简夫《剪发待宾》二折:"妾身韩夫人,自从陶侃当下这个'信'字拿钱到家中,被他母亲痛决了一场,今日早间,陶侃将'信'字赎将去了。"又:"我问你者,你孩儿拿的个信字来,我当与他五贯长钱,你怎生将他痛决了一场?""决"又作"撅"。蒲松龄《寒森曲》第五回:"从来鬼怕恶人,二相公没来时,动不动打骂;着二相公撅了一场,撅着嘴也没敢做声。"《说文》:"决,行水也。"本义是开凿壅塞，疏通水道；后来把"大水冲破堤岸或溢出"也称为"决"。骂人之语或训人之话犹脱之于口，从嘴中溢出，故又将骂人或以话训人叫作"决"。可见用"决"表示"骂人之语"这一词义十分得生动、形象。事实上我们也不难从现代汉语如"决策""决定""决断""决议"等词语中"决"字的语素意义中管窥"决"的这种引申脉络。

四、"争"

"争"指借了别人的财物尚未归还，与《儒林外史》第五十二回"他该我几两银子，我要向他取讨"中"该"的词义相当。亦即普通话里所谓的"差""欠""赊"。如"我下班没有准时，争一点没赶到校车"。争一点即差一点。"我把所要的东西拿走，钱就争起，下次买东西的时候一起给。""钱就争起"，谓钱就欠起。方言里"争"的这一用法在古文献中也时或用之。如唐代杜荀鹤《自遣》："百年身后一丘土，贫富高低争几多？"贫富高低差多少也。宋代陈亮《又甲午秋书》："亮二十岁时，与伯恭同试漕台，所争不过五六岁。"言所差不过五六岁。《张协状元》："莫管我的女孩儿，为你争些不见了性命。"意谓为你差点不见了性命。佚名《鸳鸯被》第一折："则我这瘦形骸削了四肢，小腰身争了半指。"是说小腰身差了半指。巴金《兄与弟》："争账还钱，又不犯王法，况且我也没有多拿你一个。""争账还钱"就是欠账还钱。

五、"展"

重庆方言中的"展"有"挪动""移动"的意思，如："客厅里家具太多，显得很窄。可以把书桌展到书房去！""办公室要做卫生，你们把位置展一下。""展"的这一用法可以说是源远流长的。《说文·尸部》："展，转也。"《汉书·酷吏传·王温舒》："令冬月益展一月，卒吾事矣。"即假令冬月再延移一个月。《世说新语·德行》："（陈）遗已聚敛得数斗焦饭，未展归家，遂带以从军。""未展归家"，言未携移至家。杜甫的诗歌可谓频繁使用这一方言词义，兹举数例如下。《夏日李公见访》："墙头过浊醪，展席俯长流。""展席俯长流"，即移席俯长流。《次空灵岸》："泛泛逆素浪，落落展清眺。""落落展清眺"，即落落转清眺。《咏怀》二首："结托老人星，罗浮展衰步。""罗浮展衰步"，即罗浮挪衰步。《秋日夔府咏怀奉寄郑监李宾客一百韵》："乱离心不展。"乱离心不移也。

六、"将息"

例如："你本身有病，加上天气又冷，你还是要好好将息自己哟！"——

"将息"即保养、调养或休养之意。"将"何以训"养"呢？许慎《说文解字》云："将，帅也。"本义是将帅，引申为动词"率领""统帅"。根据反训原理，"率领"和"扶持"是同一动作行为不同的两个方面，故"将"又引申为"扶持""搀扶"。《释名·释言语》："将，救护之也。"《广雅·释言》："将，扶也。"《玉篇·寸部》："将，助也。"《诗经·周南·樛木》："乐只君子，福履将之。"郑玄笺："将，犹扶助也。"《孔雀东南飞》："勤心养公姥，好自相扶将。"郭茂倩《乐府诗集·木兰诗》："爷娘闻女来，出廓相扶将。"从"搀扶"意义又引申为"奉""承""秉承"的意思，如《左传·成公三十三年》："晋侯使却锜来乞师，将事不敬。"《仪记·聘礼》："将命于朝。"再由此引申为"养"。《诗经·小雅·四牡》："王事靡盬，不遑将父。"毛传："将，养也。"陈寿《三国志·魏志·华佗传》："好自将爱，一年便健。"裴松之注《三国志·吴志·孙策传》："策既被创，医言可治，当好自将护，百日勿动。"欧阳修《文忠集》："自二月已来，交割却本州公事，见今在假将理。"这些例文中的"将"无不训"养"。不仅如此，"将"还与"养"同义并用。《墨子·非命上》："内无以食饥衣寒，将养老弱。"《淮南子·原道》："是故圣人将养其神，和弱其气，平夷其形，而与道俯仰。"陶潜《饮酒诗》："将养不得节，冻馁固缠己。"《广雅·释诂一》："将，养也。"王念孙疏证："今俗语犹云将养，或云将息矣。""将"与"息"组成双音词表示"保养、休养"意义在楚辞里就已经有了，如汉代王褒《九怀·蓄英》"将息兮兰皋，失志兮悠悠"。后来宋代著名的女词人李清照《声声慢》"乍暖还寒时候，最难将息"之"将息"，也是用的这种意义。

七、"将就"

例如："看嘛，这个娃儿饮食习惯相当不好，这也不吃，那也不吃，都是他婆婆将就惯的。""将就"即"顺从""迁就"的意义。"将"之"顺从"义亦系其本义引申而来。"将"作动词是"领着""带领"的意思，从"带"这个主动语态，反为被动语态，则又引申为"从""随""伴随"意义。《庄子·庚桑楚》："备物以将形，藏不虞以生心。"注："因其自备而顺其成形。"《汉书·礼乐志·郊祀歌》："钟鼓竽笙，云舞翔翔，招摇灵旗，九夷宾将。"注："将犹从也。""将"与"顺"常同义连用，凝结成双音词。《孝经·事君》："将顺其美，匡救其恶，故上下能相亲也。"《三国志·魏志·桓阶传》："仪屡言其短，赖阶左右以自全保，其将顺匡救，多此类也。""将"与"就"连用当可追溯到先秦。《诗经·周颂·访落》："将予就之，继犹判涣。"宋代朱熹《集传》："将使予勉强以就之。"后来就称勉强迁就为"将就"。如《元曲选》阙名《陈州粜米》:"这也还少些儿,将就他吧!"以后在口语中的使用就逐渐多了起来。

八、"好生"

例如:"天在下雨,路上很滑,走路要好生点。"句中"好生"就是"注意、小心、用心"的意思。好,晓母幽部,小,心母宵部;生,山(审二)母耕部,心,心母侵部;"好生"与"小心"音近,故"好生"即谓"小心"也。《三国演义》第七十八回"(庞德)谓其妻曰:'吾今为先锋,义当效死疆场。我若死,汝可好生看养吾儿'"。《辞源》释"好生"为"好好地",不如直接训其为"小心"更妥。徐渭《女状元》:"(净向内云)小二,我如今陪姑娘城上看亲,有几日不回,你好生看守房子。"叶宪祖《素梅玉蟾》二折:"(小旦)凤官人放从容些,不要惊了他!(生)晓得。(小旦出介)好生顶上门。(生闭门介)。"陈与郊《义犬》第四折:"卢獒果有报主的心,把这负义贼痛咬他几口也;替生者雪恨,死者报冤。你好生进去也。"这几个"好生"都是"小心""注意""用心"的意思。同时也要注意,文献中"好生"并非都作此义讲,它还表示"十分""甚是"之意,如《儿女英雄传》:"这女子好生作怪,独自一人,没个男伴,没些行李。"《金钱记》:"你看那小姐倒有顾盼小生之意,被那梅香逼着去了,好生可怜人也。"十分明显,这与方言中的"好生"表示"小心""注意"的意义不同,应该要注意这个差别。

九、"家公"

《颜氏家训·风操》:"昔侯霸之子孙,称其祖父曰家公,陈思王称其父曰家父,母为家母;潘尼称其祖曰家祖。"又:"河北士人,皆呼外祖父母为家公家母;江南田里间亦言之。"按颜之推所说,古代侯霸子孙称祖父、河北士人及江南田间称外祖父都叫"家公",但现在笔者家乡一带仅用其专称外祖父,而称外祖母为"家家",呼祖父曰"大大"(dādā 阴平)。按,明沈榜《宛署杂记·民风二·方言》:"父曰爹,又曰别,又曰大。"称父为"大","大大"即大父、大爹,也就是祖父。那么又何以用"家公"称外祖父呢?其实颜之推也道不明白:"以家代外,非吾所识。"《北齐书·南阳王绰传》:"绰兄弟皆呼父为兄兄,呼嫡母为家家。"梁章钜《称谓录》:"北人呼母为家家,故谓母之父母为家公家婆。"备此一说。而笔者认为,"家"在这里应当是一个敬词。清代梁绍壬说:"今人于尊者言家,于卑者不言家。"需要说明的是,"家公"指外祖父,"家"读作 gā

阴平，与普通话读音有别。"家"古代属于见母鱼部字，因"见溪群晓匣"母的字到今音分化为两组：一组是舌根音 g、k、h；另一组是舌面音 j、q、x。今音韵母若是 i、ü，或以 i、ü 为韵头，今音声母为舌面音，音韵学上谓之团音。因此，普通话读作 jiā，而方言读作 gā 也反映了古音的留存。

十、"豁子"

本指嘴唇开裂的人，又叫作"豁嘴"，一般作名词。但现在"豁"字常常单用，作形容词，喻指不整洁，穿戴不合身。如："你今天怎么穿得这样豁（huo 阴平）哟！"也可以重叠后与"农"连用而成"农豁豁"，其意义与单用一样仍形容邋遢，衣冠不整。《玉篇·谷部》："豁，通谷也。"本义是通敞的山谷。由此引申为开朗，宽敞。《汉书·扬雄传上》："洒沉菑于豁渎兮，播九河于东濒。"颜师古注："豁，开也。"再引申为"缺损、残缺"的意义。如北魏贾思勰《齐民要术·种谷》："稀豁之处，锄而补之。"韩愈《落齿》："忆昔初落时，但念豁可耻。"元佚名《马陵道》第二折："我说一句，钢刀豁口，觑一觑，金瓜碎首。"再如我们熟知的成语"头童齿豁"，就是指头顶秃了，牙齿也缺了，其"豁"就是"缺、裂"之意。由"残缺"意义进而言及谓嘴唇开裂、有生理缺陷的人为"豁子"，在具体的运用中又引申出表"不整洁、穿戴不合身"的意义。

参考文献

一、著作

[1] 吕叔湘、朱德熙：《语法修辞讲话》，中国青年出版社1952年版。

[2] 裴学海：《古书虚字集释》，中华书局1954年版。

[3] 杨树达：《词诠》，中华书局1954年版。

[4] 汪辟疆（校录）：《唐人小说》，上海古典文学出版社1955年版。

[5] （清）吴昌莹：《经词衍释》，中华书局1956年版。

[6] 吕叔湘：《高等国文法》，商务印书馆1957年版。

[7] 王力：《古代汉语》，中华书局1962年版。

[8] （汉）许慎：《说文解字》，中华书局1963年版。

[9] （清）彭定求、杨中讷等修纂：《全唐诗》，中华书局1979年版。

[10] （清）阮元：《十三经注疏》，中华书局1979年版。

[11] 赵元任：《汉语口语语法》，北京大学出版社1979年版。

[12] 何九盈、蒋绍愚：《汉语词汇讲话》，北京出版社1980年版。

[13] 朱德熙：《现代汉语语法研究》，商务印书馆1980年版。

[14] 王力：《汉语史稿》，中华书局1980年版。

[15] 王国璋、安汝磐：《常用词用法例释》，中国人民大学出版社1980年版。

[16] 段玉裁：《说文解字注》，上海古籍出版社1981年版。

[17] 辞海修订组：《辞海》，中华书局1981年版。

[18] 徐仁甫：《广释词》，四川人民出版社1981年版。

[19] 吕叔湘：《中国文法要略》，商务印书馆1982年版。

[20] 朱德熙：《语法讲义》，商务印书馆1982年版。

[21] 郭锡良：《古代汉语》，天津教育出版社1983年版。

[22] 郭锡良：《古代汉语讲授纲要》，中央广播电视大学出版社1983年版。

[23] 逯钦立（辑校）：《先秦汉魏晋南北朝诗》，中华书局1983年版。

[24] 刘月华：《实用现代汉语语法》，外语教学与研究出版社1983年版。

[25] 陕西师范大学：《常用文言虚词词典》，陕西人民出版社1983年版。

[26] 索绪尔著，高名凯译：《普通语言学教程》，商务印书馆1983年版。

[27] 王力：《中国现代语法》，山东教育出版社1983年版。

[28] 马建忠：《马氏文通》，商务印书馆1983年版。

[29] 尹君：《文言虚词通释》，广西人民出版社1984年版。

[30] 左民安：《汉字例话》，中国青年出版社1984年版。

[31]（清）王念孙：《读书杂志》，江苏古籍出版社1985年版。

[32]（清）王引之：《经传释词》，岳麓书社1985年版。

[33] 吕叔湘：《近代汉语指代词（江蓝生补）》，学林出版社1985年版。

[34] 陈刚：《北京方言词典》，商务印书馆1985年版。

[35] 何乐士：《古代汉语虚词通释》，北京出版社1985年版。

[36] 王锳：《诗词曲语辞例释》，中华书局1986年版。

[37] 利奇、李瑞华等译：《语义学》，上海外语教育出版社1987年版。

[38] 俞敏：《经传释词札记》，湖南人民出版社1987年版。

[39] 武柏索、许维翰等：《现代汉语常用格式例释》，商务印书馆1988年版。

[40] 朱振家：《古代汉语》，高等教育出版社1988年版。

[41] 张涤花、胡裕树、张斌、林祥楣：《汉语语法修辞词典》，安徽教育出版社1988年版。

[42] 蒋绍愚：《古汉语词汇纲要》，北京大学出版社1989年版。

[43] 王力：《汉语语法史》，商务印书馆1989年版。

[44] 蒋绍愚：《唐诗语言研究》，中州出版社1990年版。

[45] 李临定：《现代汉语动词》，中国社会科学出版社1990年版。

[46] 王锳：《唐宋笔记语词汇释》，中华书局1990年版。

[47] 周法高：《中国古代语法》，中华书局1990年版。

[48] 辞源修订组：《辞源》，商务印书馆1991年版。

[49] 古敬恒、刘利：《新编说文解字》，中国矿业大学出版社1991年版。

[50] 汉语大词典编写组：《汉语大词典》，汉语大词典出版社1991年版。

[51] 吕叔湘：《现代汉语八百词》，商务印书馆1991年版。

[52] 吴竞存、梁伯枢：《现代汉语句法结构与分析》，语文出版社1992年版。

[53] 许嘉璐：《古代汉语》，高等教育出版社1992年版。

[54] 罗骥：《古汉语精要》，云南大学出版社1992年版。

[55] 孙锡信：《汉语历史语法要略》，复旦大学出版社1992年版。

[56] 袁宾：《近代汉语概论》，上海教育出版社1992年版。

[57] 汉语大字典编辑委员会：《汉语大字典（缩印本）》，四川辞书出版社1993年版。

[58] 程湘清：《先秦汉语研究》，山东教育出版社1994年版。

[59] 于非：《中国古代文学作品选》，高等教育出版社1994年版。

[60] 曹广顺：《近代汉语助词》，语文出版社1995年版。

[61] 胡裕树、范晓：《动词研究》，河南大学出版社1995年版。

[62] 李忆民：《现代汉语常用词用法词典》，北京语言文化大学出版社1995年版。

[63] [日] 志村良治：《中国中世语法史研究》，中华书局1995年版。

[64] 何金松：《汉字形义考源》，武汉出版社1996年版。

[65] 北京大学中文系1955、1957级语言班：《现代汉语虚词例释》，商务印书馆1996年版。

[66] 邵敬敏：《现代汉语疑问句研究》，华中师范大学出版社1996年版。

[67] 中国社会科学院语言研究所词典编辑室：《现代汉语词典》，商务印书馆1996年版。

[68] 冯胜利：《汉语的韵律、词法与句法》，北京大学出版社1997年版。

[69] 黄伯荣：《汉语方言语法类编》，青岛出版社1996年版。

[70] 杨宝忠：《古代汉语词语考证》，河北大学出版社1997年版。

[71] 古代汉语词典编写组：《古代汉语词典》，商务印书馆1998年版。

[72] 沈家煊：《不对称和标记论》，江西教育出版社1999年版。

[73] 王力：《古代汉语（校订重排本）》，中华书局1999年版。

[74] 吴永德：《现代汉语辨析词典》，湖北教育出版社1999年版。

[75] 许宝华、宫田一郎：《汉语方言大词典（第一卷）》，中华书局1999年版。

[76] 冯春田：《近代汉语语法研究》，山东教育出版社2000年版。

[77] 蒋绍愚：《汉语词汇语法史论文集》，商务印书馆2000年版。

[78] 汪维辉：《东汉—隋常用词演变研究》，南京大学出版社2000年版。

[79] 张谊生：《现代汉语副词研究》，学林出版社2000年版。

[80] 陈光磊：《汉语词法论》，学林出版社2001年版。

[81] 江蓝生：《近代汉语探源》，商务印书馆2001年版。

[82] 石毓智、李讷：《汉语语法化的历程》，北京大学出版社2001年版。

[83] 徐中玉：《大学语文》，华东师范大学出版社2001年版。

[84] 杨伯峻、何乐士：《古汉语语法及其发展》，语文出版社2001年版。

[85] 赵艳芳：《认知语言学概论》，上海外语教育出版社2001年版。

[86] 中国社会科学院语言研究所古代汉语研究室：《古代汉语虚词词典》，商务印书馆2001年版。

[87] 陈昌来：《介词和介引功能》，安徽教育出版社2002年版。

[88] 郭锐：《现代汉语词类研究》，商务印书馆2002年版。

[89] 黄伯荣、廖序东：《现代汉语（重订本）》，高等教育出版社2002年版。

[90] 马庆株：《著名中年语言学家自选集·马庆株卷》，安徽教育出版社2002年版。

[91] 齐沪扬：《语气词与语气系统》，安徽教育出版社2002年版。

[92] 王云路：《词汇训诂论稿》，北京语言文化大学出版社2002年版。

[93] 现代汉语方言大词典编写组：《现代汉语方言大词典》，江苏教育出版社2002年版。

[94] 张双棣等：《古代汉语知识教程》，北京大学出版社2002年版。

[95] 张亚军：《副词与限定描状功能》，安徽教育出版社2002年版。

[96] 董秀芳：《词汇化：汉语双音词的衍生和发展》，四川民族出版社2002年版。

[97] 刘丹青：《语序类型学与介词理论》，商务印书馆 2003 年版。

[98] 刘顺：《现代汉语名词的多视角研究》，学林出版社 2003 年版。

[99] 陆俭明、沈阳：《汉语和汉语研究十五讲》，北京大学出版社 2003 年版。

[100] 北京大学中文系现代汉语教研室：《现代汉语专题教程》，北京大学出版社 2003 年版。

[101] [日] 太田辰夫著，蒋绍愚、徐昌华译：《（1958）中国语历史文法》，北京大学出版社 2003 年版。

[102] 张谊生、陈昌来、齐沪扬：《现代汉语虚词研究综述》，安徽教育出版社 2003 年版。

[103] 何金松：《汉字文化解读》，湖北人民出版社 2004 年版。

[104] 陆俭明：《现代汉语语法研究教程》，北京大学出版社 2004 年版。

[105] 万献初：《汉语构词论》，湖北人民出版社 2004 年版。

[106] 蒋绍愚：《近代汉语研究纲要》，北京大学出版社 2005 年版。

[107] 荆贵生：《古代汉语》，武汉大学出版社 2005 年版。

[108] 刘丹青：《语言学前沿与汉语研究》，上海教育出版社 2005 年版。

[109] 杨荣祥：《近代汉语副词研究》，商务印书馆 2005 年版。

[110] 商务印书馆编辑部：《21 世纪的中国语言学（二）》，商务印书馆 2006 年版。

[111] 沈家煊：《认知与汉语语法研究》，商务印书馆 2006 年版。

[112] 中国语文杂志社：《语法研究和探索（十三）》，商务印书馆 2006 年版。

[113] 张国宪：《现代汉语形容词功能与认知研究》，商务印书馆 2006 年版。

[114] 马庆株：《汉语动词和动词性结构》，北京大学出版社 2007 年版。

[115] 江蓝生：《近代汉语研究新论》，商务印书馆 2008 年版。

[116] 程工、刘丹青：《汉语的形式与功能研究》，商务印书馆 2009 年版。

二、论文

[117] 朱德熙：《现代汉语形容词研究》，载《语言研究》1956 年第 1 期。

[118] 吕叔湘：《见字之指代作用》，载《汉语语法论文集》，科学出版社1958年版。

[119] 叶圣陶：《说"之所以"》，载《中国语文通讯》1978年第1期。

[120] 朱运申：《关于疑问句尾的"为"》，载《中国语文》，1979年第6期。

[121] 秦松岭、曹坚：《连词"之所以……以"的形成》，载《内蒙古师院学报》1981年第2期。

[122] 蒋同林：《试论动介复合词》，载《安徽师范大学学报》1982年第5期。

[123] 杨伯峻：《古汉语中之罕见语法现象》，载《中国语文》1982年第6期。

[124] 饶长溶：《动宾组合带宾语》，载《中国语文》1984年第6期。

[125] 吕叔湘：《现代汉语单双音节问题初探》，载《汉语语法论文集》，商务印书馆1984年版。

[126] 董希谦：《古汉语系词"是"的产生和发展》，载《河南大学学报》（社会科学版）1985年第2期。

[127] 黄国营：《"吗"字句初探》，载《语言研究》1986年第2期。

[128] 解惠全：《谈实词的虚化》，载《语言研究论丛（四）》，南开大学出版社1987年版。

[129] 吕叔湘：《相字偏指释例》，载《吕叔湘文集》，商务印书馆1990年版。

[130] 裘锡圭：《说"以"》，载《古文字论集》，中华书局1992年版。

[131] 尹君：《古文名篇注释献疑》，载1992年古汉语年会论文1992年版。

[132] 张博：《先秦形容词后缀"如、若、尔、然、焉"考察》，载《宁夏大学学报》（社科版）1992年第4期。

[133] 唐钰明：《中古"是"字判断句述要》，载《中国语文》1992年第5期。

[134] ［日］佐藤晴彦：《"难道"小考》，载《日本近、现代汉语研究论文选》，北京语言学院出版社1993年版。

[135] 沈家煊：《"语法化"研究综观》，载《外语教学与研究》1994年第

4期。

[136] 徐丹：《关于汉语里"动词+X+地点词"的句型》，载《中国语文》1994年第3期。

[137] 江蓝生：《"动词+X+地点词"句型中介词"的"探源》，载《古汉语研究》1994年第4期。

[138] 孙朝奋：《虚词论评介》，载《国外语言学》1994年第4期。

[139] 张伯江、方梅：《北京口语易位现象的话语分析》，载《语法研究和探索（七）》，商务印书馆1995年版。

[140] 袁毓林：《词类范畴的家族相似性》，载《中国社会科学》1995年第5期。

[141] 解惠全：《关于虚词复音化的一些问题》，载《语言研究论丛（七）》1997年版。

[142] 邓明：《古汉语词义感染例析》，载《语文研究》1997年第1期。

[143] 郭继懋：《反问句的语义语用特点》，载《中国语文》1997年第2期。

[144] 魏达纯：《"所以"在六本古籍中的演变考察》，载《古汉语研究》1998年第2期。

[145] 郭锡良：《介词"以"的起源和发展》，载《古汉语研究》1998年第3期。

[146] 沈家煊：《实词虚化的机制——〈演变而来的语法〉评介》，载《当代语言学》1998年第3期。

[147] 王光汉：《论助动词"见"》，载《温州师范学院学报》（哲学社会科学版）1998年第4期。

[148] 徐时仪：《"不成"的语法化考论》，载《喀什师范学院学报》1999年第3期。

[149] 张博：《"动宾结构+宾语"的条件及发展趋势》，载《古汉语研究》1999年第3期。

[150] 王云路：《中古诗歌附加式双音词举例》，载《中国语文》1999年第5期。

[151] 周萍：《浅论古汉语的实词虚词化现象》，载《浙江师大学报》（社

会科学版）1999 年第 6 期。

[152] 杨永龙：《近代汉语反诘副词"不成"的来源及虚化过程》，载《语言研究》2000 年第 1 期。

[153] 张儒：《也说疑问句尾"为"》，载《中国语文》2000 年第 2 期。

[154] 张谊生：《论与汉语副词相关的虚化机制——兼论现代汉语副词的性质、范围与分类》，载《中国语文》2000 年第 1 期。

[155] 郭锡良：《先秦汉语名词、动词、形容词的发展》，载《中国语文》2000 年第 3 期。

[156] 徐时仪：《语气词"不成"的虚化机制考论》，载《华东师范大学学报》（哲学社会科学版）2000 年第 3 期。

[157] 王兴才：《"见"字指代意义探微》，载《喀什师范学院学报》2000 年第 4 期。

[158] 孙汝建：《"之所以"起句的规范》，载《语文建设》2000 年第 6 期。

[159] 沈家煊：《认知语法的概括性》，载《外语教学与研究》2000 年第 1 期。

[160] 史锡尧：《"介宾+动"向"动宾"的演变——语言的经济性原则》，载《汉语学习》2000 年第 1 期。

[161] 聂小丽：《试说副词"马上"的由来》，载《高等函授学报》（哲社版）2001 年第 1 期。

[162] 董秀芳：《古汉语中偏指代词"相"的使用规则》，载《四川大学学报》2001 年第 2 期。

[163] 赵城：《金文的"者"》，载《中国语文》2001 年第 3 期。

[164] 吕文华：《关于述补结构系统的思考》，载《世界汉语教学》2001 年第 3 期。

[165] 王兴才：《"疑是……"句式别解》，载《四川师范大学学报》（社会科学版）2001 年第 3 期。

[166] 沈家煊：《语言的"主观性"和"主观化"》，载《外语教学与研究》2001 年第 4 期。

[167] 刁晏斌：《当代汉语动词性述语二题》，载《牡丹江师范学院学报》2001 年第 6 期。

[168] 刘丹青：《汉语给予类双及物结构的类型学考察》，载《中国语文》2001 年第 5 期。

[169] 刘丹青：《语法化中的更新、强化与叠加》，载《语言研究》2001 年第 2 期。

[170] 许余龙：《语篇回指的认知语言学探索》，载《外国语》2002 年第 1 期。

[171] 王兴才：《古汉语中关系宾语蠡论》，载《牡丹江师范学院学报》2002 年第 1 期。

[172] 邱斌：《从〈孟子〉中"之"的分布看其语法功能的演变趋势》，载《井冈山师范学院学报》2002 年第 1 期。

[173] 石毓智：《汉语发展史上的双音化趋势和动补结构的诞生》，载《语言研究》2002 年第 1 期。

[174] 董秀芳：《论句法结构的词汇化》，载《语言研究》2002 年第 3 期。

[175] 邓昌荣：《〈诗经〉中指示代词"其"指示程度的意义和作用》，载《语文研究》2003 年第 1 期。

[176] 董秀芳：《"X 说"的词汇化》，载《语言科学》2003 年第 2 期。

[177] 马清华：《词汇语法化的动因》，载《汉语学习》2003 年第 2 期。

[178] 赵丽华：《谈成分后置式新闻标题》，载《语文学习》2003 年第 2 期。

[179] 李胜梅：《"十大金曲"结构中的"大"字之用》，载《修辞学习》2003 年第 5 期。

[180] 李明：《试谈言说动词向认知动词的引申》，载《语法化与语法研究（一）》，商务印书馆 2003 年版。

[181] 朱岩：《"之所以"相关句式及其语法过程》，载《西南民族大学学报》2003 年第 11 期。

[182] 吴福祥：《近年来语法化研究的进展》，载《外语教学与研究》2004 年第 1 期。

[183] 谢晓明：《宾语代入现象的认知解释》，载《湖南大学学报》2004 年第 3 期。

[184] 汪泰荣：《"之所以……，是因为……"句式新探》，载《江西师范

大学学报》2004年第3期。

[185] 刘巧云、李向龙：《"大"字新用作量词》，载《语文学刊》2004年第3期。

[186] 王兴才：《介宾内容后置现象摭谈》，载《中南民族大学学报》2004年第6期。

[187] 段茂升：《古汉语"如、若、然、焉、尔"语法化过程考察》，载《西南师范大学汉语言文字学专业硕士论文》2005年版。

[188] 沈家煊：《认知语言学与汉语研究》，载《语言学前沿与汉语研究》，上海教育出版社2005年版。

[189] 吴福祥：《语法化理论、历史句法学与汉语历史语法研究》，载《语言学前沿与汉语研究》，上海教育出版社2005年版。

[190] 许光灿：《"十大金曲"之"大"不应看成量词——与李胜梅先生商榷》，载《修辞学习》2005年第1期。

[191] 王绍新：《试论"人"的量词属性》，载《中国语文》2005年第1期。

[192] 王灿龙：《词汇化二例——兼谈词汇化和语法化的关系》，载《当代语言学》2005年第3期。

[193] 赵大明：《左传中率领义"以"的语法化程度》，载《中国语文》2005年第3期。

[194] 连佳：《语法化影响下的词尾"然"的构词形式》，载《株洲工学院学报》2005年第5期。

[195] 邵敬敏、吴立红：《"副+名"组合与语义指向新品种》，载《语言教学与研究》2005年第6期。

[196] 张言军：《现代汉语时间副词研究》，载《四川大学语言文字学专业硕士论文》2006年版。

[197] 张国宪：《性质形容词重论》，载《世界汉语教学》2006年第1期。

[198] 杨梅：《"化"缀词的语法和语义研究》，载《金陵科技学院学报》2006年第1期。

[199] 杨德峰：《时间副词作状语位置的全方位考察》，载《语言文字应用》2006年第2期。

[200] 史金生:《"要不"的语法化——语用机制及相关的形式变化》,载《语言文字学》2006年第3期。

[201] 王兴才:《"(VO$_1$) +VO$_2$"形成机理及动因探究》,载《宁夏大学学报》(人文社会科学版) 2006年第3期。

[202] 伍依兰:《说"有X于"》,载《语言应用研究》2006年第4期。

[203] 孙铭:"然"字组词涵义广》,载《今日小学生(A版)》2006年第5期。

[204] 向德珍、牛顺心:《"最为"与"最是"》,载《湛江师范学院学报》2006年第5期。

[205] 肖奚强、王灿龙:《"之所以"的词汇化》,载《中国语文》2006年第6期。

[206] 沈敏:《"眼看"与"马上"辨析》,载《语文学刊》2006年第7期。

[207] 王兴才:《试说"其"有"甚"义》,载《西北民族大学学报》(哲学社会科学版) 2007年第1期。

[208] 龚娜:《"X于"结构的语用分析与认知解释》,载《梧州学院学报》2007年第2期。

[209] 王云路:《试谈韵律与某些双音节词的形成》,载《中国语文》2007年第3期。

[210] 刘丹青:《话题标记走向何处?——兼谈广义历时语法化的三个领域》,载《语法化与语法研究(三)》,商务印书馆2007年版。

[211] 王慧兰:《"于是"的词汇化——兼谈连词词汇化过程中的代词并入现象》,载《语法化与语法研究(三)》,商务印书馆2007年版。

[212] 吴福祥:《魏晋南北朝时期汉语名量词范畴的语法化程度》,载《语法化与语法研究(三)》,商务印书馆2007年版。

[213] 杨荣祥:《近代汉语副词"白"的释义与来源》,载《语法化与语法研究(三)》,商务印书馆2007年版。

[214] 王兴才:《关于"之所以"》,载《汉语学报》2007年第4期。

[215] 程亚恒、陈惠:《连词"之所以"的有关问题》,载《天中学刊》2007年第6期。

[216] 王兴才:《"之所以"词汇化质疑》,载《古汉语研究》2009年第

1 期。

［217］彭睿：《语法化"扩展"效应及相关理论问题》，载《汉语学报》2009 年第 1 期。

［218］董正存：《词义演变中手部动作到口部动作的转移》，载《中国语文》2009 年第 2 期。

［219］谢晓明、左双菊：《"难怪"的语法化》，载《古汉语研究》2009 年第 2 期。

［220］刘街生：《现代汉语"得"字动补式的组构》，载《汉语学报》2009 年第 2 期。

后　记

对于从事汉语教学与研究的人来说，其所以选择这一专业方向大都有自身的某种优势或选择它的原因，而我却得益于命运的"安排"：少时无意于读中文与当教师的我，不曾料到高考之后却偏偏被调配到师范院校就读汉语言文学专业；也没曾想到，大学期间虽努力学习但专业成绩依然平庸的我，在毕业分配时却又意外地进入了高校；更没有想到的是，天资愚钝且缺乏语言感悟能力的我，竟然在参加工作后不久，又"稀里糊涂"地跟语言打上了交道。如果说从事这个行当的开始阶段，自己还是处于懵里懵懂之中对专业方向不甚明晰、专业思想尚不够牢固的话，那么通过多年的教学与研究实践，我现在却是越来越喜欢自己所从事的专业了。因为比之其他的学科或专业，汉语的教学与研究显得比较具体而实在，汉语中的词语由一词义向另一词义过渡或演变（亦即词汇语法化），有其发展的脉络和演变的路径。特别是汉语语法更有许多规律可循，汉语语法中的语法实体有较为系统的构成规则和组合规则，且这些规则具有可验证性。

呈放在大家面前的这本书，就是笔者多年以来关于汉语语法和语法化等方面问题的一些探索与思考。语法化既是比较前沿性的语言研究理论，也是当今语言学界较为热门的研究话题之一。目前学界运用语法化理论进行汉语史研究，已经取得了丰硕的成果。语法化主要研究词汇成分到语法成分的演变，涉及词义的虚化和语法作用的增强两个方面。词语的演变从意义上说是从实到虚，从功能上说是语法作用更加地突出。语法化理论为我们提供了理解语言演化的新视野，使我们能够对很多语法现象的来源做出简单、合理且一致的解释。本书借助语法化的理论来描述和构拟汉语一些虚词的形成与发展演变历程。在探讨词汇语法化的同时，书中也涉及汉语的一些句式、用法以及个别词语的训释与辨疑问题。汉语的句式、用法等问题当然属于语法的研究范畴；而词语的训释虽属于传统训诂学的研究之列，但由于大多涉及虚词的释义，因而也将其列入本书的内容当中。在笔者看来，这既是汉语词汇方面的内容，更是汉语语法研究所关注的对象。书中个别篇什考释的是实词的意义或讨论方言语词的用法，这些是词汇词义研究的范围。正因为如此，我才将本书命名为"汉语语法及相关问题研究"。

在这里，我要特别感谢我的指导老师——湖南师范大学博士生导师蒋冀骋教授。2007年9月，受教育部资助，我有幸被派往湖南师范大学汉语言文字学专业博士后流动站进修访学。在一年的访学时间里，蒋先生给了我无微不至的关怀。特别是先生对我学术方向的引领、治学方法的指教以及对我致力于语法和语法化研究所给予的鞭策与鼓励，使我受益匪浅，终身难忘。本书稿写成后，我不加审度地通过电子邮件将其传给了先生，而自己连个电话都没打，也没向先生郑重地说一声。可是先生不计我的孟浪与草率，反而在百忙中挤出时间帮我细心审校，除了帮我指出多处不甚周密的认识外，还特别为本书不吝赐序。这既令我感到无比得荣光，也为自己先前的孟浪而感到汗颜。对于先生的这份厚爱和情谊，作为后学的我唯有通过日后好好地教书育人并认真做好自己的学问来加以报答。

感谢家人对我事业上的支持！感谢我的妈妈、我的妻子和我的儿子，是你们帮我经营和支撑了这个家。多年以来自己或因忙于工作，或因潜心做学问，将家里重担全然施加到你们肩上。自己既少于协助你们操持家务，又未能更好地替你们分忧解愁，甚至连儿子的学习也没尽到作为父亲的辅导责任，我有愧于你们！

我还要感谢我的大学同窗、毕业后一直在成都某高校工作的挚友王宗兴，是你多年以来对我的鼓励与关心，才使我有了继续在学术道路上前行的勇气。这里一并感谢的还有从小学到大学指导我学习并引导我走向学术道路的所有老师和朋友们。更要感谢的是吴正秀、吴正祥等前辈以及万州的张云龙、吴永权，开县的王兴培、张晓霞，湖北的张亚苹、陈辉和广东的陈灿、张克愚等至密亲朋，谢谢你们多年以来对我及我家庭的多方面关照和帮助。同时也谨以此书寄托我对已故去的王德均、王德春、张世勋三位先君无尽的追思和永远的怀念！

最后，谨向所有关心和帮助过我的人致以最崇高的敬意！

王兴才

于万州南浦苑

2020年2月20日